D1668220

das neue buch
Herausgegeben von Jürgen Manthey

R. Buckminster Fuller
Bedienungsanleitung für das Raumschiff Erde und andere Schriften

Herausgegeben und übersetzt von Joachim Krausse
unter Mitarbeit von Ursula Bahn

Deutsche Erstausgabe
Aus dem Amerikanischen übertragen
Die Texte und Bildvorlagen wurden vom Herausgeber
für diese Ausgabe zusammengestellt
Veröffentlicht im Rowohlt Taschenbuch Verlag GmbH,
Reinbek bei Hamburg, Oktober 1973
© Rowohlt Taschenbuch Verlag GmbH,
Reinbek bei Hamburg, 1973
Alle Rechte vorbehalten
Operating Manual for Spaceship Earth
© 1969 Southern Illinois University Press
Man's Total Communication System © 1970 R. Buckminster Fuller;
zuerst erschienen als Vorwort zu *Expanded Cinema*
von Gene Youngblood, Verlag E. P. Dutton, New York
World Planning © 1963, 1970 R. Buckminster Fuller
Influences on my Work © 1961, 1970 R. Buckminster Fuller;
zuerst veröffentlicht in *Architectural Design*, Juli 1961
Bildquellennachweis und Hinweise auf Rechteinhaber Seite 239
Umschlagentwurf Christian Chruxin
und Hans-Gert Winter
Gesetzt aus der Linotype-Garamond-Antiqua
Gesamtherstellung
Clausen & Bosse, Leck/Schleswig
Printed in Germany
ISBN 3 499 25013 6

Inhalt

Teil 3
Joachim Krausse: Fortschritt auf der Flucht
Design-Initiative und Jugendbewegung

Teil 4
Anhang des Herausgebers

Teil 1
R. B. Fuller
Schriften

Bedienungsanleitung für das Raumschiff Erde

Komprehensive Neigungen

Ich bin von der außergewöhnlichen Erfindungsgabe der Menschen begeistert, die sich manchmal gerade noch rechtzeitig für die Menschheit einstellt. Wenn Sie sich auf einem sinkenden Schiff befinden, von dem alle Rettungsboote schon weg sind, dann ist ein vorbeitreibender Klavierdeckel, mit dem Sie sich über Wasser halten können, ein willkommener Lebensretter. Das heißt aber nicht, daß die Formgebung von Klavierdeckeln das beste Design für Rettungsringe wäre. Ich denke, daß wir an einer ganzen Reihe von Klavierdeckeln festhalten, wenn wir so viele zufällige Einrichtungen von gestern übernehmen und meinen, sie seien die einzigen Mittel, um gegebene Probleme zu lösen. Unser Gehirn hat es ausschließlich mit Spezialfall-Erfahrungen zu tun. Nur unser Verstand ist fähig, die allgemeinen Prinzipien zu erfassen, die ausnahmslos jedem Fall von Spezial-Erfahrung zugrunde liegen und die, haben wir sie erst einmal entdeckt und beherrschen wir sie, uns eine erkennbare Überlegenheit verleihen.

Weil unsere spontane Initiative von frühester Kindheit an frustriert worden ist – häufig genug unbeabsichtigt –, bringen wir es im allgemeinen nicht fertig, unserem Potential entsprechend zu denken. Es fällt uns leichter, in dieser Gesellschaft an unseren kurzsichtigen Vorstellungen und engen Spezialisierungen festzuhalten und es den anderen – in erster Linie den Politikern – zu überlassen, einen Weg aus den gemeinschaftlichen Dilemmas zu finden. Um diesem unwillkürlichen Trend der Erwachsenen zur Engstirnigkeit etwas entgegenzusetzen, werde ich mich in «kindlicher» Hoffnung bemühen, möglichst viele unserer Probleme auseinanderzusetzen, indem ich so weit vorauszudenken versuche, als ich kann – obwohl uns das nicht sehr weit in die Zukunft bringen wird. Während meiner Ausbildung an der US-Marine-Akademie und in meinen praktischen Erfahrungen mit den machtvoll effektiven Vorhersagemethoden der siderischen Navigation, des Lotsens, der Ballistik und Logistik habe ich mich trainiert in der langfristig vorausschauenden Planungswissenschaft, die die marine Beherrschung der Welt von gestern gesteuert hat und von der unsere heutige allgemeine Systemtheorie abgeleitet worden ist. 1927 begann ich planmäßig zu forschen, um festzustellen, wie weit im voraus sich kompetente Vorhersagen über die künftige Entwicklung der gesamten Menschheit machen lassen und mit welchem Nutzeffekt wir die materiellen Details dessen interpretieren können, was uns von der komprehensiven Evolution angedeutet wird, soweit sie sich aus den uns zugänglichen Daten erschließen lassen. Ich kam zu dem Schluß, daß es möglich ist, eine ziemlich zuverlässige Vorhersage über einen Zeitraum von fünfundzwanzig Jahren zu machen. Das entspricht ungefähr einer industriellen «Werkzeug-Generation». Erfindungen sind heute im Durchschnitt nach fünfundzwanzig Jahren überholt, wenn die Geräte eingeschmolzen werden und die Materialien in den Kreislauf zurückkehren, um für gewöhnlich in effektiveren Gebrauch zu kommen. Jedenfalls habe ich 1927 eine Prognose aufgestellt. Die meisten meiner damaligen Voraussagen reichten nur bis 1952, also für ein Vierteljahrhundert, aber einige erstreckten sich über ein halbes Jahrhundert, reichten also bis 1977.

Wenn die Leute 1927 sich gelegentlich nach meinen Voraussagen erkundigten und ich ihnen sagte, wie man sich in Anbetracht der voraussichtlichen Ereignisse in den fünfziger, sechziger und siebziger Jahren angemessen verhalten solle, dann sagten sie meist: «Sehr interessant, aber Sie sind Ihrer Zeit um tausend Jahre voraus.» Da ich selbst die Voraussetzungen studiert hatte, unter denen wir vorwärts denken können, war ich verwundert, mit welcher Leichtigkeit der Rest der Gesellschaft imstande zu sein schien, tausend Jahre vorauszusehen, während ich nur ein Vierzigstel dieser Zeitdistanz überschauen konnte.

Als die Zeit verging, sagten mir die Leute, ich sei der Zeit um hundert Jahre voraus, und heute erzählen sie mir, ich sei ein bißchen hinterher. Aber ich habe gelernt, wie die Öffentlichkeit auf das Ungewöhnliche reagiert, und weiß, wie leicht und schnell die veränderte Realität so selbstverständlich und «natürlich» wird, als sei sie schon immer so gewesen. Daher wußte ich, daß solche Bemerkungen nur gemacht werden konnten, weil die evolutionären Ereignisse, die ich vorhergesehen hatte, planmäßig eingetroffen waren.

Jedenfalls geben mir alle diese Erfahrungen den Mut, die Ereignisse des nächsten Vierteljahrhunderts zu diskutieren. Zunächst möchte ich einige Gedanken erläutern über die Daten unserer Lebensgrundlagen, mit denen wir heute konfrontiert werden, zum Beispiel mit der Tatsache, daß mehr als die Hälfte der Menschheit noch immer in erbärmlicher Armut lebt und vorzeitig zugrunde geht, wenn wir nicht unsere physischen Verhältnisse insgesamt ändern. Es ist sicherlich keine Lösung, die Armen zwangsweise aus ihren Elendsquartieren auszusiedeln, um ihre verwahrlosten Unterkünfte durch teure Gebäude zu ersetzen, deren Wohnungen sich die ehemaligen Bewohner nicht leisten können. Unsere Gesellschaft bedient sich oft solcher Beruhigungsmittel. Wenn das Negative von gestern außer Sichtweite gebracht und von seinem Entstehungsort entfernt worden ist, wollen viele Leute sich vormachen, daß die Probleme gelöst seien. Ich glaube, einer der Gründe für die Unangemessenheit unserer Maßnahmen liegt darin, daß wir unsere Kosten immer nur von heute auf morgen kalkulieren und dann von dem unerwarteten Preis überwältigt sind, den wir für unsere Kurzsichtigkeit zu zahlen haben.

Natürlich hat unser Versagen viele Ursachen, aber eine der wichtigsten ist vermutlich die Tatsache, daß die Gesellschaft nach der Devise verfährt, Spezialisierung sei der Schlüssel zum Erfolg; sie übersieht dabei, daß Spezialisierung komprehensives Denken ausschließt. Das bedeutet, daß die potentiell integrierbaren technisch-ökonomischen Vorteile, die der Gesellschaft aus den Myriaden von Spezialisierungen erwachsen, gar nicht integrativ begriffen und daher nicht realisiert werden, oder sie werden nur auf negative Weise realisiert – durch neue Waffenausrüstungen oder durch die industrielle Unterstützung der Kriegstreiberei.

Alle Universitäten sind zunehmend für immer feinere Spezialisierung organisiert worden. Die Gesellschaft nimmt an, diese Spezialisierung sei natürlich, unvermeidlich und wünschenswert. Aber wir beobachten bei einem kleinen Kind, daß es an allem interessiert ist und im spontanen Auffassen, Begreifen und Koordinieren seinen Erfahrungsschatz ständig erweitert. Kinder sind begeisterte Besucher von Planetarien. Nichts scheint für das menschliche Leben charakteristischer zu sein als das Bedürfnis, alles zu verstehen und alles in einen Zusammenhang zu bringen.

Eins der wichtigsten Motive des Menschen ist es, zu verstehen und verstanden zu werden. Alle anderen Lebewesen sind für hochspezialisierte Aufgaben bestimmt. Nur der Mensch scheint als komprehensiv Verstehender zur Koordination der lokalen Angelegenheiten des Universums geeignet zu sein. Wäre der Mensch im Gesamtplan der Natur als Spezialist gefragt, dann hätte sie ihn dazu gemacht, sie hätte ihn mit einem Auge zur Welt gebracht und mit einem daran befestigten Mikroskop versehen.

Was die Natur brauchte, war ein Mensch, der in vielerlei, wenn auch nicht jeder Hinsicht anpassungsfähig sein konnte, weswegen sie den Menschen mit einem Verstand und einer Art koordinierendem Schaltbrett-Gehirn ausrüstete. Der Verstand erfaßt und begreift die allgemeinen Prinzipien, wonach sich etwa das Fliegen und das Tiefseetauchen zu bestimmen hat, und der Mensch legt seine Flügel und Atemgeräte an, wenn er sie braucht, er legt sie ab, wenn er sie nicht braucht. Der Vogel ist als Spezialist stark durch seine Flügel behindert, sobald er zu gehen versucht. Der Fisch kann nicht aus dem Meer herauskommen und auf dem Land laufen, denn er ist wie der Vogel Spezialist.

Natürlich fangen wir an, in der Verhaltensforschung ein wenig darüber zu erfahren, wie wenig wir über Kinder und den Erziehungsprozeß wissen. Wir hatten angenommen, das Kind habe einen leeren Hirnskasten, in den wir unser methodisch erworbenes Wissen so lange einspritzen könnten, bis das Kind ebenfalls erzogen sei. Im Lichte der modernen Verhaltensforschung war das nicht gerade eine gute Arbeitshypothese.

Da jedes neue Leben fortwährend seine komprehensiven Anlagen manifestiert, würde ich gern einmal wissen, wie es kommt, daß wir die spontane und umfassende Neugier der Kinder mißachtet und mit unserer üblichen Erziehung bewußt Prozesse institutionalisiert haben, die nur zu enger Spezialisierung führen. Wir brauchen nicht sehr weit in die Geschichte zurückzugreifen, um die Antwort zu finden. Wir stoßen auf die großen, mächtigen Männer des Schwertes, die willkürlich und ehrgeizig ihre Tüchtigkeit inmitten einer grenzenlos dummen Weltgesellschaft ausnutzten. Wir sehen, wie die Frühgesellschaft unter ökonomischen Bedingungen zu kämpfen hatte, die es weniger als einem Prozent der Menschheit erlaubten, ein volles Lebensalter zu erreichen. Diese aussichtslose ökonomische Lage ergab sich anscheinend aus dem Mangel an lebenswichtigen Hilfsquellen und -mitteln und aus der Unfähigkeit einer illiteraten Gesellschaft, mit ihrer Umwelt fertig zu werden. Während sich ihre Mitglieder von vorbedingten Instinkten leiten ließen, wurden dauernd viele neue Babies erzeugt. Unter den kämpfenden Leuten gab es geschickte Führer, die sagten: «Folgt mir, und wir werden es besser haben als die anderen.» Es waren die mächtigsten und schlauesten dieser Führer, die – wie wir sehen werden – die Spezialisierung erfanden und entwickelten.

Wenn man das historische Gesamtmuster der Menschheit auf der Erde betrachtet und beobachtet, daß drei Viertel der Erde Wasser ist, scheint es klar, warum die Menschen – ahnungslos, daß sie es eines Tages fertigbringen würden, zu fliegen und in Unterseebooten den Ozean zu durchqueren – sich ausschließlich als Füßler sahen, als Festland-Spezialisten. Da sie auf das Viertel der Erdoberfläche, welches trockenes Land ist, beschränkt waren, ist leicht einzusehen, wie sie sich weiterspezialisierten als Bauern oder Jäger – oder sie wurden auf Befehl ihrer Führer als Soldaten spezialisiert. Weniger als die Hälfte der 25 Prozent Festland der Erdoberfläche war unmittelbar zur Erhaltung menschlichen Lebens geeignet. So kam es, daß im Verlauf der Geschichte 99,9 Prozent der Menschheit nur 10 Prozent der gesamten Erdoberfläche eingenommen hatten, weil sie sich nur dort niederließen, wo die Lebenserhaltung offensichtlich möglich war. Das geeignete Land war nicht zusammenhängend an einem Stück, es bestand aus unzähligen, ziemlich kleinen Parzellen, die weit über die Oberfläche der riesigen Erdkugel verstreut waren. Die kleinen isolierten Gruppen der Menschheit wußten nichts voneinander. Wo sie auch waren, sie wußten nichts von der ungeheuren Vielfalt verschiedener Umweltbedingungen und Lebensumstände, wenn sie anders ausfielen als dort, wo sie wohnten.

Aber ein paar menschliche Wesen lernten allmählich im Prozeß von Erfindung und Experiment den Bau und Betrieb von Flößen, Einbäumen, Grasbooten und segelnden Auslegerkanus und fuhren anfangs die örtlichen Flüsse und Buchten ab, dann an den Küsten entlang und später auf hoher See. Schließlich entwickelten sie voluminöse Fischerkähne mit gerippten Rümpfen und wagten sich damit für zunehmend längere Zeit aufs Meer. Durch die Entwicklung immer größerer und tüchtigerer Schiffe waren die Seefahrer schließlich imstande, monatelang auf hoher See zu bleiben, bis sie normalerweise auf See lebten. Das führte sie zwangsläufig zu weltweiten, schnellen und gewinnbringenden Unternehmungen. So wurden sie die ersten Weltmenschen.

Die Männer, die sich auf den Ozeanen behauptet hatten, mußten zu Wasser wie zu Lande mit dem Schwert umgehen können. Außerdem mußten sie über genügend vorauseilende Vorstellungskraft verfügen, über Fähigkeiten zum Entwerfen und Bauen von Schiffen und originales wissenschaftliches Konzipieren; sie brauchten mathematische Kenntnisse in der Navigation und Forschungstechniken, um in Nacht und Nebel und Sturm der unsichtbaren Gefahren von Felsen, Untiefen und Strömungen Herr zu werden. Die großen Seeabenteurer mußten imstande sein, alle Leute in ihrem Gebiet auf dem Festland zu beherrschen, um die entsprechenden Metallarbeiten, Holzarbeiten, Weberei und andere Facharbeiten und Kunstfertigkeiten, die für die Produktion ihrer großen, komplizierten Schiffe erforderlich waren, zu organisieren beziehungsweise sich anzueignen. Sie hatten ihre Autorität zu etablieren und zu erhalten, damit sie selber und die für die Schiffsproduktion in Beschlag genommenen Handwerker von den Jägern und Bauern ihres Gebietes, die die Nahrungsmittel produzierten, angemessen ernährt wurden. Hier sehen wir, wie unter der höchsten Autorität der komprehensiv visionären und brillant koordinierten Kämpfer, der Seeherren, die Spezialisierung großartig ausgeweitet wird. Wenn sein Schiff einlief – das heißt von jahrelangen abenteuerlichen Unternehmen sicher zurückkehrte –, bedeutete das Wohlstand für alle Leute in seinem Gebiet und Machterweiterung ihrer Führer.

Es gab nur sehr wenige Menschen, die mit solcher Machtfülle ausgestattet waren. Während sie ihren riskanten Unternehmungen auf See nachgingen, fanden sie nach und nach heraus, daß die Meere alle Länder und Menschen der Welt miteinander verbanden. Sie lernten das, während ihre ungebildeten Seeleute, die oft genug in einer Kneipe eins über den Schädel bekommen hatten, an Bord geschleift und erst auf See wieder zu sich gekommen waren, nichts von alledem bemerkten und nur eine Menge Wasser sahen; sie hatten wegen mangelnder Navigationskenntnisse nicht einmal eine Ahnung, wohin sie gefahren waren.

Die Herren der Meere stellten bald fest, daß die Leute in den verschiedenen Orten, wo sie angelegt hatten, nichts von anderen Leuten in anderen Gegenden wußten. Die großen verwegenen Unternehmer stellten fest, daß die natürlichen Vorräte der Erde sehr ungleich verteilt waren. Sie entdeckten, daß die verschiedenen Rohstoffe und Hilfsmittel, die weit voneinander entfernt vorkamen, einander bei der Produktion von hochwertigen Werkzeugen, Dienstleistungen und Konsumgütern ergänzten, wenn man sie zusammenbrachte. So wurden die Ressourcen eines Ortes, die vorher als absolut wertlos gegolten hatten, plötzlich sehr hoch bewertet. Ungeheurer Reichtum wurde dadurch erzeugt, daß die See-Unternehmer etwas auf dem Weg der Integration von Ressourcen leisten konnten sowie der Distribution der Produkte an die weltweit verstreuten, begeisterten und begierigen Kunden. Die schiffsbesitzenden Kapitäne fanden heraus, daß sich phantastisch große Ladungen in ihren Schiffen unterbringen ließen, gewaltige Frachten entsprechend dem natürlichen Auftrieb, die man nicht auf den Rücken von Tieren oder Menschen tragen konnte. Überdies konnten die Schiffe die Gewässer direkt überqueren und kürzere Entfernungen in viel weniger Zeit zurücklegen, als man für den Weg an der Küste entlang und über dazwischenliegende Berge brauchte. So wurden diese wenigen Meister der See unermeßlich reich und mächtig.

Um die Entwicklung der *intellektuellen Spezialisierung* zu verstehen – was unser erstes Ziel ist –, müssen wir weiter die komprehensiven intellektuellen Fähigkeiten der Seeherrscher studieren und sie im Gegensatz zu den unzähligen physischen Spezialisierungen der Muskelarbeit und des Handwerks untersuchen, die vom Intellekt und der geschickten Schwertführung der Herrscher abhingen. Die See-Unternehmer dachten immer im Weltmaßstab, weil die Weltmeere ein Kontinuum sind und drei Viertel der Oberfläche des Erdplaneten ausmachen. Das heißt, daß vor der Erfindung von Kabeln und Funk und vor ihrer allgemeinen Benutzung 99,9 Prozent der Erdbevölkerung nur in den Maßstäben und Begriffen ihres eigenen lokalen Terrains dachten. Noch im Jahre 1969 sind wir – trotz unserer neuentwickelten kommunikativen Intimität und dem allgemeinen Bewußtsein von der Erde als Ganzheit – ebenso befangen und nach Maßgabe einer ausschließlichen und völlig veralteten souveränen Separatheit politisch organisiert.

Dieser «souveräne» – das heißt mit Waffensystemen erzwungene – «nationale» Anspruch auf Menschen, die in verschiedenen Ländern geboren sind, führt zu immer ernsterer spezialisierter Knechtschaft und zu äußerst personalisierter Identitätsfeststellung. Infolge sklavischer «Kategoritis» werden die wissenschaftlich unlogischen und – wie wir sehen werden – oft sinnlosen Fragen wie «Wo wohnst du?», «Was bist du?», «Welche Religion?», «Welche Rasse?», «Welche Nationalität?» allesamt heute für logische Fragen gehalten. Im Laufe des 21. Jahrhunderts wird es der Menschheit entweder klargeworden sein, daß diese Fragen absurd und anti-evolutionär sind, oder es wird nicht mehr länger Menschen auf der Erde geben. Wenn Sie nicht verstehen, warum das so ist, dann hören Sie mir genau zu.

Ursprünge der Spezialisierung

Offensichtlich müssen wir die Ursprünge der Spezialisierung bis tief in die Geschichte verfolgen, in der Hoffnung, dadurch unsere irrigen Ansichten zu korrigieren oder zu eliminieren. Wir können historisch feststellen, daß durchgängig in der Geschichte bis zum 20. Jahrhundert der Durchschnittsmensch nur etwa ein Millionstel der Erdoberfläche gesehen hat. Diese beschränkte Erfahrung gab den Menschen einen lokal konzentrierten, spezialisierten Blickpunkt. Nicht weiter verwunderlich, daß die Menschheit sich die Welt flach dachte, und nicht überraschend, daß die Menschen sie sich als horizontale Ebene mit kreisförmiger Ausdehnung bis in die Unendlichkeit vorstellten. In unseren Schulen fängt die Erziehung unserer Kinder immer noch damit an, daß sie Linien und Flächen vorgesetzt bekommen, die sich – unverständlicherweise – «ewig» fortsetzen, das heißt in eine bedeutungslose Unendlichkeit. Solch übertrieben vereinfachte Ansichten sind irreführend, verblendend und ermüdend, weil sie von vornherein die mögliche Erkenntnis der Bedeutung unserer integrierten Erfahrungen ausschließen.

Unter diesen alltäglichen Umständen, die das Wissen der Menschen verhindern oder einschränken, erkannten die großen, komprehensiv informierten Abenteurer * der Geschichte, die zur See fuhren, sehr bald, daß die einzige echte Konkurrenz, die sie hatten, von ihresgleichen kam, von anderen mächtigen Geächteten, die ebenfalls wußten oder durch Erfahrung lernen wollten, «worum es *überhaupt* geht». Ich nenne diese das Meer beherrschenden Männer die *Großen Gesetzlosen* oder die *Großen Piraten* – die G.P.s –, einfach deshalb, weil die willkürlichen Gesetze, die auf dem Lande verfügt oder erlassen wurden, nicht ausgedehnt werden konnten, um die Menschen jenseits der Küsten und auf See wirksam zu kontrollieren.

So waren die Weltmenschen, die auf See lebten, notwendigerweise Gesetzlose. Die einzigen Gesetze, die für sie gelten konnten und in der Tat galten, waren die Naturgesetze – die physikalischen Gesetze des Universums, die gewaltige und oft grausame Verwüstungen hervorrufen konn-

---

* Im amerikanischen Original: *master venturers* – ein Sammelname, den Buckminster Fuller zur Bezeichnung einer Klasse kriegerischer, abenteuerlicher, weltläufiger, besitzender und herrschender Individuen von unternehmerischem Welt-Meister-Format benutzt und denen er eine geschichtlich durchgängige Beherrschung der Meere wie der Länder zuschreibt, die ein Resultat ihrer überlegenen Kontrolle der Transportmittel und -wege, insbesondere der Schiffahrt, und infolgedessen der Produktionsmittel sei. Variierend nennt er sie: *seafarers, venturers, world men, great sea venturers, top swordsmen, sea masters, sea leaders, sword-leader patrons, admirals, great outlaws* und *Great Pirates*.

J. K.

ten. Hoher Seegang mit dichtem Nebel und im Dunkel verborgene Klippen, das war unerbittlich.

So kam es, daß die Großen Piraten einander auf Leben und Tod bekämpften, um die großen Seewege zu kontrollieren und vielleicht die Welt. Ihre Schlachten fanden außer Sichtweite der Landbewohner statt. Die meisten Besiegten gingen zugrunde, kein Historiker kennt ihre Namen. Diejenigen, die sich über Wasser halten konnten und Erfolg hatten, verdankten das allein ihren komprehensiven Fähigkeiten. Das heißt, sie waren das Gegenteil von Spezialisten. Sie zogen Nutzen aus ihrer Beschäftigung mit siderischer Navigation, den Stürmen, der See, dem Umgang mit ihren Männern, der Handhabung des Schiffs – sie verstanden etwas von Ökonomie, Biologie, Geographie, Geschichte und Wissenschaft *. Je weiter und langfristiger ihre vorausschauende Strategie war, desto mehr Erfolg hatten sie.

Aber auch diese harten, mächtigen, glänzend veranlagten Herren der Meere mußten schließlich einmal schlafen und sahen daher die Notwendigkeit, sich mit superloyalen, muskulösen, aber geistig minderbemittelten Analphabeten zu umgeben, die die Strategeme ihrer Herren weder kannten noch kapierten. In der Dummheit dieser Handlanger lag die große Sicherheit. Die Großen Piraten merkten sehr wohl, daß ihnen nur Leute gefährlich werden konnten, die wirklich helle Köpfe waren. Aus diesem Grunde war das Wichtigste ihrer Strategie: Geheimhaltung. Wenn die anderen mächtigen Piraten nicht wußten, wohin man fuhr, wann man auslief und wann man zurückkam – dann wußten sie auch nicht, wie sie einem auflauern sollten. Wenn irgend jemand wußte, wann man heimkehrte, dann konnte einem sogar ein kleiner Freibeuter gefährlich werden, wenn er mit kleinen Booten auslief, im Dunkeln lauerte, um das Schiff zu einem Zeitpunkt zu kapern, wo man müde von einer zweijährigen Reise mit Schätzen beladen gerade vor der Ankunft stand. So wurden die Schmugglerberaubung und die parasitäre Seeräuberei vor den Küsten und Häfen der Welt eine populäre Beschäftigung. Die Geheimhaltung ihrer Pläne war das Wichtigste im Leben der erfolgreichen Piraten; ergo ist heute so wenig bekannt von dem, was ich erzähle.

Ein hervorragendes Beispiel für den komprehensiv vorausschauenden Design-Wissenschaftler ist Leonardo da Vinci. Unter dem Patronat des Herzogs von Mailand entwarf er Festungsanlagen und Waffen ebenso wie Werkzeuge für die friedliche Produktion. Viele andere große Militärmächte hatten ihre komprehensiven, wissenschaftlich-künstlerischen Erfinder und Designer; Michelangelo war einer von ihnen.

Manche Leute fragen sich, warum wir heute nicht solche Männer haben. Es ist falsch zu glauben, wir könnten es nicht. Was zur Zeit Leo-

---

* Wissenschaft – hier und im folgenden immer für *science*. J. K.

nardos und Galileis geschah, war eine enorme Verbesserung der Mathematik durch die Einführung der Zahl Null, so daß nicht nur ein viel präziserer Schiffsbau möglich wurde, sondern auch eine wesentlich zuverlässigere Navigation. Unmittelbar danach begannen die eigentlichen Großraum-Unternehmungen auf den Weltmeeren, und die starken Kriegsherren – nunmehr Admirale – setzten ihre Leonardos an die Arbeit; sie sollten erst einmal die neuen und noch mächtigeren Schiffe entwerfen, die um die ganze Welt segeln konnten. Als nächstes nahmen sie ihre Leonardos mit auf See, damit ihre seefahrenden Zauberer auf einer weltweiten Basis immer mächtigere Werkzeuge erfanden und Strategien entwickelten. Mit diesen Hilfsmitteln waren sie imstande, ihre großen Feld- und Raubzüge durchzuführen, andere große Piraten auszuschalten und sich selber zu Herren der Welt, der Völker und ihrer Schätze zu machen. Die erforderliche Geheimhaltung der See-Operationen, die wissenschaftlich geplant wurde, verbarg die Leonardos wie hinter einem Vorhang vor dem Einblick der Öffentlichkeit, verhinderte ihre Popularität und entzog sie der Geschichtsaufzeichnung.

Schließlich wurden die Leonardos, die auf See zu Hause waren, Kapitäne der Schiffe oder sogar Admirale der Flotten oder Kommandanten der Marinewerften, wo sie die Flotten entwarfen oder bauten, oder sie wurden Kommandanten der Kriegsmarineschulen, wo sie Design und Entwicklung komprehensiver Strategien bestimmten, um ein weiteres Jahrhundert mit der Welt fertig zu werden. Das umfaßte nicht nur die Planung des weltweiten Verkehrsnetzes und das Design der Schiffe für bestimmte Aufgaben, sondern auch Planung und Entwurf der Industrieunternehmen, des weltweiten Bergbaus und der Marinestützpunkte zur Produktion und Wartung der Schiffe. Diese Leonardo-Muster-Planung leitete das heutige Denken im großen Maßstab ein, wie es dem riesigen Rahmen weltweiter Industrialisierung entspricht. Als die Großen Piraten so weit waren, Dampfschiffe aus Stahl zu bauen und Hochöfen und Eisenbahnschienen, um die Logistik, das heißt das Nachschub- und Transportwesen, in den Griff zu bekommen, da erschienen die Leonardos vorübergehend wieder in Gestalt von Männern wie Telford, der die Eisenbahnlinien, Tunnels und Brücken Englands baute, aber auch das erste große Dampfschiff.

Wenn Sie nun sagen: «Sprechen Sie nicht vom britischen Empire?», antworte ich: Nein! Das sogenannte britische Empire war eine Manifestation der weltweiten falschen Vorstellungen über die wirklichen Machtverhältnisse und ein Beweis dafür, wie wenig die Allgemeinheit von der absoluten Weltkontrolle der Großen Piraten Notiz nahm. Sie übten diese Kontrolle durch ihre lokalen Marionettenherrscher und ihre Ministerpräsidenten aus, und nur hier und da wurde sie zuweilen durch interne demokratische Prozesse in abgeschlossenen Herrschaftsbereichen abgeschwächt. Wie wir bald sehen werden, wirkten die britischen Inseln vor der Küste Europas praktisch wie eine Flotte unsinkbarer Schiffe und Marinestützpunkte, die alle Häfen Europas beherrschten. Diese Inseln waren fest im Besitz der Spitzen-Piraten. Seit die Großen Piraten ihre Schiffe dort bauen, warten und versorgen ließen, rekrutierten sie logischerweise auch ihre Mannschaften aus Inselbewohnern, die man einfach aufgriff oder durch herrschaftlichen Erlaß an Bord kommandierte. Als alle Welt diese britischen Inselbewohner an Bord der berühmtesten Piratenschiffe sah, nahm man irrigerweise an, daß die Welteroberung der Großen Piraten eine Eroberung sei, die mit Willen und Unterstützung des britischen Volkes geschah. Das Täuschungsmanöver der G.P.s war also erfolgreich. Aber das Volk dieser Inseln hatte niemals den Ehrgeiz, hinauszuziehen und die Welt zu erobern. Das Volk wurde manipuliert und lernte, hurra zu rufen, wenn es von den Heldentaten der Nation in aller Welt erfuhr.

Die Leonardos der obersten G.P.s entdeckten durch ihre sorgfältigen, weitsichtigen Planungen und ihre antizipierenden Erfindungen, wie es sich in den großen Strategien der Seemächte experimentell erwies, daß mehrere Schiffe ein einzelnes ausmanövrieren konnten. Deshalb erfanden die Leonardos der G.P.s die Kriegsflotte. Natürlich mußten sie dann verschiedene Bergwerke, Wälder und Ländereien, die ihnen Rohstoffe und Material lieferten, kontrollieren, um Fabriken und Betriebe einzurichten, die für Bau, Versorgung und Wartung der Schiffe notwendig waren. Dann kam die große Strategie, nach der Devise: *divide et impera* – teile und herrsche. Man muß in der Schlacht die Schiffe des anderen auseinanderdividieren, oder man überwältigt ihn, wenn einige seiner Schiffe für Reparaturen an Land gezogen worden sind. Sie kannten auch die Strategie des *antizipatorischen* Teile-und-Herrsche; das war viel wirksamer als das ungeplante Teile-und-Herrsche. Wer danach handelte, konnte seine Gegner überraschen, unter Umständen, die ungünstig für sie waren. Die Großen Oberpiraten der Welt wußten, daß dumme Leute auch harmlos waren und nur die gescheiten ihnen gefährlich werden konnten, weswegen sie ihre Strategie des antizipatorischen Teile-und-Herrsche ausnutzten, um auch diese Situation komprehensiv zu lösen.

Wo der Große Pirat auch hinkam, in allen Ländern, in denen er Waren mit Gewinn kaufte oder verkaufte, holte er sich den stärksten Mann und setzte ihn als seinen lokalen Führer ein. Der Mann des Piraten wurde der Generalmanager in seinem Bezirk. Wenn der Vertreter des Großen Piraten sich nicht schon von selber zum König in seinem Lande ernannt hatte, dann hätte es ihm der G.P. geraten. Während der Lokalherrscher insgeheim im Dienste des Großen Piraten und in Abhängigkeit von ihm war, erlaubte ihm dieser aus Berechnung, seine Landsleute zu überzeugen, daß er, der Lokalkönig, in der Tat der Führer aller Menschen sei – ein Herrscher von Gottes Gnaden. Um diesen Herrschaftsanspruch zu sichern, verschafften die Piraten ihren Marionettenkönigen geheime Versorgungslinien, über die alles zur Verfügung gestellt wurde, was zur Absicherung des Anspruchs souveräner Herrschaft erforderlich war. Je protziger des Königs Goldkrone mit Juwelen besetzt und je sichtbarer sein Hof und seine Burg waren, um so unsichtbarer blieb sein Herr, der Pirat.

Die Großen Piraten ließen ihre Statthalter auf der ganzen Welt wissen: «Wann immer kluge junge Leute auftauchen, möchten wir davon erfahren, denn wir brauchen kluge Leute.» Jedesmal, wenn der Pirat im Hafen anlegte, wurde ihm vom königlichen Lokalherrscher berichtet, daß er einige kluge junge Männer hätte, deren Fähigkeiten sie vor den anderen Mitgliedern der Gemeinschaft auszeichneten. Der Große Pirat sagte zu dem König: «So ist es recht, nun zitierst du sie herbei und verfährst mit ihnen wie folgt: Zu jedem jungen Mann, der dir vorgeführt wird, sagst du: ‹Junger Mann, du bist ganz gescheit. Ich werde dich einem berühmten Geschichtslehrer zuweisen und werde dich nach geraumer Zeit, wenn du ordentlich studiert und genug gelernt hast, zu meinem Königlichen Historiker machen. Vorher mußt du allerdings eine Reihe Prüfungen bei deinem Lehrer und bei mir bestehen.›» Und dem nächsten gescheiten Knaben hatte der König zu sagen: «Ich werde dich zu meinem Königlichen Schatzmeister machen», und so weiter. Dann sagte der Pirat zum König: «Zum Schluß wirst du jedem von ihnen sagen: ‹Aber keiner von euch darf sich um etwas anderes als seine Angelegenheiten kümmern, oder er wird einen Kopf kürzer gemacht. Der einzige, der sich um alles kümmert, bin ich.›»

Auf diese Weise entstanden die ersten Schulen – die königlichen Privatschulen. Ich hoffe, Sie erkennen, daß ich keine Witze mache. *Genauso ist es.* Das ist der Anfang von Schulen und Hochschulen und der Anfang der *intellektuellen Spezialisierung.* Natürlich brauchte man ein Vermögen, um Schulen zu gründen, hervorragende Lehrer zu haben und für Wohnung, Kleidung, Essen und Weiterbildung von Lehrern wie Schülern zu sorgen. Nur die von Großen Piraten protegierten Räuber-Barone und die ebenfalls von Piraten geschützten internationalen religiösen Geheimorganisationen, die Intelligenz ausbeuteten, konnten sich solche Investitionen in die Ausbildung ihrer Schüler leisten. Die Ausbildung der Klugen zu Spezialisten verschaffte dem König ein gewaltiges Intelligenzpotential, wodurch er und sein Reich am mächtigsten im Lande wurden, was wiederum – insgeheim und gründlich – seinen Piratenpatron im Konkurrenzkampf mit den anderen Großpiraten voranbrachte.

Aber Spezialistentum ist in Wirklichkeit nur eine verkappte Form von Sklaverei, wobei der «Experte» dazu verleitet wird, seine Versklavung hinzunehmen. Man gibt ihm dazu das Gefühl, er sei in einer sozial und kulturell bevorzugten, das heißt sehr sicheren Lebensstellung. Doch nur der Sohn des Königs erhält eine Ausbildung, deren Rahmen der Größenordnung des Königreichs entspricht.

Jedenfalls blieb die große Übersicht und ein Denken, das von der sphärischen Gestalt der Erde und der Orientierung an den Himmelskörpern geprägt war, ausschließlich den Großen Piraten vorbehalten. Es stand im Widerspruch zum Weltbild einer flachen, viereckigen Erde und einem Wissen, das sich an Königreichen und Empires ausrichtete und sich auf das beschränkte, was man unter den Bedingungen lokaler Voreingenommenheit lernen konnte. Nur die Großen Piraten erfreuten sich ihres exklusiven Wissens von der Welt und ihren Vorräten, den natürlichen Ressourcen. Und so beherrschten sie allein die Kunst der Navigation, den Bau und die Handhabung der Schiffe, sie waren Meister der logistischen Strategien und überlegen in der trickreichen Handhabung internationaler Tauschmittel und Handelsbilanzen, effektiver Betrugsmanöver, die man auf nationaler Ebene nicht aufdecken konnte. Damit konnte der Oberpirat – «die Bank», wie die Spieler sagen – immer gewinnen.

Automation unter komprehensivem Kommando

Dann kam die Zeit um den Ersten Weltkrieg, als die mächtigsten Outsider-Piraten die Insider-Piraten mit der wissenschaftlich-technischen Innovation einer bis dahin nicht gekannten Denkgeometrie herausforderten. Der Angriff der Außenseiter spielte sich unter und über der Meeresoberfläche ab und reichte bis in den unsichtbaren Bereich der Elektronik und der chemischen Kriegsführung hinein. Die überraschten Insider-Piraten mußten zu ihrer Rettung den Wissenschaftlern zugestehen, daß sie nach ihren eigenen Regeln ans Werk gingen. Um ihre Haut zu retten, gaben die Großen Piraten den Wissenschaftlern die Erlaubnis, ihre großartige Verstärkungsstrategie der industriellen Logistik in den riesigen Anwendungsbereich des elektromagnetischen Spektrums einzuführen, der für die Piraten ganz unsichtbar war.

Bis dahin hatten die Piraten die Welt durch ihre außerordentlich wachen Sinne regiert. Sie bildeten sich ihr eigenes Urteil und verließen sich nicht auf die Augen eines anderen. Sie vertrauten nur auf das, was sie selber sehen, hören, riechen oder anfassen konnten. Aber die Großen Piraten konnten nicht sehen, was im Bereich elektromagnetischer Realität vor sich ging. Die Technologie schritt fort von Draht zu drahtlos, von Schiene zu schienenlos, von Leitungsrohr zu leitungsrohrlos und von der sichtbaren Struktur der Muskelkraft zur unsichtbaren Wirkung der chemischen Elemente in Metallegierungen und im Elektromagnetismus.

Der Erste Weltkrieg entließ die Großen Piraten in der Unfähigkeit, das wissenschaftlich erschlossene Neuland der Industrie zu bewältigen. Die Piraten delegierten die Aufsicht an die Experten, ihre Sorgentöter, aber sie selber hatten sich nun mit Informationen aus zweiter Hand zu begnügen. Das zwang sie, blindlings – also nur auf Grund vorgefaßter Meinungen – einzuschätzen, ob dieser oder jener wirklich wußte, wovon er sprach, denn die G.P.s konnten es selber nicht beurteilen. Damit waren die Großen Piraten nicht mehr die Herren. Das war das Ende. Die Großen Piraten wurden ausgelöscht. Aber da die G.P.s immer geheim operiert hatten und da sie hofften, noch nicht ganz erledigt zu sein, gaben sie selbstverständlich nicht bekannt, daß es mit ihnen aus sei, und verhinderten, daß jemand das behauptete. Und weil die Öffentlichkeit nie etwas von ihnen erfahren hatte, sondern irrigerweise immer ihre königlichen Strohmänner und ihre Lokalpolitiker für die wirklichen Herrscher hielt, ist sich die Gesellschaft bis heute nicht bewußt, daß die Großen Piraten einmal die Welt regiert haben und daß sie jetzt tatsächlich ausgestorben sind.

Obwohl die Piraten ausgestorben sind, richten sich die gesamten Bilanzierungen im internationalen Handel, die Verrechnung der Zahlungsmittel wie auch die gesamte Buchführung der Wirtschaft sowohl in kapitalistischen wie in kommunistischen Ländern noch immer nach den Regeln, Wertsystemen, der Terminologie und den Konzepten, die einst von den Großen Piraten eingeführt worden waren. Wie mächtig viele Erben der längst zerbrochenen Imperien der Großen Piraten auch sein mögen, keine Regierung, keine Religion und kein Unternehmen hat heute die physische oder metaphysische Initiative zur Beherrschung der Welt.

Auch die metaphysische Initiative ist in die Konkurrenz und die Konfusion zwischen alten Religionen und neueren politischen oder wissenschaftlichen Ideologien verwickelt. Diese Konkurrenten sind jedoch schon zu sehr mit materiellen Investitionen und Eigentumsrücksichten belastet, als daß sie irgendeine metaphysische Initiative verhindern könnten. Eine neue metaphysische Initiative, die materiell kompromißlos und von unbeeinflußter Integrität wäre, könnte die Welt einen. Dies könnte und wird vielleicht von den vollkommen unpersönlichen Problemlösungen der Computer bewerkstelligt werden. Nur der übermenschlichen Kapazität ihrer kalkulatorischen Leistungen könnten alle politischen, religiösen und wissenschaftlichen Führer ihre Zustimmung geben, ohne das Gesicht zu verlieren.

Abraham Lincolns Vorstellung «Recht geht vor Macht» wurde realisiert, als Einsteins metaphysischer Intellekt die Gleichung des physischen Universums $E = mc^2$ formulierte und es damit insgesamt erfaßte. Auf diese Weise nahm das Metaphysische Maß am Physischen und meisterte es. Diese Beziehung scheint der Erfahrung nach irreversibel zu sein. Nichts in unserer Erfahrung läßt darauf schließen, daß Energie die Gleichung des Intellekts bestimmen und formulieren könnte. Jene Gleichung operiert unerbittlich, und das Metaphysische manifestiert nun seine Fähigkeit, über das Physische zu regieren.

Das ist der eigentliche Kern der menschlichen Evolution auf dem Raumschiff Erde. Wenn die Menschheit, die gegenwärtig das Raumschiff Erde besiedelt, diesen unabänderlichen Prozeß nicht begreift und nicht diszipliniert genug ist, ausschließlich der metaphysischen Beherrschung des Physischen zu dienen, dann wird sie nicht überleben, und ihre mögliche Mission im Universum wird von anderen Wesen, die metaphysisch begabt sind, auf anderen planetarischen Raumschiffen im Weltall fortgeführt werden.

Die Großen Piraten beherrschten die Welt; sie waren die ersten und die letzten, denen das gelang. Sie waren Männer von Welt, Weltmenschen im wahrsten Sinne des Wortes, und sie beherrschten die Welt mit rücksichtslosem und brillantem Pragmatismus, der auf der scheinbar fundamentalen Information ihrer wissenschaftlich spezialisierten Diener beruhte. Zuerst kamen ihre wissenschaftlichen Bediensteten von der Royal Society mit ihrem «großen» zweiten Gesetz der Thermodynamik, dessen Entropie darauf hinwies, daß jeder Motor fortwährend

Energie verliert und möglicherweise ausläuft. In ihrer Fehlkonzeption des Universums, die noch vor der Messung der Lichtgeschwindigkeit entstand, dachten sie an ein omnisimultanes *«Instant-Universum»*, ein Weltall, das wie eine Kraftmaschine «abläuft». Und daher nahm man an, der Energiereichtum und der Lebensmittelvorrat würden ständig abnehmen, wodurch die falsche Vorstellung von «Verschwendung» entstand.

Dann kam Thomas Malthus, Professor der politischen Ökonomie im Dienste der Ostindischen Kompanie der Großen Piraten. Er stellte fest, daß sich die menschliche Bevölkerung nach einer geometrischen Reihe vermehrte und daß die Nahrungsmittel sich nur nach einer arithmetischen Reihe vermehrten.

Und schließlich – fünfunddreißig Jahre später – kam Charles Darwin, biologischer Spezialist im Dienste der Großen Piraten, der in seiner Evolutionstheorie erklärte, daß nur der Tauglichste zum Überleben bestimmt sei.

Für die Großen Piraten war es eine wissenschaftlich erwiesene Tatsache, daß es nicht nur zuwenig gab, um damit auszukommen, sondern daß nicht einmal ein Prozent der Menschheit auf einem zufriedenstellenden Lebensstandard existieren konnte. Und infolge der Entropie würde dieses Mißverhältnis stetig zunehmen. Also, sagten sich die G.P.s, war das Überleben offenbar ein grausamer und ziemlich hoffnungsloser Kampf. Auf der Basis dieser malthusianisch-darwinistischen Entropie-Konzeption beherrschten sie die Welt, und sie hielten diese Gesetze für absolut wissenschaftlich, denn das war es, was ihnen ihre wissenschaftlich anerkannten, intellektuellen Spezialisten-Sklaven erzählt hatten.

Dann haben wir den großen pragmatischen Ideologen Marx, der auf jene entropisch-malthusianisch-darwinistischen Informationen stieß und sagte: «Die Arbeiter, die etwas produzieren, sind die Tauglichsten, weil sie die einzigen sind, die etwas physisch zu produzieren verstehen. Deswegen sollten sie diejenigen sein, die überleben.» Das war der Anfang des großen «Klassenkampfs». Alle Ideologien liegen irgendwo zwischen denen der Großen Piraten und denen der Marxisten. Aber alle gehen davon aus, daß nicht genug für alle da ist. Und das war schon immer die rationalisierte Arbeitshypothese aller Herrschaftsansprüche auf große Gebiete der Erde. Wegen ihrer jeweiligen Ausschließlichkeit sind alle Klassenkampf-Ideologien ausgelöscht worden. Kapitalismus und Sozialismus haben sich gegenseitig ausgeschaltet. Warum? Weil die Wissenschaft jetzt entdeckt, daß genug für alle da sein kann, aber nur, wenn die Machtbarrieren vollständig beseitigt sind. Das Du-oder-ich-nicht-genug-für-beide-also-muß-einer-sterben der Lehre vom Klassenkampf ist ausgelöscht.

Lassen Sie uns doch etwas näher prüfen, was die Wissenschaft über das

Aussterben weiß. Auf dem Jahreskongreß der American Association for the Advancement of Science vor ungefähr zehn Jahren in Philadelphia wurden in verschiedenen Abschnitten des Kongresses zwei Beiträge geliefert. Einer wurde in Anthropologie vorgelegt, der andere in Biologie, und obwohl die beiden Wissenschaftler nichts voneinander wußten, hatten ihre Beiträge vieles gemeinsam. Der eine hatte sich in Anthropologie mit der Geschichte der menschlichen Rassen befaßt, die ausgestorben waren. Der Biologe untersuchte in seinem Beitrag die Geschichte aller bekannten biologischen Arten, die ausgestorben waren. Beide Wissenschaftler suchten nach einer allgemeinen Ursache für das Aussterben. Beide fanden einen Grund, und als die Beiträge später zufällig verglichen wurden, stellte sich heraus, daß beide Forscher auf die gleiche Ursache gekommen waren. In beiden Fällen erwies sich das Aussterben als eine Folge der Überspezialisierung. Wie kommt das?

Wir können beispielsweise immer schnellere Rennpferde züchten und sie zu Spezialisten machen. Das erreicht man durch Inzucht, indem man zwei schnelle Pferde paart. Durch die Konzentration bestimmter Gene wird die Wahrscheinlichkeit ihrer Dominanz erhöht. Dabei opfert man allerdings die allgemeine Anpassungsfähigkeit, bzw. man züchtet sie weg. Inzucht und Spezialisierung gehen immer auf Kosten der allgemeinen Anpassungsfähigkeit.

Es gibt ein Muster der Energieverteilung im Universum. So treten größere Ereignisse wie Erdbeben usw. in den einzelnen Räumen des Universums viel seltener auf als kleinere Ereignisse, die weniger Energie erfordern. Überall auf der Erde kommen Insekten öfter vor als Erdbeben. Im Ordnungsmuster der ganzen evolutionären Ereignisse gibt es Zeiten, in denen unter Myriaden Ereignissen geringer Energie ein hochenergetisches Ereignis eintritt und so zerstörend wirkt, daß die hochspezialisierten Lebewesen, die nicht mehr allgemein anpassungsfähig sind, zugrunde gehen. Ich will Ihnen ein typisches Beispiel erzählen, die Geschichte einer Vogelart, die sich von bestimmten winzigen Wassertieren ernährte. Beim Herumfliegen entdeckten die Vögel mit der Zeit, daß sich diese maritimen Lebewesen an einigen Stellen häuften, und zwar in den Marschen an den Meeresküsten einiger Länder. Anstatt ziellos nach Nahrung zu suchen und sie zufällig zu finden, flogen sie zu den Marschen, wo sich an den Buchten jene Meerestiere fanden. Nach einer Weile ging das Wasser in den Marschen zurück, weil das Polareis der Erde allmählich zunahm. Nur die Vögel mit sehr langen Schnäbeln reichten in die Löcher hinein, um ihre Nahrung zu holen. Die kurzschnäbligen Vögel bekamen kein Futter und starben aus. So blieben nur die Langschnäbler übrig. Wenn die Vögel ihrem angeborenen Trieb folgten, konnten sie sich nur mit anderen Langschnäblern paaren und vermehren. Dies konzentrierte ihre Langschnäbler-Gene. So wuchsen infolge des ständig zurückgehenden Wassers und der anhaltenden Inzucht über Generationen hinweg den Vögeln immer längere Schnäbel. Den Langschnäblern schien es ganz ausgezeichnet zu gehen, bis plötzlich ein großes Feuer in den Marschen ausbrach. Es stellte sich heraus, daß diese Vögel nicht mehr fliegen konnten, weil ihre Schnäbel zu schwer geworden waren. Sie konnten nicht aus der Marsch fliegen und den Flammen entkommen, sie watschelten auf ihren Beinen und waren zu langsam, um sich zu retten, und deswegen gingen sie zugrunde. Das ist typisch dafür, wie eine ganze Art aussterben kann: durch Überspezialisierung.

Als die Großen Piraten – wie wir gesehen haben – ihren Wissenschaftlern im Ersten Weltkrieg freie Hand ließen, waren sie selbst so sehr damit beschäftigt, Reichtum anzuhäufen, daß sie nicht nur den Anschluß an die Tätigkeit ihrer Wissenschaftler in der riesigen Welt des Unsichtbaren verloren, sondern ihre eigene Komprehensivität aufgaben und einseitige Spezialisten wurden: Sie machten Geld mit der Industrieproduktion. Auf diese Weise förderten sie ihren eigenen Untergang im Wirtschaftskrach von 1929, der die ganze Welt lähmte. Aber wie gesagt, die Gesellschaft wußte nie, daß die Großen Piraten einmal die Welt beherrscht hatten, und so erkannte sie auch im Jahre 1929 nicht, daß die Großen Piraten untergegangen waren. Dennoch war sich die Gesellschaft auf der Welt der ökonomischen Paralyse voll und schmerzvoll bewußt. Die Gesellschaft bestand damals wie heute fast nur noch aus spezialisierten Sklaven für Erziehung, Management, Wissenschaft, Büroroutine, Handwerk, Landwirtschaft, Schaufel-und-Spitzhacke-Arbeit und ihren Familien. Unsere heutige Gesamtgesellschaft hat niemanden, der eine so komprehensive und realistische Weltkenntnis hätte, wie sie einst die Großen Piraten besaßen.

Weil man die Politiker in ihren jeweiligen Ländern irrtümlicherweise für die eigentlichen Oberhäupter hielt – obwohl sie doch nur die Handlanger der Großen Piraten waren –, wandte sich die Gesellschaft an sie mit der Forderung, Industrie und Wirtschaft wieder anzukurbeln. Da die Industrie ihrem Wesen nach weltweit koordiniert ist, bedeuteten die großen Wirtschaftskrisen der zwanziger und dreißiger Jahre, daß von jedem führenden Politiker in den betroffenen Ländern verlangt wurde, die ganze Welt zum Funktionieren zu bringen. Auf dieser Grundlage aber konnten die auf der Welt verteilten Ressourcen nicht mehr integriert werden. Jeder politische Führer hatte sein Mandat von einer anderen ideologischen Gruppe erhalten, und ihre verschiedenen Standpunkte wie die wirtschaftlichen Schwierigkeiten führten unweigerlich zum Zweiten Weltkrieg.

Die Politiker sind automatisch in ihrer Einseitigkeit befangen; sie sind verpflichtet worden, für Verteidigung und für Vorteile ihrer eigenen Seite zu sorgen. Dabei nahm jeder an, daß der malthusianisch-darwinsche Kampf ums Dasein und das Gesetz des Du-oder-ich-in-den-Tod gültig sei. Wegen der Vorstellung, es sei nicht genug für alle da, benutzten die aggressivsten politischen Führer ihre Macht dazu, ihre Länder in den Krieg zu stürzen, um den Rest der Welt zu unterwerfen und auf diese Weise die überschüssige Bevölkerung, die nicht versorgt werden konnte, durch Ausmerzen und Aushungern zu beseitigen – die uralte Todesformel der ignoranten Menschen. So befand sich die gesamte Gesellschaft auf dem Wege der Spezialisierung, ob unter dem Faschismus, dem Kommunismus oder dem Kapitalismus. Alle großen ideologischen Gruppen erwarteten Armageddon, die große Entscheidungsschlacht.

Um für diese angeblich unabwendbare Katastrophe gerüstet zu sein, setzte jeder die Wissenschaft mit all ihren großen Spezialkapazitäten für Waffen und Rüstung ein. Damit schufen sie die Möglichkeit, sich selbst total zu vernichten, denn es gab kein komprehensiv organisiertes, oppositionelles Denkvermögen und keine Initiative, die stark genug gewesen wäre, die Koordination herzustellen und das Schlimmste zu verhüten. So waren wir 1946 auf dem besten Wege, uns gegenseitig auszulöschen, obwohl die Vereinten Nationen gegründet worden waren, an die jedoch keines der exklusiven Hoheitsrechte abgetreten wurde. Plötzlich, ohne daß die Gesellschaft es erkannt oder überhaupt bemerkt hätte, erschien der evolutionäre Antikörper gegen die Vernichtung der Menschheit durch Spezialisierung, und zwar in Gestalt des Computers und der von ihm komprehensiv kommandierten Automation. Durch ihn wurde der Mensch als Spezialist der physischen Produktion und Kontrolle überflüssig – und zwar gerade zur rechten Zeit.

Der Computer als Superspezialist kann es aushalten, Tag für Tag und Nacht für Nacht mit übermenschlicher Schnelligkeit die Roten von den Blauen zu trennen. Der Computer arbeitet auch bei einer Kälte oder Hitze, die der Mensch nicht vertragen kann. Allmählich wird der Mensch insgesamt in seiner Funktion als Spezialist durch den Computer ersetzt. Er selber wird gezwungen, sich seiner schon angeborenen «Komprehensivität» anzunehmen, zu bedienen und zu freuen. Vor uns allen liegt die Aufgabe, mit der Totalität unseres Raumschiffes Erde und des Universums fertig zu werden. Die Evolution legt es offensichtlich darauf an, daß der Mensch eine viel größere Bestimmung erfüllt, als nur eine simple Muskel-und-Reflex-Maschine, ein Roboter-Sklave zu sein. *Automation* tritt an die Stelle der *Automaten*.

Evolution setzt sich aus vielen großen revolutionären Ereignissen zusammen, die ganz unabhängig von den menschlichen Versuchen, sie bewußt herbeizuführen, stattfinden. Der Mensch ist sehr eitel; er hat es gern, für alle vorteilhaften Ereignisse verantwortlich zu sein, und er ist unschuldig an allem, was sich nachteilig auswirkt. Alle größeren Ereignisse, die dem konditionierten Reflexverhalten der Menschen einmal günstig und einmal ungünstig erscheinen, vollziehen sich nach einem evolutionären Muster, das jenseits bewußter Planung liegt und menschlichen Scharfsinn transzendiert.

Um Ihnen die Bedeutungslosigkeit Ihrer eigenen Reflexion klarzumachen, erinnere ich Sie nur daran, daß keiner von Ihnen den Fisch und die Kartoffeln, die Sie zu Mittag gegessen haben, bewußt zu dieser oder jener Drüse befördert, um Haare, Haut oder etwas Ähnliches daraus zu machen. Keiner von Ihnen ist sich dessen bewußt, wie er von sieben Pfund auf siebzig Pfund und schließlich auf hundertundsiebzig Pfund zunehmen konnte – und so weiter. All das ist automatisiert und war es schon immer. Ein großer Teil dessen, was unser gesamtes Wohlbefinden auf der Erde betrifft, ist automatisiert, und genau in diese Verfassung möchte ich jetzt kommen, um in der kurzen Zeit, die wir haben, nützlich zu sein.

Setzen wir nun unsere intellektuellen Fähigkeiten nach besten Kräften dafür ein, das evolutionäre Ereignismuster zu erfassen, das unser spontanes Wahrnehmen und Erkennen übersteigt. Wir können zunächst einen evolutionären Trend feststellen, der allen Erziehungssystemen und der bewußt vorangetriebenen Spezialisierung zuwiderlief. Dieser Widerspruch machte sich zu Beginn des Zweiten Weltkrieges bemerkbar, als außergewöhnliche neue Instrumente der Wissenschaft entwickelt worden waren und die Biologen, Chemiker und Physiker mit Kriegssonderaufträgen in Washington zusammenkamen. Während ein Biologe normalerweise dachte, es nur mit Zellen zu tun zu haben, der Chemiker nur mit Molekülen und der Physiker nur mit Atomen, entdeckten jene Wissenschaftler, daß ihr neues mächtiges Instrumentarium und ihre benachbarten Arbeitsgebiete einander überschnitten. Die Spezialisten erkannten auf einmal, daß jeder mit Atomen, Molekülen und Zellen gleichermaßen beschäftigt war. Sie merkten, daß es keine wirkliche Trennungslinie zwischen ihren beruflichen Interessengebieten gab. Ohne es vorzuhaben, waren ihre beruflichen Arbeitsfelder integriert worden – das geschah von ihnen aus unbeabsichtigt, aber offenbar ganz planvoll im Sinne der unausweichlichen Evolution. So mußten die Wissenschaftler seit dem Zweiten Weltkrieg ihre Berufsbezeichnungen ändern und neue einführen wie: Biochemiker, Biophysiker und so fort. Es blieb ihnen gar nichts anderes übrig. Trotz ihrer gezielten Bemühungen, sich nur auf ein Gebiet zu spezialisieren, wurden sie in immer größere Zusammenhänge ihrer Überlegungen hineingezogen. Auf diese Weise kam der Mensch, der sich so bewußt für die Spezialisierung entschieden hatte, ohne sein Wissen noch einmal dazu, seine angeborenen komprehensiven Fähigkeiten wiederzuentdecken und seine Vielseitigkeit zu nutzen.

Ich halte es für sehr wichtig, daß wir uns von unserer Eitelkeit, Kurzsichtigkeit, Voreingenommenheit und der Ignoranz im allgemeinen freimachen und in bezug auf die universale Evolution auf die folgende Art und Weise denken. Oft habe ich gehört, wie Leute sagten: «Ich möchte mal wissen, wie es ist, an Bord eines Raumschiffs zu sein», und die Antwort ist sehr einfach. *Wie ist es?* Es ist so wie alles, was wir jemals erfahren haben, zusammengenommen. Wir sind alle Astronauten.

Ich weiß, daß Sie mir jetzt Aufmerksamkeit schenken, aber ich bin sicher, daß Sie mir nicht auf der Stelle zustimmen werden und sagen: «Ja, das stimmt, ich bin ein Astronaut.» Ich bin ziemlich sicher, daß Sie nicht richtig fühlen, wie Sie an Bord eines phantastisch realen Raumschiffes sind – auf unserem sphärischen Raumschiff Erde. Von unserer kleinen Erdkugel haben Sie nur winzige Teile gesehen. Was Sie jedoch gesehen haben, ist mehr, als was die Menschen vor dem 20. Jahrhundert sahen, da sie während ihres Lebens durchschnittlich nur ein Millionstel der Erdoberfläche wahrnehmen konnten. Sie haben eine Menge mehr gesehen. Wenn Sie ein Pilotenveteran der Weltluftfahrtlinien sind, haben Sie vielleicht ein Hundertstel der Erdoberfläche gesehen. Aber sogar das ist alles in allem nicht genug, um zu sehen und zu spüren, daß die Erde eine Kugel ist – es sei denn, einer von Ihnen ist zufällig – was mir unbekannt ist – ein Cape-Kennedy-Kapselfahrer.

Raumschiff Erde

Unser kleines Raumschiff Erde hat nur einen Durchmesser von 8000 Meilen. Das ist in der ungeheuren Weite des Weltraums eine ziemlich unbedeutende Größe. Der Stern, der uns am nächsten ist – unser Energie lieferndes Mutterschiff Sonne –, ist 92 Millionen Meilen von uns entfernt, und der danach uns nächste Stern ist hunderttausendmal weiter. Das Licht braucht rund zweieinhalb Jahre für den Weg vom nächsten Energieversorgungsraumschiff bis zu uns. Das ist die Art von Raumordnung, in der wir uns bewegen. Unser kleines Raumschiff Erde reist in diesem Augenblick mit 60 000 Meilen pro Stunde um die Sonne und dreht sich außerdem noch um seine eigene Achse, was auf der Breite von Washington, D. C., noch mal ungefähr 1000 Meilen pro Stunde ausmacht. Jede Minute rotieren wir etwa 100 Meilen und legen 1000 Meilen auf unserer Umlaufbahn zurück. Das ist ein ganz schönes Tempo. Wenn wir unsere raketengetriebenen Raumkapseln mit einer Geschwindigkeit von 15 000 Meilen pro Stunde in den Weltraum schicken, dann ist die Beschleunigungsgeschwindigkeit, mit der die Rakete ihre eigene Umlaufbahn um unser schnelles Raumschiff Erde erreicht, nur um ein Viertel größer als die Geschwindigkeit unseres großen planetaren Raumschiffs.

Das Raumschiff Erde ist so außergewöhnlich gut geplant und entworfen, daß sich seit zwei Millionen Jahren unseres Wissens Menschen an Bord befinden, Menschen, die nicht einmal wußten, daß sie an Bord eines Schiffes sind. Und unser Raumschiff ist so phantastisch konstruiert, daß das Leben an Bord durch Regeneration erhalten bleibt, trotz der Entropie, durch die alle lokal begrenzten physikalischen Systeme Energie verlieren. Daher müssen wir unsere Energie für die Regeneration der Lebewesen von einem anderen Raumschiff – der Sonne – beziehen.

Die Sonne begleitet uns auf unserem Flug durch die gewaltige Weite des galaktischen Systems, und zwar in genau der richtigen Distanz, um uns genügend Strahlung zum Leben zu geben, ohne uns zu verbrennen. Die ganze Anlage des Raumschiffes Erde und seiner lebenden Passagiere ist so hervorragend entworfen, daß der Van-Allen-Gürtel, von dem wir bis gestern nicht einmal wußten, daß wir ihn haben, die Strahlung der Sonne und anderer Sterne filtert. Die Strahlen sind so intensiv, daß sie uns umbringen würden, sobald wir nackt und ungeschützt den Van-Allen-Gürtel verließen. Die Zufuhr dieser Strahlungsenergie für unser Raumschiff Erde wird planvoll so dosiert, daß Menschen wie du und ich es ganz gut aushalten. Jeder kann nun zwar hinausgehen und ein Sonnenbad nehmen, aber wir sind nicht in der Lage, durch unsere Haut so viel Energie einzunehmen, daß wir davon leben könnten. Daher gehören zur Erfindung des Raumschiffs Erde und seiner biologischen

Erhaltung die Vegetation auf dem Land und die Algen im Meer, die so entworfen sind, daß sie unter Ausnutzung der Photosynthese genügend lebensregenerierende Energie für uns speichern.

Aber wir können nicht alles essen, was wächst. Tatsächlich ist sehr wenig davon genießbar. Wir können weder Borke noch das Holz der Bäume, noch Gras essen. Aber Insekten können das fressen, und viele andere Tiere und Lebewesen können es auch. Wir beziehen unsere Energie, indem wir Milch und Fleisch der Tiere zu uns nehmen. Die Tiere können sich von der Vegetation ernähren, und es gibt Früchte, zarte Pflanzen und Samen, die auch wir essen können. Wir haben gelernt, mehr von diesen eßbaren Pflanzen durch genetische Züchtung zu kultivieren.

Die Tatsache, daß wir mit solchen intuitiven und intellektuellen Fähigkeiten ausgestattet sind, die zur Entdeckung der Gene, der RNS und DNS und anderer Prinzipien führen, Prinzipien, denen die fundamentalen Planungskontrollen lebendiger Systeme ebenso unterworfen sind wie die der Kernenergie und des chemischen Aufbaus, ist Bestandteil der außergewöhnlichen Konstruktion des Raumschiffs Erde, seiner Ausrüstung, seiner Passagiere und seiner Versorgungssysteme. Es ist daher paradox, aber strategisch erklärbar – wie wir sehen werden –, wenn wir dieses ungewöhnliche chemische Energie-Austauschsystem, das dem erfolgreichen Regenerieren des gesamten Lebens an Bord unseres planetarischen Raumschiffs dient, bisher so mißbraucht, mißhandelt und verschmutzt haben.

Was unser Raumschiff so interessant für mich macht, ist die Tatsache, daß es ein mechanisches Fahrzeug ist – ganz wie ein Automobil. Wenn Sie ein Auto besitzen, merken Sie, daß Sie Öl und Benzin einfüllen müssen und Wasser in den Kühler und daß Sie sich um das Auto insgesamt kümmern müssen. Sie entwickeln allmählich ein bißchen thermodynamischen Sinn. Sie wissen, entweder halten Sie die Maschine in Ordnung, oder es gibt Ärger und sie funktioniert nicht richtig. Wir haben bisher unser Raumschiff Erde nie als integral konstruierte Maschine angesehen, die zum Zwecke dauerhafter Leistungsfähigkeit als Ganzes begriffen und bedient werden muß.

Nun gibt es noch eine äußerst wichtige Tatsache, die das Raumschiff Erde betrifft: Es wurde nämlich keine Bedienungsanleitung mitgeliefert. Ich halte es für sehr aufschlußreich, daß es kein Anleitungsbuch für die richtige Bedienung unseres Schiffes gibt. Wenn man sich vorstellt, mit welch unendlicher Sorgfalt alle anderen Details von unserem Schiff vor uns ausgebreitet sind, dann muß man es als absichtlich und planvoll ansehen, wenn ein Anleitungsbuch fehlt. Das Fehlen der Anleitung hat uns mit Gewalt beigebracht, daß es zwei Arten von Beeren gibt – rote Beeren, von denen man ißt und stirbt, und rote Beeren, von denen man sich ernährt. Und wir mußten Methoden finden, mit denen man feststellen konnte, ob die rote Beere zu dieser oder jener Sorte gehörte, bevor man sie essen konnte, ohne daran zu sterben. So wurden wir in Ermangelung eines Anleitungsbuches dazu gezwungen, unseren Intellekt zu gebrauchen, und das ist unsere höchste Fähigkeit, mit der wir wissenschaftliche Experimente anstellen und die Bedeutung experimenteller Ergebnisse wirksam interpretieren. Also gerade weil die Bedienungsanleitung bisher gefehlt hat, lernen wir zu antizipieren, welche Konsequenzen sich aus einer steigenden Anzahl von Alternativen ergeben, um unser Überleben und Wachstum befriedigend zu erweitern – physisch und metaphysisch.

Natürlich ist alles Leben dem Bauplan und der Entstehung nach im Moment der Geburt ziemlich hilflos. Kinder von Menschen bleiben länger hilflos als die Jungen anderer Arten. Offenbar gehört es zur Erfindung «Mensch», daß er dazu bestimmt ist, in gewissen anthropologischen Phasen ziemlich hilflos zu sein, und daß er, wenn er sich zurechtzufinden beginnt, dazu prädestiniert ist, einige der physikalischen Gesetze des Universums zu entdecken, die eine Vervielfältigung seiner Mittel erlauben; dasselbe gilt für die vielen unsichtbaren Ressourcen in seiner Umgebung, die er sich nach und nach zur fortschreitenden Wissensvervielfachung und zur Weiterentwicklung des Lebens erschließen kann.

Ich würde sagen, daß in der Anlage des totalen Reichtums dieses Raumschiffs Erde ein enormer Sicherheitsfaktor eingeplant wurde. Dadurch wurde dem Menschen über eine lange Zeit hinweg sehr viel Ignoranz zugestanden, und zwar so lange, bis er genügend Erfahrungen gesammelt hatte, um mit dem daraus abgeleiteten System generalisierter Grundsätze das Wachstum des fortschreitenden Energie-Managements über die Umwelt zu beherrschen. Das eingeplante Fehlen einer Bedienungsanleitung für den Umgang mit dem Raumschiff Erde und dessen Komplex von Lebensversorgungs- und Lebenserhaltungssystemen hat den Menschen dazu gezwungen, im Rückblick zu entdecken, was sich als seine wichtigsten Vorschau-Fähigkeiten erwiesen hat. Sein Intellekt mußte sich selber entdecken. Der Intellekt wiederum mußte zusammenfassen, was er als Fakten seiner Erfahrung gesammelt hatte. Komprehensive Überprüfung der Fakten von Erfahrungen durch den Intellekt hat darüber Gewißheit gebracht, daß allen speziellen und nur oberflächlich wahrgenommenen Erfahrungen allgemeine Gesetze zugrunde liegen. Die objektive Anwendung dieser allgemeinen Prinzipien bei der Reorganisation der physischen Ressourcen der Umwelt scheint die Menschheit zum totalen Erfolg zu führen und versetzt sie in die Lage, mit noch viel größeren Problemen des Universums fertig zu werden.

Um diese Totale ganz zu verstehen, müssen wir uns einen Mann vorstellen, der vor sehr langer Zeit durch die Wälder ging – wie Sie es sicherlich schon gemacht haben und ich selbstverständlich auch – auf der Suche nach dem kürzesten Weg zu einem bestimmten Ziel. Er stieß auf umgestürzte Bäume, die quer über seinem Weg lagen, und kletterte darüber. Plötzlich sah er sich auf einem Baum balancieren, der leicht wippte. Zufällig lag er quer über einem großen Stamm, und das andere Ende des Baumes, auf dem er stand und wippte, lag unter einem dritten umgefallenen Baumstamm. Beim Wippen sah er, wie sich der dritte große Stamm bewegte und angehoben wurde. Das schien ihm unmöglich. Er ging hinüber und versuchte, den Stamm mit seinen eigenen Muskeln anzuheben. Er konnte ihn kein Stück bewegen. Dann kletterte er wieder zurück auf den ersten kleinen Baumstamm und wippte wieder, diesmal absichtlich, und wieder wurde der größere Baumstamm bewegt und leicht angehoben. Ich bin sicher, daß der erste Mensch, der das beobachtete, den Baum für magisch hielt, und vielleicht hat er ihn nach Hause geschleppt und als das erste Totem aufgestellt. Wahrscheinlich dauerte es eine ganze Zeit, bis man gelernt hatte, daß jeder Baumstamm es so machen würde und man daher aus allen früheren erfolgreichen Spezialfall-Erfahrungen mit solchen zufälligen Entdeckungen das Konzept verallgemeinerbarer Gesetze der Hebelwirkung herausziehen mußte. Erst als der Mensch lernte, fundamentale Gesetze des physischen Universums generalisierend zu gewinnen, lernte er, seinen Intellekt effektiv zu gebrauchen.

Als der Mensch begriffen hatte, daß jeder Baum als Hebel dienen konnte, machte seine intellektuelle Entwicklung rasche Fortschritte. Nachdem sich der Mensch durch seinen Intellekt vom Aberglauben an Spezialfälle einmal befreit hatte, war sein Überlebenspotential um das Millionenfache vermehrt. Durch Anwendung der Hebelgesetze bei Zahnrädern, Treibriemen, Transistoren und so weiter ist es buchstäblich möglich, auf vielfachen physio-chemischen Wegen mehr mit weniger zu erreichen. Vielleicht war es diese intellektuelle Bereicherung des Erfolgs und Überlebens der Menschheit durch die metaphysische Wahrnehmung allgemeiner Gesetze, welche objektivierbar und dienlich sind, die Christus in der Bergpredigt lehren wollte, jener dunklen Geschichte von den Broten und den Fischen.

Allgemeine Systemtheorie

Wie können wir mit unseren intellektuellen Möglichkeiten bessere Fortschritte machen? Unsere Muskeln sind im Vergleich zu denen anderer Tiere dürftig. Unsere gesamte Muskelkraft ist nichts gegen die Gewalt eines Tornados oder der Atombombe, die die Gesellschaft – aus Angst – erfunden hat, wobei sie von den furchtlosen Entdeckungen des Intellekts über die allgemeinen Gesetze ausging, die das energetische Verhalten des physischen Universums regieren.

Bei der Organisation unserer großen Strategie müssen wir erst einmal feststellen, wo wir uns jetzt befinden, das heißt, was unsere gegenwärtige navigatorische Position im universalen Rahmen der Evolution ist. Um mit dem Fixieren unserer Position an Bord unseres Raumschiffes Erde zu beginnen, müssen wir zuerst einmal anerkennen, daß der Vorrat an sofort konsumierbaren, offenbar wünschenswerten oder lebensnotwendigen Ressourcen bis zum jetzigen Zeitpunkt voll ausgereicht hat, um uns trotz unserer Ignoranz weiterexistieren zu lassen. Da sie aber schließlich nicht unerschöpflich und vor allem nicht unzerstörbar sind, sind sie für uns nur bis zu diesem kritischen Moment angemessen verfügbar. Für dieses Reservepolster zum Überleben und Aufwachsen der Menschheit bis heute ist anscheinend ebenso vorgesorgt worden, wie für einen Vogel in einem Ei mit flüssiger Nahrung vorgesorgt ist, damit er sich bis zu einem gewissen Punkt entwickeln kann. Dem Design zufolge ist die Nahrung aber genau zu dem Zeitpunkt aufgebraucht, wo das Küken groß genug ist, um auszuschlüpfen und auf eigenen Füßen zu stehen. Sobald das Küken auf der Suche nach mehr Nahrung gegen die Schale pickt, bricht sie unversehens auf. Nachdem das Küken sein erstes Asyl verlassen hat, muß es nun seine eigenen Beine und Flügel in Bewegung setzen, um die nächste Phase seiner regenerativen Erhaltung zu entdecken.

Das Bild, das ich mir von der Menschheit heute mache, zeigt, wie wir gerade dabei sind, aus den Bruchstücken unserer erst vor einer Sekunde zerbrochenen Eierschale herauszusteigen. Unsere naive, Versuch-und-Irrtum unterstützende Ernährung ist am Ende. Wir werden mit einer ganz neuen Beziehung zum Universum konfrontiert. Uns bleibt jetzt nur, die Flügel unseres Intellekts auszuspannen und zu fliegen oder unterzugehen; das heißt, wir müssen es sofort wagen zu fliegen, und zwar nicht mit den Faustregeln des gestrigen Aberglaubens und den falsch konditionierten Reflexen, sondern auf der Grundlage der allgemeinen Prinzipien, die das Weltall regieren. Und sobald wir den Versuch machen, kompetent zu denken, fangen wir sofort wieder an, uns unseres angeborenen Triebes zum komprehensiven Verstehen zu bedienen.

Die Architekten und die Planer, besonders die Planer, haben, obwohl sie als Spezialisten eingestuft werden, einen etwas weiteren Blickwinkel als andere Berufe. Sie bekämpfen auch als menschliche Wesen oft den engen Horizont der Spezialisten, vor allem den ihrer Brotherren – der Politiker, der Finanziers und der anderen legalen, freilich insgesamt nicht mehr einflußreichen Erben der Vorrechte, die die Großen Piraten hatten und die heute nur noch von geisterhafter Erscheinung sind. Den Planern wird wenigstens erlaubt, einen Blick auf *ganz* Philadelphia zu werfen und nicht nur durch ein Loch auf ein Haus oder durch eine Tür auf einen Raum in diesem Haus zu blicken. Daher halte ich es für das richtigste, uns in die Rolle von Planern zu versetzen und mit dem komprehensiven Denken im größten Maßstab, dessen wir fähig sind, zu beginnen.

Wir fangen damit an, die Rolle von Spezialisten, die es nur mit Teilen zu tun haben, zu vermeiden. Wir lassen uns wohlüberlegt expandieren, anstatt uns zusammenzuziehen, wir fragen: «Wie können wir *ganzheitlich* denken?» Wenn es wahr ist, daß das größere Denken auf die Dauer das effektivere ist, müssen wir fragen: «Wie groß können wir denken?»

Ein modernes Werkzeug von großen intellektuellen Vorteilen ist die Entwicklung dessen, was man allgemeine Systemtheorie nennt. Wenn wir uns ihrer bedienen, beginnen wir, über das größte und umfassendste System nachzudenken, und bemühen uns, wissenschaftlich zu verfahren. Wir beginnen mit einer Aufstellung aller wichtigen variablen Größen, die zum Problem gehören. Wenn wir aber nicht genau wissen, wie groß «groß» ist, dann setzen wir vielleicht nicht groß genug an und vergessen unbekannte, aber entscheidende Größen außerhalb des Systems, die uns fortwährend stören werden. Das Zusammenwirken dieser unbekannten Größen, das sich innerhalb und außerhalb der willkürlich gesetzten Grenzen des Systems abspielt, wird möglicherweise irreführende oder richtiggehend falsche Antworten hervorrufen. Wenn wir etwas erreichen wollen, dann müssen wir versuchen, auf die zugleich großzügigste und minuziös-schärfste Art zu denken, die uns der Intellekt und die bisher aus Erfahrung gewonnene Information möglich machen.

Wissen wir und können wir mit angemessener Genauigkeit sagen, was wir unter dem Universum verstehen? Schließlich ist das Universum per definitionem das größte System. Wenn wir mit dem Universum anfangen, könnten wir automatisch der Gefahr entgehen, irgendwelche strategisch entscheidende Variablen zu vergessen. Noch finden wir nichts aufgezeichnet, was man als eine brauchbare Definition des Universums ansehen könnte, die wissenschaftlich haltbar und komprehensiv genug wäre, um die nichtsimultanen und sich nur teilweise überlappenden, mikro-makro, sich immer und überall transformierenden physischen und metaphysischen, omnikomplementären, aber nichtidentischen Ereignisse zu fassen.

Der Mensch hat bisher – als Spezialist – beim Abstecken der mikrokosmischen Grenzen der Teilbarkeit des Atomkerns versagt. Aber es ist ihm dennoch – wie Einstein zeigte – gelungen, das physische Universum mit Erfolg zu definieren, nicht allerdings das metaphysische Universum; noch konnte er je das totale Universum als eine Kombination von Physischem und Metaphysischem definieren. Der Wissenschaftler war imstande, das physische Universum durch die experimentell verifizierte Entdeckung zu definieren, daß Energie weder geschaffen werden noch verlorengehen kann; die Energie bleibt erhalten und ist somit endlich. Demzufolge läßt sich das Universum in Gleichungen ausdrücken. Einstein brachte das physische Universum mit Erfolg in die Gleichung $E = mc^2$. Seine Definition war nur eine gewagte Hypothese, bis die Kernspaltung sie als richtig erwies. Das physische Universum assoziativer und dissoziativer Energie wurde als abgeschlossenes, aber nichtsimultanes System erkannt, wobei die unabhängig voneinander verlaufenden Ereignisse mathematisch meßbar sind, das heißt wägbar und in Formeln darstellbar.

Aber das endliche physische Universum schließt nicht die metaphysischen gewichtslosen Erfahrungen des Universums ein. Alles, was nicht wägbar ist, so wie jeder unserer Gedanken und die gesamte abstrakte Mathematik, ist gewichtslos. Die metaphysischen Aspekte des Universums wurden von den Naturwissenschaftlern bisher für unvereinbar mit der Analyse geschlossener Systeme gehalten. Ich fand jedoch – wie ich bald beweisen werde –, daß das totale Universum sowohl das physische wie das metaphysische Verhalten, den physischen und den metaphysischen Aspekt einschließt und daß es wissenschaftlich definiert werden kann.

Einstein und andere haben ausschließlich von der physischen Abteilung des Universums gesprochen, wonach es als *Aggregat nichtsimultaner und nur teilweise überlappender, nichtidentischer, aber immer komplementärer, omnitransformierender und wägbarer Energievorgänge* zusammengefaßt und aufgefaßt werden kann. Eddington definiert Wissenschaft als «das ernsthafte Bemühen, die Fakten der Erfahrung zu ordnen». Einstein und viele andere erstklassige Wissenschaftler stellten fest, daß die Wissenschaft es ausschließlich mit «Fakten der Erfahrung» zu tun hat.

Da ich die Erfahrungen der Wissenschaftler für überaus wichtig halte, definiere ich Universum, indem ich Physisches und Metaphysisches einschließe, wie folgt: *Das Universum ist das Aggregat der von der gesamten Menschheit bewußt gemachten und kommunizierten Erfahrung mit den nichtsimultanen, nichtidentischen und nur partiell sich überlappenden, immer komplementären, wägbaren und unwägbaren, jederzeit omnitransformierenden Ereignissequenzen.*

Jede Erfahrung beginnt und endet – also ist sie endlich. Da unser Erfassen physisch wie metaphysisch in Zeitzuwachsgrößen alternierender Wach- und Schlafzustände unterteilt und verpackt ist wie auch in separate und endliche Konzeptionen, wie zum Beispiel die diskreten Energiequanten und die Atomkernkomponenten der fundamentalen physikalischen Diskontinuität, so sind alle Erfahrungen endlich. Bei physikalischen Experimenten hat man weder feste Körper noch kontinuierliche Oberflächen oder Linien gefunden, sondern nur diskontinuierliche Konstellationen von individuellen Ereignissen. Ein Aggregat von Endlichen ist endlich. *Daher ist das Universum, wie es durch Erfahrung definiert ist, einschließlich des Physischen wie des Metaphysischen, endlich.*

Es ist daher möglich, unsere Formulierung allgemeiner Systeme auf der alles umfassenden Ebene des Universums zu beginnen, wodurch keine strategischen Variablen ausgelassen werden. Es gibt eine große operationale Strategie der Allgemeinen System-Analyse, die von hier ihren Ausgang nimmt. Sie funktioniert etwa wie das Frage-und-Antwort-Spiel 17 und 4, aber die A.S.A ist effizienter, das heißt: ökonomischer beim Erzielen der Antworten. Es ist die gleiche Strategie, nach der der Computer verfährt, um alle falschen Antworten auszumerzen, bis die richtige übrigbleibt.

Nachdem wir das ganze System adäquat definiert haben, können wir zu weiteren Unterteilungen übergehen. Man nimmt dazu eine fortgesetzte Zerlegung in zwei Teile vor, wovon der eine notwendigerweise nicht die Antwort enthält und als der sterile Teil ausscheidet. Jeder nach diesem Verfahren erhaltene lebende Teil wird ein «Bit» genannt, da er durch fortschreitende binäre Ja/Nein-Teilung des letzten übriggebliebenen lebenden Teils gebildet wird. Die Größenordnung solcher Ausscheidungsprozesse wird durch die Anzahl sukzessiver Bits bestimmt, die zur Isolation der Antwort erforderlich sind.

Wie viele «Zweiteilungsbits» sind nötig, um alles Irrelevante auszuschalten und in klarer Isolation die spezifische Information zu erhalten, die man sucht? Wir stellen fest, daß die erste Unterteilung im Konzept vom Universum – Bit eins – zu dem führt, was wir ein *System* nennen. Ein System unterteilt das gesamte Universum in alles das, was außerhalb des Systems ist (Makrokosmos), und den gesamten Rest des Universums, der innerhalb des Systems ist (Mikrokosmos), ausgenommen den Bruchteil des Universums, der das System selber konstituiert. Ein System unterteilt das Universum nicht nur in Makro- und Mikrokosmos, sondern gleichzeitig in typisch konzeptive und nichtkonzeptive Aspekte des Universums, das heißt auf der einen Seite eine durch Überlappung zu vereinbarende Überlegung, auf der anderen Seite alle nicht zu vereinbarenden, nicht durch Überlappung bedeutenden und nichtsimultan übertragbaren Ereignisse der nichtsynchronisierbaren, disparaten Wellenfrequenzbereiche.

Ein Gedanke ist ein System und seinem Wesen nach konzeptiv, obwohl er in seiner ersten Fassung häufig nur verschwommen und verworren begriffen wird, ehe die nur schwer beschreibbare Denkaktivität ihn vollständig bewußt macht. Weil das totale Universum nicht simultan ist, ist es nicht konzeptiv. Konzeptivität wird durch Isolation erzeugt, wie wenn aus der Kontinuität der bewegten Bilder eines Films oder Szenarios ein Standfoto herausgenommen wird. Das Universum ist ein Szenario des Evolutionsprozesses ohne Anfang und Ende, weil der Teil, der gezeigt worden ist, ständig auf chemischem Wege in neuen Film verwandelt wird, der dem ständig sich selbst reorganisierenden Prozeß der Erkenntnis ausgesetzt und durch die letzten Gedanken belichtet wird; sie müssen immer neue Bedeutung in die frisch verfaßte Beschreibung der ständig sich transformierenden Ereignisse hineinbringen, ehe der Film wieder für seine nächste Projektionsphase eingespannt wird.

Heisenbergs Prinzip des «Indeterminismus», dem die experimentelle Entdeckung der Unschärferelation zugrunde lag, daß nämlich der Meßvorgang immer verändert, was gemessen wird, verwandelt Erfahrung in ein kontinuierliches und unwiederholbares evolutionäres Szenario. Ein Bildausschnitt aus dem Szenario über die Raupenphase vermittelt noch nicht ihre Transformation in die Schmetterlingsphase etc. Mit einer Frage wie: «Was mag wohl außerhalb der Außenseite des Universums sein?» verlangt man eine Ein-Bild-Beschreibung von einem Szenario der Transformationen, und daher ist die Frage wertlos. Es ist dasselbe, wie wenn ich im Wörterbuch nachschlage und frage: «Welches Wort ist das Wörterbuch?» Die Frage ist sinnlos.

Es ist charakteristisch für das All-Denken – das konzeptive Erfassen aller Systeme –, daß die Linien der Gedankengänge in einer Vielzahl von Richtungen zyklisch in sich zurückkehren müssen, wie es bei den Großkreisen sphärischer Körper der Fall ist. So können wir die Konstellation – oder das System – der Erfahrungen in ihrer Wechselwirkung bei unserer Überlegung verstehen. So können wir auch begreifen, wie die von dem betrachteten Partikularsystem demonstrierte Spezialfallökonomie auch das verallgemeinerte Gesetz von der Erhaltung der Energie im physischen Universum enthüllt.

Um eine Ente im Flug zu treffen, zielt ein Jäger mit seinem Gewehr nicht direkt auf den Vogel, sondern etwas vor ihn, so daß sich der Vogel und die Kugel an einem Punkt treffen, der nicht auf der Linie liegt, auf der sich Schütze und Vogel zum Zeitpunkt des Abschusses befinden. Auch treiben Schwerkraft und Wind die Kugel in zwei verschiedene Richtungen, die die Kugel in eine leichte Korkenzieherbewegung versetzen. Zwei Flugzeuge, die sich in den nächtlichen Luftkämpfen des Zweiten Weltkriegs mit Leuchtspurkugeln beschossen und von einem dritten Flugzeug aus fotografiert wurden, zeigen ganz deutlich diese Korkenzieherflugbahnen, wenn eins von dem anderen getroffen wird. Einstein und der Hindu-Mathematiker Reiman gaben diesen gekrümmten und *ökonomischsten Linien der Wechselbeziehung zwischen zwei unabhängig sich vollziehenden «Ereignissen»* – wobei die Ereignisse in diesem Fall die beiden Flugzeuge sind – den Namen *geodätische Linien.*

Ein Großkreis ist eine Linie, die auf der Kugeloberfläche durch eine Ebene gebildet wird, die durch das Zentrum der Kugel geht. Kleinere Kreise auf der Kugeloberfläche werden durch Ebenen gebildet, die die Kugeln schneiden, aber nicht durch den Kugelmittelpunkt gehen. Wird ein kleinerer Kreis über einen Großkreis gelegt, so schneidet er letzteren in zwei Punkten – A und B. Der Abstand zwischen A und B ist auf dem kürzeren Bogen des Großkreises geringer als auf dem kürzeren Bogen des kleineren Kreises. Großkreise sind geodätische Linien, weil sie die ökonomischsten (Energie, Leistung) Distanzen zwischen zwei Punkten eines sphärischen Systems darstellen; daher muß die Natur, die immer nur die ökonomischsten Realisierungen benutzt, diese Großkreise verwenden, die im Unterschied zu Spiralen immer auf die ökonomischste Weise in sich zurückkehren. Alle Wege des Systems müssen topologisch und kreisförmig aufeinander bezogen sein, damit begrifflich definitives, lokal transformierbares, polyedrisches Verständnis in unseren spontanen – ergo ökonomischsten – geodätisch strukturierten Gedanken erzielt werden kann. Das Denken selbst besteht aus selbstdiszipliniertem Abbau von makro- und mikrokosmischen Nebensächlichkeiten, wobei nur die klaren und wichtigen Überlegungen übrigbleiben. Makrokosmisch irrelevant sind alle Ereignisse, die zu groß und zu selten sind, um in irgendeiner Weise synchronisch auf unsere Überlegungen (*consideration*: ein schönes Wort, was eigentlich bedeutet: Sterne zusammenstellen) einstellbar zu sein. Mikrokosmisch irrelevant sind alle Ereignisse, die offensichtlich zu klein sind und zu häufig auftreten, um sie auf irgendeine Weise unterscheidbar zu machen oder sie innerhalb der klar relevanten Wellenfrequenzgrenzen des Systems, über das wir nachdenken, synchronisierbar einzustellen.

Wie viele Stufen des Abbaus von Unwichtigkeiten sind notwendig – das heißt, wie viele Bits sind erforderlich, wenn man vom Universum ausgeht, wie ich es definiert habe –, um klar alle geodätischen Wechselbeziehungen aller «Stern»-Identitäten in der betrachteten Konstellation zu isolieren? Die Antwort liefert die Formel $\frac{N^2 - N}{2}$, wobei N die Anzahl der Sterne in der gedanklich unterschiedenen Konstellation von Brennpunkt-Entitäten ist, die das Problem enthalten.

Unter «Komprehension» verstehe ich die Identifikation aller einzig ökonomischen Wechselbeziehungen der betreffenden Brennpunkt-Entitäten. Wir können also sagen, daß

$$\text{Komprehension} = \frac{N^2 - N}{2} \text{ ist.}$$

Das ist die Art und Weise, auf die Denkprozesse mit mathematischer Logik operieren. Die in Frage kommende Mathematik besteht aus Topologie kombiniert mit Vektorgeometrie, eine Kombination, die ich «Synergetik» nenne; ein Begriff, den ich definiere, indem ich ihn durch seine Anwendung erkläre. Durch Befragen vieler Zuhörer weiß ich, daß nur einer von dreihundert mit dem Begriff Synergie vertraut ist. Das Wort ist offensichtlich kaum allgemein bekannt. Synergie ist der einzige Begriff in unserer Sprache, der das *Verhalten ganzer Systeme kennzeichnet, das nicht aus den getrennt beobachteten Verhaltensweisen irgendwelcher separater Systemteile oder irgendwelcher Untergruppen von Systemteilen bestimmt werden kann.* Es gibt nichts in der Chemie eines Zehennagels, was die Existenz eines menschlichen Wesens vorherbestimmt. Ich fragte einmal Hörer der National Honors Society für Chemie: «Wer von Ihnen kennt das Wort Synergie?», und alle Hände gingen in die Höhe. Synergie ist das Wesen der Chemie. Die Zugfestigkeit von Chromnickelstahl, die rund 25 000 kg/cm² beträgt, ist um 7000 kg/cm² größer als die Summe der Belastbarkeit jeder seiner aus metallischen Elementen legierten Komponenten. Das ergibt eine Kette, die um 50 Prozent stärker belastbar ist als die Summe der Belastbarkeit aller ihrer Glieder. Wir haben meist die Vorstellung, daß eine Kette nicht stärker ist als ihr schwächstes Glied. Das ist ein Konzept, das zum Beispiel nicht in Betracht zieht, daß im Falle einer endlosen, zusammenhängenden Kette aus atomaren, selbstregenerierenden Gliedern gleicher Stärke oder im Falle einer nach allen Richtungen zusammenhängenden Kettenmatrix aus stets erneuerten atomaren Gliedern ein zerbrochenes Glied nur momentan eine Lücke in der ganzen Masse wäre, die keine schwächende Wirkung auf das Ganze hätte, weil jedes Glied innerhalb der Matrix ein hochfrequent wiederkehrender Sofortreparateur des Systems ist.

Da Synergie das einzige Wort in unserer Sprache ist, welches das nicht vom Verhalten der Teile bestimmte Verhalten von Ganzheiten ausdrückt, denkt die Gesellschaft gar nicht daran, daß es ein Verhalten ganzer Systeme gibt, das nicht von ihren separaten Teilen bestimmt wird. Das bedeutet, daß die von der Gesellschaft formal akkreditierten Gedanken und die Art, andere zu akkreditieren, in ziemlichem Widerspruch zu den nichtkonzeptiven Qualitäten des Szenarios «Universale Evolution» stehen.

Ein Elektron für sich genommen ergibt nichts, was Voraussagen über das Proton zuließe, ebensowenig ergibt sich etwas aus Erde oder Mond, was Voraussagen über die Koexistenz der Sonne zuließe. Das Sonnensystem ist synergetisch – nicht durch seine separaten Teile bestimmt. Aber das Spiel der Sonne als Versorgungsschiff der Erde und das vom

Mond durch Gravitation erzeugte Pulsieren der Gezeiten auf der Erde bewirken zusammen die chemischen Bedingungen der Biosphäre, die die Regeneration des Lebens auf dem Raumschiff Erde ermöglicht, aber nicht verursacht. Das ist alles synergetisch. Die Gase, die von der grünen Vegetation der Erde atmend abgegeben werden, lassen keine Voraussagen darüber zu, daß sie für den Lebensunterhalt aller Säugetiere an Bord des Raumschiffs Erde wesentlich sein werden; und die Säugetiere lassen keine Voraussagen darüber zu, daß die Gase, die von ihnen atmend abgegeben werden, wesentlich für den Lebensunterhalt der Vegetation an Bord des Raumschiffs Erde sind. Das Universum ist synergetisch. Das Leben ist synergetisch.

Da mein versuchsweises Befragen von mehr als hundert Auditorien auf der ganzen Welt ergeben hat, daß weniger als einer von dreihundert Universitätsstudenten einen Begriff von Synergie hat, und da es dafür keinen anderen Begriff gibt, muß ich synergetisch zusammenfassend daraus schließen, daß die Welt offensichtlich nicht damit gerechnet hat, daß es überhaupt Verhalten ganzer Systeme gibt, das nicht aus ihren Teilen bestimmbar ist. Das ist teilweise die Folge der Überspezialisierung und der Tatsache, daß man das Geschäft und die Beschäftigung mit dem Ganzen den alten Piraten überläßt, sichtbar vertreten durch ihre Handlanger, die Feudalherren und Lokalpolitiker.

Es gibt einen Satz der Synergie, welcher besagt, daß das bekannte Verhalten des Ganzen und das bekannte Verhalten weniger Teile oft die Entdeckung von Werten der übrigen Teile möglich macht, so wie die bekannte Summe der Winkel eines Dreiecks plus dem bekannten Verhalten dreier seiner sechs Teile die Berechnung der anderen ermöglicht. Die Topologie liefert die synergetischen Mittel zur Bestimmung der Werte eines jeden Systems von Erfahrungen.

Topologie ist die Wissenschaft von den Grundmustern und den strukturellen Relationen der Ereigniskonstellationen. Sie wurde von dem Mathematiker Euler entdeckt und entwickelt. Er entdeckte, daß alle Muster sich auf drei primäre konzeptive Charakteristika zurückführen lassen: auf *Linien*, *Punkte* – Schnittpunkt zweier Linien oder der Linie mit sich selbst – und von Linien begrenzte *Flächen*. Er fand, daß es bei allen Mustern eine konstante relative Menge dieser drei fundamentalen Aspekte gibt:

$$P + F = L + 2$$

Das heißt: die Anzahl der Punkte plus die Anzahl der Flächen ist immer gleich der Anzahl der Linien plus die Konstante Zwei. Manchmal fällt eine Fläche mit anderen zusammen. Wenn die Flächen von Polyedern scheinbar zusammenfallen, müssen die kongruenten Flächen, die verborgen sind, arithmetisch in der Formel berücksichtigt werden.

Synergie

Wir werden jetzt unsere gegenwärtigen Weltprobleme mit Hilfe machtvoller Denkinstrumente angehen: Topologie, Geodäsie, Synergie, allgemeine Systemtheorie und operationales «Bitting» des Computers. Um sicherzugehen, daß wir alle eventuell zu berücksichtigenden Variablen einschließen, werden wir stets synergetisch mit dem *Universum* beginnen – da das Universum nun definiert ist, haben wir einen *meisterhaften Zusammenhalt*. Danach werden wir unser einziges Problem formulieren und uns progressiv und definitiv von allen Mikro-Makro-Belanglosigkeiten frei machen. Sind Menschen nötig? Gibt es empirische Anhaltspunkte, daß der menschliche Intellekt eine Integralfunktion im regenerativen Universum hat wie etwa die Schwerkraft? Wie können Erdbewohner ihre Funktion erfüllen und damit verhindern, als untauglich ausgelöscht zu werden?

Zunächst werden wir nun das Universum fortlaufend unterteilen und das denkbare Konzept durch den fortwährenden bitweisen Abbau verbleibender Belanglosigkeiten isolieren. Bei Bit eins erhalten wir das *System*, das im größten der gestirnte Makrokosmos und im kleinsten der Atomkern ist; bei Bit zwei reduziert sich die makrokosmische Grenze auf die der *Milchstraße*; bei Bit drei werden die *kosmische Strahlung,* die *Schwerkraft* und das *Sonnensystem* ausgesondert und bei Bit vier die *kosmische Strahlung*, die *Schwerkraft*, die *Sonne*, ihr *energiegespeistes, lebenstragendes Raumschiff Erde* in Verbindung *mit* ihrem *Mond* als wichtigste Komponenten der Regeneration des Lebens auf Raumschiff Erde.

Ich würde gern eine kurze Bestandsaufnahme der Systemvariablen machen, die für unsere gegenwärtige lebensregenerierende Evolution an Bord unseres Raumschiffs, das durch die Sonne und andere kosmische Strahlungen ständig neu aufgetankt wird, nach meiner Meinung am wichtigsten sind. So können wir, wenn wir richtig verfahren, plötzlich fasziniert entdecken, warum wir hier im Universum am Leben sind und uns an Bord unseres Raumschiffs momentan in Betrieb befinden, zum Beispiel an Bord eines sphärischen Decks in Washington, D. C., auf dem amerikanischen Kontinent, in folgenreichen Gedanken über die relevanten zeitgenössischen und ortsgebundenen Erfahrungen, die zur Lösung eines erfolgreichen und glücklichen Überlebens der Menschheit an Bord unseres Planeten gehören. Wir können so nicht nur herausfinden, was in grundlegender Weise getan werden muß, sondern auch wie es aus unserer eigenen, direkt ergriffenen Initiative bewerkstelligt werden kann, durch keine andere Autorität unternommen und unterstützt als der unserer Funktion im Universum, wo das Ideale das am realistischsten Praktische ist. So könnten wir alle bisherigen Frustrationen vermeiden, die durch uninspirierte patronale Führung unserer Arbeit entstanden sind – etwa indem zähe Konzessionen an das nichtsynergetische Denken und die entsprechend unwissend konditionierten Reflexe des Schlechtestberatenen unter den potentiellen Massenkonsumenten gemacht wurden.

Typisch für die subsidiären Probleme innerhalb des Gesamtproblems menschlichen Überlebens, dessen Verzweigungen sich jetzt auf Bereiche erstrecken, die jenseits planerischer Zuständigkeit liegen und die gelöst werden müssen, ist das Problem der allgemeinen Verschmutzung – nicht nur der Verschmutzung von Luft und Wasser, sondern auch der in unseren Köpfen gespeicherten Information. Bald werden wir unseren Planeten in «Poluto der Verschmutzer» umbenennen müssen. In Anbetracht der Atmosphäre, die das Leben unseres Planeten erhält, stellen wir fest: jawohl, wir haben technisch durchführbare Möglichkeiten, die Abgase zu binden; und hinterher sagen wir: «Aber es kostet zuviel.» Es gibt auch Möglichkeiten, Meereswasser zu entsalzen, und wir sagen: «Aber es kostet zuviel.» Diese engstirnige Behandlung stellt sich nie dem unerbittlich wachsenden, auf eine Lösung drängenden Problem, was es wohl kosten wird, wenn wir keine Luft und kein Wasser mehr zum Überleben haben. Es dauert Monate, bis man verhungert, Wochen, bis man verdurstet, aber nur Minuten, bis man erstickt. Ohne Wasser können wir nicht so lange leben, bis Entsalzungsanlagen in einer Größenordnung produziert und installiert werden, um zum Beispiel New York City zu versorgen. Eine anhaltende und häufig angedrohte Wasserknappheit in New York City könnte für Millionen Menschen den Tod bedeuten. Jedesmal, wenn die Gefahr vorüber ist, wird die Realisierung solcher Projekte mit der üblichen Feststellung abgeblockt: «Das kostet zuviel.»

Jeder, der einmal in Washington war (und jeder, der es anderswo verfolgt), weiß, wie Haushaltspläne gemacht werden und mit welchen Mitteln die öffentliche Aufmerksamkeit auf Probleme und die offizielle Entschlossenheit, etwas zu ihrer Lösung zu tun, gelenkt wird. Letzten Endes werden die Probleme selten gelöst, und nicht etwa, weil man nicht wüßte, wie; entweder sagen die zuständigen Autoritäten: «Das kostet zuviel», oder es stellt sich heraus, daß immer dann, wenn wir die Ursachen der Umweltprobleme feststellen – und Gesetze werden zu dem Zweck erlassen, mit diesen Ursachen fertig zu werden –, gerade keine verfügbaren Mittel vorhanden sind, um die Gesetze durchzusetzen. Ein Jahr später kommt dann ein parlamentarischer Bewilligungsantrag zur Finanzierung und damit das politische Kriterium der Vermögensumverteilung, wobei sich herausstellt, daß es, verglichen mit dem Haushalt des Vorjahres, nunmehr «zuviel kostet». So folgt ein Kompromiß auf den anderen. Immer wieder kommt dabei nichts anderes heraus als politische Versprechungen oder nicht ausreichend finanzierte Lösungen. Die ursprüngliche Gesetzgebung befriedigt teilweise die gestellten Forderungen. Die Pressionen auf die Politiker werden gelockert, die Tatsache, daß es nicht zur Gesetzesanwendung kam, wird beiseite geschoben, weil neue, scheinbar dringlichere Forderungen mit scheinbar höherer Priorität nach Geldern verlangen. Die dringendsten Forderungen sind die für den Krieg, für den die Politiker plötzlich Rüstungskäufe und militärische Vorhaben bewilligen, die ein Vielfaches von dem kosten, was wir uns, ihren früheren Vorstellungen entsprechend, nicht leisten können.

So kommt es unter tödlichen Gefahren auf geheimnisvolle Weise zum effektiven Einsatz von riesigen Mengen Reichtums. Wir scheinen nicht dazu in der Lage zu sein, auf friedliche Weise das Selbstverständliche zu tun, was unseres Wissens zur Verhinderung von Kriegen getan werden müßte – nämlich genug zu produzieren, um die Bedürfnisse der Welt zu befriedigen. Unter Zwang meinen wir immer, uns die Kriege leisten zu können, die durch den Lebenskampf der Habenichtse um einen Anteil am Reichtum der Wohlhabenden entstehen. Und das einfach aus dem Grunde, weil es den Anschein hatte, als ob es zuviel kosten würde, die Habenichtse mit dem Lebensnotwendigen zu versorgen. Die Wohlhabenden sind auf diese Weise gezwungen, bei ihrer Selbstverteidigung plötzlich produktive, Reichtum erzeugende Fähigkeiten zu erkennen und einzusetzen, die um ein Vielfaches mehr wert sind als die in Geldeinheiten ausgedrückte Höhe ihres vermeintlichen Besitzes und die – was weit wichtiger ist – ein Vielfaches dessen betragen, was eine angemessene ökonomische Unterstützung der in diese Kriege verwickelten Habenichtse und darüber hinaus sämtlicher Habenichtse der Welt gekostet hätte.

Die angemessenen makro-komprehensiven und mikro-prägnanten Lösungen aller vitalen Probleme kosten niemals zuviel. Die Produktion bisher nicht vorhandener Produktionswerkzeuge und der Aufbau von Industrienetzen, durch die Energie zu größerer Arbeitsleistung genutzt wird, kosten nichts als menschliche Zeit, die nach der Inbetriebnahme der leblosen Maschinerie in gewonnenen Minuten zurückerstattet wird. Nichts wurde ausgegeben. Aus potentiellem Reichtum ist realer Reichtum geworden. Wie der Gemeinplatz sagt, kostet die Lösung von Problemen letzten Endes immer dann am wenigsten, wenn man beim Erkennen des Problems rechtzeitig und angemessen für dessen Lösung zahlt. Da es vitale Probleme sind, sind sie evolutionär, unerbittlich und von der Menschheit letztlich nicht zu umgehen. Das ständige Beiseiteschieben der Probleme, die unzureichenden Ausgaben und die Wichtigtuerei der Offiziellen beweisen deutlich, daß der Mensch zur Zeit nicht weiß, was Reichtum ist, noch wieviel von dem, was Reichtum auch immer sei, für ihn in wachsendem Maße erreichbar sein könnte.

Damit haben wir etwas ausgelöst, was im Problem allgemeiner Systeme des Menschen an Bord des Raumschiffs Erde eine sehr wichtige Variable ist. Die Frage «Was ist Reichtum?» beherrscht unsere Primär-Überlegung.

Das *Wall Street Journal* berichtete über die Beratungen des internationalen Weltwährungsfonds, die im September und Oktober 1967 in Rio de Janeiro stattfanden. Viele Jahre und Millionen Dollars waren aufgewendet worden, um diese Währungsverhandlungen vorzubereiten und zu organisieren, wobei als Ergebnis herauskam, man sei der Auffassung, daß es bald an der Zeit wäre, etwas in der Währungsfrage zu tun. Die Konvention brachte zum Ausdruck, daß unsere internationale Zahlungsbilanz und ihr Golddeckungssystem unzulänglich seien. Man kam zu dem Schluß, das Gold der alten Piraten sei immer noch unersetzlich, doch in einigen Jahren müsse man möglicherweise einen neuen Gimmick finden, um damit das Gold als internationale Währungsbasis zu vermehren.

Man weiß, daß es zur Zeit Gold im Wert von etwa 70 Milliarden Dollar an Bord unseres Raumschiffs Erde gibt. Etwas mehr als die Hälfte davon – ungefähr 40 Milliarden – gilt als monetär; das heißt, es existiert in Form von verschiedenen nationalen Münzeinheiten oder in Form von offiziell bei Banken deponierten Goldbarren. Die restlichen 30 Milliarden befinden sich in privaten Schätzen als Schmuck, Goldzähne und so weiter.

Da Banken kein eigenes Geld haben, sondern nur unsere Einlagen, mit denen sie «Zinsen» erwerben, besteht Bankreichtum oder Geld lediglich aus vermehrtem Bankeinkommen. Einkommen stellt eine durchschnittliche Einnahme von 5 Prozent aus investiertem Kapital dar. Wir können also nach einer Schätzung des jährlichen Bruttosozialprodukts der Welt annehmen, daß das Kapitalvermögen in Form industrieller Produktion an Bord unseres Raumschiffs Erde gegenwärtig über eine Billiarde Dollar wert ist. Das gesamte Gold der Welt im Wert von 70 Milliarden Dollar stellt nur drei Tausendstel von einem Prozent des Wertes dar, den die Ressourcen der organisierten Industrieproduktion der Welt haben. Der Goldvorrat ist so verschwindend gering, daß sich der Versuch, den ökonomischen Evolutionsverkehr der Welt durch das «goldene Nadelöhr» zu lenken, als reiner Voodoo-Zauber erweist.

Die Großen Piraten benutzten Gold im Handel, weil sie anderen nicht über den Weg trauten und weil es auf beiden Seiten des Handels an Lesen und Schreiben fehlte, an wissenschaftlichen Kenntnissen, Intelligenz und wissenschaftlich-technischem Know-how. Der Goldhandel ging von den Voraussetzungen universaler Gerissenheit aus. Doch die Realisation ernsthaften planerischen Konzipierens und die Möglichkeit praktischer Arbeit zugunsten der glücklosen 60 Prozent der Menschheit werden durch solche Unsinnigkeiten vollkommen vereitelt.

Wir setzen daher unsere allgemeine Systemanalyse der Probleme menschlichen Überlebens noch gewissenhafter fort, und zwar unter der Prämisse, daß gegenwärtig weder die Politiker noch die Bankiers der Welt wissen, was Reichtum ist. Während wir unsere Gedanken dazu organisieren, herauszufinden und zu klären, was Reichtum ist, werden wir auch den Versuch unternehmen, ein wirksames Instrumentarium einzuführen, mit dessen Hilfe sofort wirkende Verfahren zur Lösung solch großer Probleme entwickelt werden.

Ich habe das folgende intellektuelle Filterverfahren mit vielen tausend Zuhörern aus der breiten Öffentlichkeit und einem Publikum von höchstens hundert Fachgelehrten ausprobiert und bin bei meiner Schlußfolge nie auf Widerspruch gestoßen. Ich gehe folgendermaßen vor: Ich stelle eine Reihe analytischer Behauptungen auf, und wenn jemand mit einer Behauptung nicht einverstanden ist, werden wir sie verwerfen. Nur diejenigen meiner Feststellungen, die hundertprozentig unwidersprochen bleiben, werden wir als akzeptabel für uns alle anerkennen.

Zuerst stelle ich fest: «Gleichgültig, was Sie für Reichtum halten und wieviel Sie davon haben, Sie können keinen Deut an gestern ändern.» Kein Protest? Wir haben einige Lektionen gelernt. Wir können sagen, daß Reichtum in evolutionären Prozessen nicht umkehrbar ist. Ist jemand mit meinen Behauptungen darüber, was Reichtum ist und was nicht, nicht einverstanden? Gut, kein Widerspruch, wir fahren fort.

Nehmen wir einen Mann auf einem sinkenden Schiff. Er wird als sehr reicher Mann geschätzt, über eine Milliarde Dollar schwer, und entspricht allen gesellschaftlich anerkannten Begriffen von wahrem Reichtum. Er hat auf diese Reise alle seine Aktien, Wertpapiere, Vermögensurkunden und Scheckbücher mitgenommen, und – um ganz sicher zu gehen – auch eine Menge Diamanten und Goldbarren. Das Schiff gerät in Brand und sinkt. Es gibt keine Rettungsboote, denn sie sind auch verbrannt. Wenn unser Milliardär an seinem Gold festhält, wird er ein bißchen schneller untergehen als die anderen. Ich würde also sagen, es bleibt ihm nicht viel für heute oder morgen, um seinem Reichtum Geltung zu verschaffen; und da Reichtum nichts an Vergangenem ändern kann, ist seine Art Reichtum machtlos, wenn es um vitale Dinge geht. Er ist in Wirklichkeit ein wertloser Haufen Spielmarken für ein Glücksspiel, das wir spielen, und hat keinen Bezug zu den evolutionären Transaktionen unseres realen Universums, den Prozessen, die wirklich zählen. Offensichtlich hat unser Unglücks-Milliardär mit seiner Art Reichtum weder eine Kontrolle über gestern, noch über heute oder morgen. Mit dieser Art Reichtum kann er sein Leben nicht verlängern, es sei denn, er könnte den einzigen Passagier mit einer Schwimmweste dazu überreden, diese letzte Rettungsmöglichkeit gegen das Gefühl einzutauschen, einen verrückten Augenblick lang all die staatlich gedeckten Zahlungsmittel unseres Milliardärs zu besitzen. Unser katastrophal ernüchterter, noch vor wenigen Minuten «mächtig reicher» und jetzt verzweifelt hilfloser Mann würde sie allesamt liebend gern eintauschen gegen Mittel für ein verlängertes Leben – oder das seiner Lieben.

Es verdient auch erwähnt zu werden, daß die Gültigkeit der Immobilienfonds unseres reichen Mannes auf dem Schiffswrack auf die ursprüngliche Muskelkraft, Schläue und Waffengewalt – die «Gott gelten ließ» – zurückgeht, womit Land angeeignet und Länder für souverän erklärt wurden. Und ihre Validität beruht des weiteren auf ihrer legalen Beglaubigung als «gesetzliches» Eigentum im Schutze mehr oder weniger moralischer, durch Waffengewalt erzwungener Gesetze der Souveräne und ihrer späteren Abstraktion in Gesellschafteranteile oder Aktien in Form gedruckter Wertpapiere und Obligationen.

Die Prozedur, die wir hier verfolgen, ist die wahrer Demokratie. Die Halb-Demokratie akzeptiert die Diktatur der Majorität, die ihre willkürlichen, also unnatürlichen Gesetze etabliert. Wahre Demokratie entdeckt durch geduldiges Experiment und einhellige Anerkennung, was die Gesetze der Natur oder des Universums für die physische Unterstützung und die metaphysische Befriedigung der Funktion des menschlichen Intellekts im Universum bedeuten.

Bei meinen Vermutungen, die ich nun weiter anstelle, überlege ich, was wir alle wirklich unter Reichtum verstehen; es ist folgendes: «Reichtum ist unsere organisierte Fähigkeit, die Umwelt effektiv zu meistern, und zwar durch Erhaltung unserer gesunden Regeneration sowie der Verminderung von physischen wie metaphysischen Restriktionen für die künftigen Tage unseres Lebens.»

Gibt es irgendwelchen Einspruch dagegen? Nachdem wir darüber befunden haben, was Reichtum nicht ist, haben wir bei unserer Auslese eine Feststellung getroffen, in deren groben Umrissen irgendwo eine präzise Definition dessen steckt, was Reichtum ist. Wir können jetzt *Reichtum* präziser einschätzen als Anzahl künftiger Tage für eine bestimmte Anzahl von Leuten, auf deren Unterhalt wir physisch vorbereitet sind, und das auf einem physisch bestimmten, Raum und Zeit befreienden Standard metabolischer und metaphysischer Regeneration.

Wir werden etwas schärfer. In dem Maße, in dem wir unser Raumschiff Erde näher kennenlernen und seinen Versorgungsradiator, die Sonne, auf der einen Seite und auf der anderen den Mond, der als «Wechselstrommaschine» fungiert und durch Schwerkraft das Pulsieren auf der Erde auslöst, die beide zusammen den Primärgenerator und Regenerator unseres Systems der Lebenserhaltung bilden, muß ich auch feststellen, daß wir Leben überhaupt nur dann erhalten können, wenn es uns gelingt, mehr Strahlungsenergie der Sonne an Bord unseres Raumschiffs einzufangen, als wir verlieren, wenn die Erde Energie abgibt. Wir könnten unser Raumschiff Erde selbst verbrennen, um Energie zu gewinnen, aber das hätte für uns sehr wenig Zukunft. Unser Raumfahrzeug läßt sich mit einem Kind vergleichen. Es ist ein wachsendes Aggregat physischer und metaphysischer Prozesse im Gegensatz zum Verfall und zur Auflösung eines Leichnams.

Es ist offenkundig, daß der reale Reichtum des Lebens an Bord unseres Planeten ein vorwärts-operatives, metabolisches und intellektuell regenerierendes System ist. Ganz gewiß haben wir reiche Einkünfte in riesiger Höhe, solange die Sonnenstrahlung und die Mondschwerkraft für unseren weiteren Erfolg sorgen. Wenn wir nur von unserem energetischen Sparkonto leben, indem wir die fossilen Brennstoffe verfeuern, in denen die Sonnenenergie von Milliarden Jahren gespeichert ist, oder indem wir von unserem Kapital leben und die Atome unserer Erde verfeuern, dann zeugt das von todbringender Ignoranz, und es ist in höchstem Maße unverantwortlich gegenüber kommenden Generationen und ihrer Zukunft. Unsere Kinder und deren Kinder sind unser aller Zukunft. Wenn wir unsere potentielle Fähigkeit zur fortwährenden Erhaltung allen Lebens nicht umfassend begreifen und Gebrauch von ihr machen, sind wir kosmisch bankrott.

Nachdem wir die Ignoranz einer Gesellschaft in bezug auf ihre Fähigkeiten, Reichtum zu schaffen, als einen Hauptfaktor bei der Vereitelung sinnvollen Planens identifiziert haben und nachdem die Bedeutung von Reichtum ungefähr geklärt ist, so daß jeder es unterschreiben kann, wobei wir den Begriff später schärfer fassen wollen, wollen wir uns jetzt der nächsten Phase des totalen Überlebens der Menschheit, ihrem Wohlstand, Glück und ihrer regenerativen Inspiration zuwenden. Wir bedienen uns dabei der Problemlösungsmacht der allgemeinen Systemtheorie in Verbindung mit Computerstrategie – bekannt unter dem Namen Kybernetik – und Synergetik. Letztere geht beim Lösen von Problemen vom bekannten Verhalten ganzer Systeme plus dem bekannten Verhalten einiger Systemteile aus; daraus erhält man aufschlußreiche Informationen, die die Entdeckung anderer Systemteile und ihres Verhaltens möglich machen. Zum Beispiel kann man in der Geometrie aus der bekannten Summe der Winkel eines Dreiecks – 180 Grad – plus dem bekannten Verhalten zweier Seiten und ihres Winkels auf die drei anderen Größen schließen.

Synergetik zeigt, daß Reichtum, den unsere Fähigkeit zur erfolgreichen Bewältigung unserer künftigen energetischen Regeneration und zur Versorgung mit einer zunehmenden Freiheit zur Initiative und zu nichtinterferierenden Aktionen darstellt, kybernetisch in zwei Hauptteile zerfällt: in physische Energie und metaphysisches Know-how. Physische Energie unterteilt sich wiederum in zwei austauschbare Phasen: in die assoziative und die dissoziative – assoziative Energie als Materie und dissoziative Energie als Strahlung.

Ausgehend von der Feststellung, daß das physische Universum zur

Gänze Energie ist, wobei Energie mit E bezeichnet wird, formulierte Einstein seine berühmte Gleichung E = M (Masse der Materie, dargestellt in Form von c² – der Geschwindigkeit, mit der sich Oberflächenwellen allseitig strahlenförmig und unbehindert in einem Vakuum ausbreiten). Energie als Materie und Energie als Strahlung, wie Einstein hypothetisch verallgemeinert hatte, erwiesen sich bei der Kernspaltung explizit als austauschbare Kovarianten.

Die Physiker haben ebenfalls experimentell entdeckt, daß Energie weder verloren noch hinzugewonnen werden kann. Energie ist endlich und bleibt unendlich erhalten. Diese experimentell bewiesene Erkenntnis einiger Primfakten im physischen Universum steht im Widerspruch zu den Gedanken von Kosmologen, Kosmogonisten und Ökonomen der Gesellschaft, die vor der Entdeckung der Lichtgeschwindigkeit zu Beginn des 20. Jahrhunderts formuliert wurden.

Zu Beginn des Jahrhunderts – kurz vor dem Ersten Weltkrieg – kam ich an die Harvard-Universität. Damals bestand noch Konsens unter den Fachgelehrten, daß das Universum, da es sich offenbar um ein System handelte, auch der Entropie unterworfen sein müßte, wonach – wie man in Experimenten gefunden hatte – jedes (geschlossene) System kontinuierlich Energie verliert. Von daher glaubte man, auch das Universum selbst verliere Energie. Das zeigte an, daß es mit dem Universum «abwärts» gehen müsse und daß schließlich die Evolution ihr abnormes energetisches Verhalten aufgeben und alles zur Newtonschen Norm der «Ruhe» zurückkehren werde. Dementsprechend wurde auch angenommen, daß alle, die Energie verbrauchten, rücksichtslos das Ende vorzeitig herbeiführten. Darauf beruht der Konservatismus von gestern. Alle, die Energie ausgaben, um weitere evolutionäre Veränderungen zustande zu bringen, wurden verabscheut. Sie galten als rücksichtslose Verschwender.

All dies wurde für wahr gehalten, bevor zu Beginn des 20. Jahrhunderts die Wissenschaftler durch Experimente Aufschluß über die Lichtgeschwindigkeit und über Strahlung im allgemeinen erhielten. Damit entdeckten wir plötzlich, daß das Licht acht Minuten für die Strecke von der Sonne bis zu uns braucht, zweieinhalb Jahre vom nächsten Stern jenseits der Sonne und von anderen Sternen viele Jahre. Wir haben erst vor sechzig Jahren gelernt, daß viele Sterne, die wir für augenblicklich vorhanden hielten, schon vor Tausenden von Jahren verglüht waren. Das Universum ist nichtsimultan.

Dann sagten Einstein, Planck und andere führende Wissenschaftler: «Wir werden das Universum neu einschätzen und definieren müssen.» Sie definierten das physische Universum als ein «Aggregat nichtsimultaner und sich nur teilweise überlappender Transformationsereignisse». Und dann sagten sie: «Wir müssen entdecken, was es ist, das wir bei der Entstehung neuen Lebens beobachten. Es könnte sein, daß Energie, die hier dissoziiert, stets irgendwo anders reassoziiert.» Und es stellte sich bei allen folgenden Experimenten heraus, daß genau das der Fall war. Die Wissenschaftler fanden, daß die Energieumverteilungen einander immer zu 100 Prozent ergänzten. Die Wissenschaftler formulierten eine neue Beschreibung des Universums und nannten sie das neue «Gesetz von der Erhaltung der Energie», wonach «Energie weder geschaffen noch verloren werden kann». Energie bleibt nicht nur erhalten, sie ist auch begrenzt und bildet ein geschlossenes System. Das Universum ist ein gigantischer perpetuierlicher Bewegungsprozeß. Wir sehen somit, daß der Teil unseres Reichtums, der aus physischer Energie besteht, erhalten bleibt. Er kann nicht erschöpft, nicht verbraucht bzw. ausgegeben werden, womit «erschöpft» gemeint ist. Wir realisieren, daß das Wort «Ausgeben» nunmehr exaktwissenschaftlich bedeutungslos und obsolet ist.

Ich habe vorhin auf die Entdeckung des Hebels durch den Menschen hingewiesen. Nachdem man jahrtausendelang Hebel benutzt hatte, kam der Mensch auf die Idee, Hebelarme wie Radspeichen um eine Achse anzuordnen und an ihren Enden Eimer zu befestigen. Das Ganze wurde unter einen Wasserfall gestellt und die Achse auf eine Lagerung montiert. Der Mensch ließ einen Eimer nach dem anderen von der Schwerkraft füllen und in Richtung Erdmittelpunkt ziehen. Dadurch kamen die Hebelarme in Bewegung, und das Rad wurde zum Rotieren um die Achse gebracht. Der Mensch verband die Drehachse mit anderen Rollen durch Transmissionsriemen, wodurch man Maschinen antreiben konnte – zu metabolisch regenerativen Zwecken – in einem Ausmaß, das die menschliche Muskelkraft bei weitem übersteigt. Der Mensch bediente sich damit erstmalig seines Intellekts in höchst bemerkenswerter Weise. Er entdeckte, wie man mit Hilfe von Hebeln, Achsen, Getrieben und Dämmen Energie nutzt und wie man auf vorteilhafte Weise die Strahlungsenergie der Sonne verwenden kann, die Wasser zum Verdunsten bringt, es als Wolke in die Atmosphäre hochhebt und dann die Wassermoleküle in Tropfen von der sphärischen Wolkendecke in Richtung Erdmittelpunkt zurückregnen läßt.

Von diesem Zeitpunkt an, da der Mensch Energiekreisläufe verstand, war seine wirklich wichtige Funktion im Universum die Intellektion. Sie brachte ihm bei, lokale Energiemusterungen im Universum abzufangen und umzudirigieren. Auf diese Weise kann er die Fließmuster reorganisieren und so schalten, daß sie Auswirkungen auf – zum Beispiel – Hebel haben, und die Fähigkeiten der Menschen zur Lösung der vielfältigen Aufgaben vermehren, die direkt und indirekt zu ihrer künftigen metabolischen Regeneration führen.

Was wir jetzt metaphysisch demonstriert haben, ist die Tatsache, daß der Mensch mit jedem neuen Experiment etwas hinzulernt. Er kann nichts weglernen. Er kann lernen, daß das, was er für wahr hielt, nicht wahr ist. Durch Eliminieren einer falschen Prämisse wird sein Grundkapital, nämlich seine gegebene Lebenszeit, von belastenden Überlegungen befreit, was man mit einer wertlosen, zeitverschwendenden Hypothese anfangen kann. Wenn man die Zeit des Menschen freimacht für ein effektiveres Forschungs-Investment, bedeutet das, daß man dem Menschen wachsenden Reichtum verschafft.

Wir finden experimentell im Hinblick auf das metaphysische Phänomen Intellekt, was wir Know-how nennen, daß wir jedesmal, wenn unser intellektuelles Know-how beim experimentellen Neuordnen des physischen Energieaustausches (entweder assoziiert als Masse oder dissoziiert als freie Strahlungsenergie) beschäftigt und getestet wird, etwas hinzulernen. Das Know-how kann nur zunehmen. Sehr interessant. Wir haben jetzt sorgfältig die beiden Hauptbestandteile von Reichtum untersucht und geprüft – den physischen und den metaphysischen.

Alles in allem kommen wir zu dem Ergebnis, daß der physische Bestandteil von Reichtum – Energie – nicht abnehmen kann und daß der metaphysische Bestandteil – Know-how – nur zunehmen kann. Das bedeutet, daß unser Reichtum jedesmal, wenn wir ihn benutzen, anwächst. Das bedeutet, daß Reichtum – entgegen der Entropie – nur anwachsen kann. Während Entropie zunehmende, durch Dispersion von Energie hervorgerufene Unordnung ist, stellt Reichtum eine lokal zunehmende Ordnung dar, das heißt die zunehmend planmäßige Konzentration physischer Macht in unserem sich stetig erweiternden, lokal erforschten und umfassend verstandenen Universum durch die metaphysische Fähigkeit des Menschen, die auf die Informationen wiederholter Erfahrungen zurückgeht. Daher kommt es, daß der Mensch in ungeplanter Weise aus den Erfahrungen ein ständig wachsendes Inventar verallgemeinerter Prinzipien progressiv destilliert, die in allen Spezialfall-Erfahrungen wirksam sind und omniinterakkomodativ in allseitiger Wechselbeziehung stehen. Irreversibler Reichtum ist die bisher erreichte effektive Größe unserer physisch organisierten Planung des Einsatzes dieser generalisierten Prinzipien.

Reichtum ist im höchsten Grade von Konzentration anti-entropisch. Der Unterschied zwischen Verstand und Gehirn besteht darin, daß sich das Gehirn nur mit erinnerten, subjektiven Spezialfall-Erfahrungen und objektivierten Experimenten befaßt, während der Verstand die allgemeinen Prinzipien extrahiert und für deren Integration und Wechselbeziehung im Hinblick auf einen effektiven Einsatz sorgt. Gehirn hat ausschließlich mit dem Physischen zu tun, der Verstand ausschließlich mit dem Metaphysischen. Reichtum ist das Produkt progressiver Bemeisterung der Materie durch den Geist. In den künftigen Tagen der Menschheit wird Reichtum auf bestimmte Weise dafür verantwortlich sein, daß die metabolischen Regenerations-Gewinne etabliert werden; diese Vorteile drücken sich in Lebensstunden einer bestimmten Anzahl von Individuen aus, die, von ihren früheren vorgeschriebenen, entropiebelasteten Aufgaben befreit, wahlweise individuell und doch inhärent kooperativ in das weitere anti-entropische Geschäft investieren.

Weil unser Reichtum sich kontinuierlich in riesigem Ausmaß vervielfacht, was von der menschlichen Gesellschaft unerkannt bleibt und nicht formal anerkannt wird, identifiziert unser ökonomisches Rechnungswesen Reichtum unrealistisch nur als Materie und verbucht das Know-how nur auf der Passiva-Seite der Gehälter. Daher sorgt alles, was wir hier zusammen über die wahre Natur des Reichtums entdecken, für eine komplette Überraschung der Weltgesellschaft – für Kommunismus wie Kapitalismus. Beide, gesellschaftliche Kooperation und individuelles Unternehmen, wirken zusammen bei der Erzeugung wachsenden Reichtums, was alles von den tödlich konkurrierenden Systemen, wie sie aus Ignoranz übernommen worden sind, nicht erkannt wird. Unser gesamtes formales Rechnungswesen ist antisynergetisch, wertmindernd und eine entropische Hypothek mit tödlicher Folge durch Zinszahlung in falscher Richtung. Reichtum als Anti-Entropie bringt Zinseszinsen durch Synergie, deren Wachstum bis jetzt in keinem politökonomischen System der Welt berechnet wird. Wir geben dem Material einen inneren Wert. Dem fügen wir die Herstellungskosten hinzu, die Energie, Arbeit, allgemeine Unkosten und Profit umfassen. Dann fangen wir an, diese Summe abzuschreiben, wobei wir annehmen, daß das Produkt durch schnelles Veralten entwertet wird. Mit Ausnahme geringer Lizenzgebühren, die normalerweise umgangen werden, mißt man der Erfindung keinen Wert bei oder dem synergistischen Wert, den ein Produkt auf ein anderes überträgt, weil sie einander als Team-Komponenten ergänzen, wobei ihr Zusammenwirken [*teamwork*] Ergebnisse von enormem Gewinn hervorbringt. Ein Beispiel dafür sind die legierten Bohrspitzen der Bohrtürme, deren Erfindung das bis dahin ungenützte Erdöl nutzbar gemacht hat. Als Folge wahren Reichtums, der nicht berechnet wurde, und seiner unerschöpflich synergistischen Vervielfältigung einer steigenden Anzahl künftiger Tage für eine steigende Zahl von Menschen haben wir es allein in diesem Jahrhundert so weit gebracht, daß an Stelle von einem Prozent der Menschheit, die auf einer beachtlichen Stufe der Gesundheit und Bequemlichkeit überleben konnte, nunmehr 44 Prozent der Menschheit überleben, und das mit einem Lebensstandard, der bis dahin unbekannt und unvorstellbar war. Dieser ziemlich unvorhergesehene synergistische Erfolg wurde innerhalb zweier Generationen erreicht, obwohl die Metallvorkommen auf der Welt pro Person ständig abnehmen. Das ereignete sich, ohne daß es eine Regierung oder ein Unternehmen bewußt und speziell darauf abgesehen hätte. Zugleich geschah es infolge der

Tatsache, daß der Mensch unversehens das synergistische Rüstzeug erhielt, progressiv mehr mit weniger zu tun.

Wie wir gelernt haben, ist Synergie das einzige Wort in unserer Sprache, das die Bedeutung identifiziert, für die es steht. Da es dem durchschnittlichen Publikum unbekannt ist, wie ich schon ausgeführt habe, ist es keineswegs überraschend, wenn Synergie weder in den ökonomischen Berechnungen unserer Reichtum-Transaktionen enthalten ist noch in der Einschätzung unserer Fähigkeiten, gemeinschaftlichen Reichtum zu schaffen. Der synergetische Aspekt, daß die Industrie per Leistungseinheit jeglicher Funktion von Waffenträgern auf dem Wasser, in der Luft und im Weltraum mit immer weniger Investitionen an Zeit und Energie immer mehr Arbeitsleistung erbringt, ist nie offiziell als Kapitalgewinn der an Land seßhaften Gesellschaft anerkannt worden. Die synergistische Effektivität eines weltweit integrierten industriellen Prozesses ist inhärent weit größer als der begrenzte synergistische Effekt von selbständig operierenden Separatsystemen. Also kann die Versorgung der Menschheit insgesamt mit einem hohen Standard nur verwirklicht werden, wenn diese Souveränität auf der ganzen Welt verschwindet. Die wissenschaftlichen Fakten besagen, daß einfache Werkzeuge, aus denen komplizierte Werkzeuge gemacht werden, synergetisch durch die progressiv effektivere, vorher nicht bestimmte Verbindung chemischer Elemente verstärkt werden. Die gesamte Geschichte der Weltindustrialisierung demonstriert, wie die ständig überraschenden, neuen Möglichkeiten aus den verschiedenen synergetischen Reaktionen resultieren; das gilt sowohl für die Gruppe der zweiundneunzig regenerativen Elemente als auch für die Gruppe der Transurane, der sich einzigartig verhaltenden Gruppe aus der Familie chemischer Elemente.

Die komplexe Umwelt-Evolution wird synergetisch von den Lebewesen und ihren Werkzeugen geschaffen wie auch von dem großen Komplex unbelebter physiologischer Ereignisse – zum Beispiel von Erdbeben und Stürmen –, die stets eine herausfordernde Wirkung auf die Erfindungsgabe der lebenden Individuen haben, wobei sowohl die Herausforderungen wie ihre Folgen regenerativ sind. Unser gemeinschaftlicher Reichtum wird zudem weiterhin vervielfältigt durch experimentell abgeleitete Informationen, die den Reichtum-Gewinn exponentiell vervielfachen und integrieren. Die synergetische Wirkung auf die Wachstumsrate unseres Weltreichtums, des *world common wealth,* ist von allen Bewertungssystemen sämtlicher ideologisch divergierender politischer Systeme völlig übersehen worden. Unser Reichtum ist inhärent gemeinschaftlicher Reichtum, ein *common wealth,* und unser *common wealth* kann nur wachsen. Und er wächst konstant mit einer synergetischen Beschleunigung.

Aber nur wenn unsere politischen Führer sich durch massiv drohende

Feinde herausgefordert sehen und in Panik versetzt werden, greifen wir unversehens auf unseren wirklichen, unberechneten und fabelhaften Reichtum zurück, und auch das nur auf sehr armselige Weise. Nur dann stellen Sozialismus und Kapitalismus fest, daß sie leisten müssen, was sie brauchen. Die einzige Bedingung bei der Realisation weiteren Reichtums ist, daß die Ingenieure in der Lage sein müssen, die zur Vervielfachung der Produktion erforderlichen Schritte ins Auge zu fassen und auf Planung und Ausführung zu reduzieren. Dieses progressive Vorausschauen und Planen hängt von zweierlei ab, vom Individuum und vom Stand der experimentell gesicherten, aber noch nicht genutzten metaphysischen Künste, zugleich aber auch vom Rang der strategisch zur Zeit erreichbaren Ressourcen und im besonderen vom Inventar der noch unausgebeuteten, aber relevanten Erfindungen.

Im Hinblick auf die physischen Ressourcen nahm der Mensch bis vor kurzem an, er könne seine Häuser, Maschinen und andere Produkte nur aus den bekannten Materialien herstellen. Von Zeit zu Zeit entdeckten die Wissenschaftler neue Legierungen, die die Aussichten der Produktionstechnik veränderten. Aber in der Raumfahrttechnologie hat der Mensch seine metaphysischen Fähigkeiten in einem solchen Ausmaß entwickelt, daß er einzigartige Materialien «auf Befehl» hervorbringen kann. Diese neuen Materialien entsprechen den vorgegebenen Verhaltensmerkmalen, die die aller bisher im Universum bekannten Substanzen übertreffen. Auf diese Weise wurden die wieder in die Atmosphäre eintauchenden Nasenspitzen der vom Menschen gestarteten Satellitenraketen entwickelt. Synergie ist das Wesentliche. Nur unter den Belastungen totaler gesellschaftlicher Ausnahmezustände kommen die adäquat wirksamen Alternativen technischer Strategien synergetisch zum Vorschein – wie bisher vom Menschen demonstriert. Hier sind wir Zeugen, wie der Geist über die Materie siegt und wie die Flucht der Menschheit aus den Grenzen ihrer ausschließlichen Identität mit einer souveränisierten, begrenzten geographischen Lokalität stattfindet.

Integrale Funktionen

Die erste Volkszählung in den Vereinigten Staaten wurde im Jahre 1790 durchgeführt. 1810 nahm das Schatzamt die erste ökonomische Schätzung der jungen Demokratie vor. Damals lebten eine Million Familien in diesem Land. Es gab außerdem eine Million menschliche Sklaven. Das bedeutete nicht, daß jede Familie einen Sklaven besaß. Bei weitem nicht. Die Sklaven waren im Besitz relativ weniger Leute.

Das Schatzamt setzte den monetären Wert der durchschnittlichen amerikanischen Heimstätte, der Ländereien, Gebäude, Möbel und Werkzeuge auf insgesamt 350 Dollar pro Familie fest. Den durchschnittlichen Wert jedes Sklaven schätzte es auf 400 Dollar. Das unbesiedelte Hinterland Amerikas wurde mit 1500 Dollar pro Familie eingestuft. Die genannten Vermögenswerte plus Kanäle und Zollstraßen machten pro Familie eine Gesamtsumme von 3000 Dollar. Damit betrug das nationale Vermögen der Vereinigten Staaten, wie man schätzte, 3 Milliarden Dollar.

Nehmen wir an, die vereinigten amerikanischen Bürger des Jahres 1810 hätten höchst weise gehandelt und ihre vertrauenswürdigsten und weitsichtigsten Führer zusammengerufen und sie gebeten, einen großen ökonomisch-technischen 150-Jahres-Plan zur effektivsten und schleunigsten Entwicklung des Lebensunterhaltssystems Amerikas und der Welt aufzustellen – einen Plan, der bis 1960 erfüllt sein sollte. Damals – ich erinnere daran – war der Telegraph noch nicht erfunden. Es gab weder Elektromagnetismus noch massenhafte Stahlproduktion. Von Eisenbahnen wagte man noch nicht einmal zu träumen, ganz zu schweigen von Radio, Röntgenstrahlen, elektrischem Licht, Kraftübertragung per Draht und Elektromotoren. Man hatte keine Vorstellung von der periodischen Tabelle der Elemente noch von der Existenz eines Elektrons. Wenn einer unserer Vorfahren unseren Reichtum von 1810 dazu benutzt hätte, Radarimpulse zum Mond zu schicken und zurück, dann hätte man ihn ins Irrenhaus gesteckt.

Unter den Umständen von 1810, als das öffentliche und private Kapitalvermögen der vereinten amerikanischen Staaten insgesamt auf nur 3 Milliarden Dollar geschätzt wurde, wäre es absurd gewesen zu glauben, daß die brillantesten und mächtigsten Führer der Menschheit ihr gesamtes Kapital von 3 Milliarden Dollar in ein tausendmal kostspieligeres 10-Billionen-Dollar-Abenteuer investiert hätten. Aber genau dazu ist es inzwischen gekommen, jedoch nur unter der durch Kriege verstärkten Androhung des gemeinen Mannes, sich die kümmerlichen Rechte herauszunehmen, die er der tyrannischen Gewalt oft grausamer technischer Analphabeten abgerungen hatte.

Im Jahre 1810 war es selbst für die brillantesten Führer der Menschheit undenkbar, daß 160 Jahre später, im Jahre 1970, das Bruttosozialprodukt der Vereinigten Staaten auf eine Billion Dollar anwachsen würde. (Man muß das mit den armseligen 40 Milliarden des gesamten monetären Goldvorrates vergleichen.) Wenn man eine Verdienstquote von 10 Prozent annimmt, würde dieses Billionen-Dollar-Produkt von 1970 bedeuten, daß in den Vereinigten Staaten bereits ein Grundkapital in Höhe von 10 Billionen Dollar angelegt gewesen sein muß, während die nationalen Führer von 1810 nur 3 Milliarden Dollar nationaler Vermögenswerte feststellten. Die klügsten Menschen von 1810 fanden nur den dreihundertsten Teil eines Prozents des bald darauf ermittelten Wertes, der den Anteil der Vereinigten Staaten an dem Reichtum schaffenden Potential der Welt darstellt. Natürlich hätten die klugen Leute von damals kaum gewußt, was sie hätten tun sollen.

Auch unsere vertrauenswürdigen, visionären und gutinformierten Urgroßväter von 1810 konnten nicht voraussehen, daß sich in den anderthalb Jahrhunderten, die im Vergleich zur milliardenfach größeren Spanne der Sternzeit lächerlich ist, das menschliche Lebensalter verdreifachen und das jährliche Realeinkommen des Individuums verzehnfachen würde, daß man die Mehrzahl der Krankheiten erfolgreich bekämpfen könnte und daß der Mensch eine hundertfach größere Reisemöglichkeit und Freizügigkeit hätte, daß es den Menschen möglich wäre, von jedem Ort der Welt zum anderen mühelos einander ins Ohr zu flüstern, wobei ihre Worte mit einer Geschwindigkeit von 700 Millionen Meilen pro Stunde übertragen werden und auf der Venus klar verständlich sind, und daß das menschliche Sehvermögen auf dem sphärischen Deck der Erde so verstärkt würde, daß man einzelne Steine und Sandkörner auf dem Mond erkennen kann.

Heute, im Jahre 1969, vollzieht sich die wachsende Akzeleration der physischen Umweltveränderungen, die sich auf die Evolution der gesamten Menschheit auswirken, zu 99,9 Prozent in Realitätsbereichen des elektromagnetischen Spektrums, die nicht direkt von den menschlichen Sinnen wahrgenommen werden können. Da die Veränderungen unsichtbar ausgetragen werden, kann die Weltgesellschaft kaum komprehensiv erfassen, daß die Veränderungen in den nächsten 35 Jahren, die uns ins 21. Jahrhundert bringen werden, wesentlich größer sein werden als in den gerade hinter uns liegenden anderthalb Jahrhunderten seit der ersten amerikanischen Vermögensschätzung. Wir sind von einer unsichtbaren Flutwelle ergriffen, die die Menschheit – falls sie überlebt – beim Zurückfluten auf einer Insel universalen Erfolgs zurücklassen wird, ohne daß wir verstehen, wie all das geschah.

Doch wir haben Grund zu der wissenschaftlichen Annahme, daß im 21. Jahrhundert entweder auf dem Raumschiff keine Menschheit mehr ist oder – für den Fall, daß wir etwa so zahlreich an Bord bleiben wie jetzt – daß die Menschheit sich dann erkannt und organisiert haben wird; sie hat in vollem Umfang die Tatsache zu erkennen, daß sie es sich leisten kann, alles zu tun, was ihren Bedürfnissen und Wünschen entspricht, und nichts anderes. Infolgedessen wird die auf der Erdplaneten-Base stationierte Menschheit physisch und ökonomisch erfolgreich sein und individuell frei im eigentlichen Sinne. Wenn die Menschen sich der Erde zur Gänze erfreuen, wird es keine Interferenzen untereinander geben und keiner auf Kosten des anderen profitieren. Die Menschen werden frei sein in dem Sinne, daß sie ihre wachen Stunden zu 99,9 Prozent nach eigenem Gutdünken investieren können. Sie werden frei sein in dem Sinne, daß sie nicht auf der Basis des Du-oder-ich um ihr Überleben kämpfen müssen, sie werden in der Lage sein, einander zu vertrauen, und frei sein, spontan und rational zu kooperieren.

Es ist auch wahrscheinlich, daß im letzten Drittel dieses Jahrhunderts die Buhs und Pfuis, die dummen Fehler, die blinden Fehlurteile, die starrsinnigen Selbsttäuschungen der Menschheit sich zu mindestens 600 Billionen Irrtümern summieren. Klar, daß der Mensch in seine Zukunft gerückt werden will, während die Evolution so unausweichlich vor sich geht wie die Gestation befruchteter Eier im Mutterleib. Die Evolution wird den Erfolg des Menschen groß herausbringen, und zwar auf eine Weise, die für uns heute synergetisch ebensowenig vorhersehbar ist wie die 10-Billionen-Dollar-Entwicklung der letzten 150 Jahre für unsere klugen Urgroßväter.

Das soll alles nicht heißen, daß der Mensch ein stupider Ignorant sei und seine Prosperität nicht verdiene. Vielmehr fügt es sich zu der Erkenntnis zusammen, daß im Design der universalen Evolution ein enormer Sicherheitsfaktor in Form eines ökonomischen Polsters für den Menschen vorgesehen war. Darauf konnte er sich stützen und durch Versuch und Irrtum lernen, wie er sein höchst sensitiv eingegebenes intellektuelles Konzipieren und seine Visionen nutzen konnte, indem er seine Kräfte mit denen der gesamten Menschheit vereinte, um in Zukunft Fortschritte und Gewinn zu machen; dies geschieht mit voller Anerkennung der machtvoll liebenden Empfänglichkeit des individuellen menschlichen Intellekts für das potentielle Funktionieren des Menschen im Universum. Alles Vorangegangene heißt auch, daß die Meinungen, die durch irgendwelche negativ konditionierten Reflexe hervorgerufen werden, über das, was ich hier sage und noch sagen werde, unrealistisch inkonsequent sind.

Ich habe Ihnen bisher eine ganz neue synergetische Einschätzung von Reichtum vorgestellt und Sie um Einspruch gebeten, falls Sie im Laufe des progressiven Formulierens des Konzepts von unserem gemeinsamen Reichtum, unserem *common wealth*, Fehler entdeckt haben sollten. Auf diesem Wege haben wir zusammen gefunden, was wir einmütig sagen können: wir können uns alles leisten, was wir brauchen, und wir können alles machen, was wir tun wollen.

Es ist mir völlig klar, daß die Weltgesellschaft am dringlichsten ein realistisches ökonomisches Bewertungssystem braucht; dies müßte beispielsweise so unsinnige Verhältnisse korrigieren, wie sie gegeben sind, wenn ein guter Werkzeugmacher in Indien, dort der bestbezahlte Handwerker, monatlich nur so viel für seine Arbeit bekommt, wie er täglich verdienen würde, wenn er die gleiche Tätigkeit in Detroit ausüben würde. Wie kann Indien unter solchen Umständen eine günstige Handelsbilanz entwickeln? Und wie kann dieses Halb-Milliarden-Volk ohne eine ausgeglichene, geschweige denn günstige Handelsbilanz am weltweiten Geschäftsverkehr teilnehmen? Millionen Hindus haben noch nie von Amerika gehört, gar nicht zu reden vom internationalen Währungssystem. Wie Kipling sagte: «Ost ist Ost und West ist West, und nie werden die beiden zusammenkommen.»

Weil die Großen Piraten jahrhundertelang Indien und China ausgeplündert und in die eigene Tasche Europas gewirtschaftet haben, waren die Milliarden Menschen in Indien und Ceylon durch Jahrhunderte so unendlich verarmt, unterernährt und physisch leidend, daß ihre Religion sie glauben macht, das irdische Leben sei ausschließlich eine höllische Heimsuchung, und je schlimmer die Verhältnisse für das Individuum, desto eher komme es in den Himmel. Aus diesem Grunde werden Versuche, Indien auf realistische Weise zu helfen, von einem großen Teil der Bevölkerung als Versuchung aufgefaßt, die sie daran hindert, in den Himmel zu kommen. Und daß nur, weil sie keine andere Möglichkeit hatten, die Hoffnungslosigkeit des Lebens zu erklären. Auf der anderen Seite sind sie äußerst fähige Denker, und ein freier Austausch mit der Welt könnte ihre Ansichten und ihr Schicksal ändern. Es ist paradox, daß Indiens Bevölkerung verhungern soll, wo dort auf drei Menschen ein Rindvieh kommt und durch die Straßen wandert und den Verkehr blockiert – als geheiligtes Symbol für Unsinn. Wahrscheinlich haben einige der frühen Eroberer, die darauf erpicht waren, die Tiere ausschließlich für ihren eigenen Gebrauch zu reservieren – wie es später europäische Könige machten –, per Dekret verlautbaren lassen, daß Gott sie angewiesen habe, nur Königen den Verzehr von tierischem Fleisch zu erlauben und dem gemeinen Volk unter Androhung der Todesstrafe zu verbieten, ein Rind für den eigenen Verbrauch zu schlachten.

Einer der kurzlebigen Mythen will uns weismachen, daß Reichtum von einzelnen Bankiers und Kapitalisten kommt. Dieses Konzept kommt in den vielen Wohltätigkeitsvereinen und karitativen Bemühungen zum Ausdruck, die zum Betteln und Sammeln von Almosen für die Armen, Invaliden und all die hilflosen jungen und alten Menschen eingerichtet sind. Diese karitativen Organisationen sind ein Überbleibsel aus den Zeiten der alten Piraten, als man dachte, es gäbe nie genug für alle. Sie werden ebenfalls nach unserer Arbeitshypothese notwendig, derzufolge wir es uns nicht leisten können, für alle Hilflosen zu sorgen. Unsere von Bankiers beratenen Politiker behaupten, wir könnten uns nicht Kriege und auch noch die *great society* leisten. Und infolge des mythischen Konzepts, daß Reichtum, der ausgegeben wird, aus irgendeiner magisch-geheimen privaten Quelle stamme, wünscht kein freier, gesunder Mensch von irgendeinem anderen ausgehalten zu werden. Noch will jemand öffentlich deklassiert für Stütze Schlange stehen.

Nach dem Zweiten Weltkrieg wurden plötzlich Millionen guttrainierte, gesunde junge Leute aus dem Militärdienst entlassen. Weil wir während des Krieges in beträchtlichem Umfang automatisiert hatten, um den Herausforderungen des Krieges gewachsen zu sein, gab es nur wenige offene Stellen für sie. Unsere Gesellschaft konnte wirklich nicht behaupten, daß Millionen ihrer gesündesten und bestinformierten jungen Leute untauglich seien, nur weil sie keinen Arbeitsplatz finden konnten; der Arbeitsplatz war bis zu diesem historischen Augenblick das Kriterium erwiesener Tauglichkeit im Sinne des Darwinschen Lebenskampfes und seiner Devise: Nur der Tauglichste überlebt. In dieser Notsituation erließen wir die GI-Bill, und wir schickten sie alle auf Schulen, Colleges und Universitäten. Politisch wurde dieser Akt als menschliche Würdigung und partnerschaftliche Anerkennung ihres Kriegsdienstes gerechtfertigt und nicht als Vergabe von Almosen. So schaffte man Milliarden Dollar neuen Reichtums durch angewachsenes Know-how und freigesetzte Intelligenz, die die spontane Initiative dieser jungen Generation synergetisch verstärkten. Als wir diese «sinnlose Geldverschwendung» gesetzlich legitimierten, wußten wir nicht, daß wir eine synergetische Bedingung geschaffen hatten, die zur größten Prosperität führte, die die Menschheit je gekannt hat.

Bis zum 20. Jahrhundert hatten Kriege sowohl die Sieger wie die Besiegten ruiniert. Für die vorindustriellen Kriege wurden die Männer von den Feldern geholt, und die Felder, wo der einzige Reichtum – nämlich der agrarische – herkam, wurden verwüstet. Es gab daher eine große Überraschung, als der Erste Weltkrieg, der erste vollentwickelte Krieg des Industriezeitalters, damit endete, daß die Vereinigten Staaten vor allem und in geringerem Maße auch Deutschland, England, Frankreich, Belgien, Italien, Japan und Rußland wesentlich größere Produktionskapazitäten hatten als zu Beginn des Krieges. Dieser Reichtum wurde wenig später fehlgeleitet in den Zweiten Weltkrieg investiert, aus dem alle Industrieländer mit noch größerer Produktionskapazität zur Erzeugung von Reichtum hervorgingen, wenn man einmal von der oberflächlichen Zerstörung sowieso veralteter Gebäude absieht. Damit war unwiderlegbar bewiesen, daß die Zerstörung von Gebäuden durch Bomben, Granaten und Flammen die Technik fast gar nicht berührte. Die produktiven Werkzeug-Kapazitäten vermehrten sich ebenso ungehindert wie sich ihr Wert vervielfachte.

Diese unerwartete Zunahme von Reichtum durch Industrie-Weltkriege hatte ihren Grund in verschiedenen Faktoren; am wichtigsten war die Tatsache, daß bei der fortschreitenden Anschaffung von Instrumenten und Werkzeugen zur Produktion des noch effektiveren industriellen Werkzeugkomplexes die Anzahl der speziellen Einzweckwerkzeuge, mit denen die Waffenendprodukte und die Munition gefertigt wurden, verschwindend gering war im Vergleich zu den Mehrzweckwerkzeugen mit umdirigierbarer Produktivität, aus denen sich der synergistische Werkzeugkomplex zusammensetzte. Zweitens wurden im Kriege die veralteten Ziegel- und Holzgebäude zerstört, in denen sich Maschinen und Werkzeuge befanden und die ihre Eigentümer durch ihre faktische Verfügbarkeit trotz Überalterung dazu verleitet hatten, ihre Nützlichkeit und Ausbeutbarkeit zu überziehen. Die Angewohnheit, die alte bewährte Kuh zu melken, um nicht die Produktion neuer Kühe zu riskieren, hatte die Anschaffung neuer Werkzeuge blockiert. Drittens war es synergetisch überraschend, daß Alternativ- oder Hilfstechnologien, die zum Ersatz und zur Überbrückung zerstörter Einrichtungen entstanden, sich oft als leistungsfähiger erwiesen als die zerstörten Werkzeuge. Viertens wurden die Metalle selbst nicht zerstört; sie wurden vielmehr beschleunigt in neue Maschinen reinvestiert, die eine wesentlich höhere Leistung pro Metall-Gewichtseinheit erbrachten. Auf diese Weise wurden die Verlierer der Weltkriege, zum Beispiel Deutschland und Japan, über Nacht zu den industriellen Nachkriegsgewinnern. Ihr Erfolg dokumentierte die Hinfälligkeit des gesamten ökonomischen Bewertungssystems.

So sehen wir wieder, wie der Mensch in wachsendem Maße von seiner Intuition und von seinem Intellekt Gebrauch macht und viele der allgemeinen Prinzipien entdeckt, die im Universum am Werk sind; diese hat er objektiv, aber separat eingesetzt, indem er seine interne metabolische Regeneration erweiterte. Sie vollzieht sich mit Hilfe erfundener und verselbständigter Werkzeugverstärker und ihrer durch Nutzbarmachung unbelebter Energie zustandegebrachten Fernwirkung. Anstatt sein Überleben nur mit seinem integralen Satz von Werkzeugfähigkeiten zu bewerkstelligen – seinen Händen, mit denen er zum Beispiel Wasser zum Munde bringen kann –, erfindet er wirkungsvollere Gefäße aus Holz, Stein oder Keramik, mit denen er nicht nur trinken, sondern auch Wasser tragen kann, wodurch er wiederum seine Streifzüge beim Jagen und Sammeln ausdehnen kann. Alle Werkzeuge sind Externalisierungen ursprünglich integraler Funktionen. Aber der Mensch erweitert bei der Entwicklung eines jeden Werkzeugs auch die Grenzen seines Gebrauchs. Er kann größere Behälter für Flüssigkeiten machen, die seine Hände verbrennen oder chemisch zersetzen würden. Werkzeuge führen keine neuen Prinzipien ein, sondern sie erweitern erheblich das Spektrum von Bedingungen, unter denen das entdeckte Kontrollprinzip wirksam vom Menschen zum Einsatz gebracht werden kann. Es gibt nichts Neues im Wachstum der Welt-Technologie. Es ist nur die ungeheure Zunahme ihrer Wirkungsbereiche, die den Menschen in Staunen versetzt. Der Computer ist eine Imitation des menschlichen Gehirns. An ihm ist nichts Neues, aber seine Kapazität, Operationsgeschwindigkeit und Unermüdlichkeit sowie seine Fähigkeit, unter Umweltbedingungen zu arbeiten, die für die menschliche Anatomie unerträglich sind, machen ihn zur Ausführung besonderer Aufgaben wesentlich geeigneter, als es das in Schädel und Gewebe eingeschlossene Gehirn abzüglich seiner Computereigenschaften je sein könnte.

Was den Menschen wirklich einmalig macht, ist der Umfang, in dem er seine vielen organischen Funktionen abgesondert, entfaltet, erweitert und verstärkt hat. Unter allen Erscheinungen des Lebens ist der Mensch ein einzigartig anpassungsfähiger, jede Umwelt durchdringender, erforschender und operierender Organismus, begabt genug, intellektuell und selbstdiszipliniert zu erfinden, und geschickt genug, die Werkzeuge herzustellen, mit denen er sich dermaßen verstärkt und ausdehnt. Der Vogel, der Fisch, der Baum, sie alle sind spezialisiert; die zu ihrer speziellen Funktionsfähigkeit gehörenden Werkzeuge sind integral in ihren Körpern eingebaut, was sie unfähig macht, feindliche Umwelten zu durchdringen. Der Mensch externalisiert und vermehrt jede seiner spezialisierten Funktionsfähigkeiten und sondert sie aus, indem er Werkzeuge erfindet, wenn er sie durch oft wiederholte Erfahrungen mit unfreundlichen Umweltherausforderungen als notwendig erkennt. So setzt der Mensch seine integrale Ausrüstung als Spezialist nur vorübergehend ein und schiebt diese Funktion auf verselbständigte Werkzeuge ab. Der Mensch kann sich physisch als Muskel-und-Gehirn-Automat, also als Maschine, nicht mit den automatisierten Kraftmaschinen messen, die er erfinden kann, wenn er metaphysisch das Energie-Einkommen aus dem Universum beherrscht, womit er immer machtvoller die immer präziseren Massenproduktionswerkzeuge in Gang setzen kann. Was der Mensch getan hat, ist folgendes: Er hat seine Funktionen zu einem weltweiten Energie-Verteilungsnetz-Werkzeug-Komplex dezentralisiert, der zusammengenommen das darstellt, was wir als Weltindustrialisierung bezeichnen.

Die regenerative Landschaft

Also hat der Mensch einen externalisierten metabolischen Regenerationsorganismus entwickelt, der das gesamte Raumschiff Erde und alle seine Ressourcen umfaßt. Alle menschlichen Lebewesen können sich dieses Organismus bedienen, während nur einer über das integral organische Handwerkszeug verfügt. Von den 92 der bisher auf unserem Raumschiff gefundenen chemischen Elemente sind 91 in das weltweite Industrienetz integriert. Die gesamte Familie der chemischen Elemente ist ungleichmäßig verteilt; daher kommt es, daß unser Planet als Ganzes jederzeit in die industrielle Integration der verschiedenen spezifischen Verhalten aller Elemente verwickelt ist.

Paradoxerweise befindet sich unser Raumschiff Erde momentan in der gefährlichen Situation, daß die Russen an der einen Leitwerk-Kontrolle sitzen und die Amerikaner an der anderen, Frankreich kontrolliert die Steuerbord-Motoren und die Chinesen die Backbord-Motoren, während die Vereinten Nationen die Passagierabfertigung kontrollieren. Ergebnis ist eine wachsende Zahl von UFO-Halluzinationen von souveränen Staaten, die mit unglaublicher Geschwindigkeit vor- und zurückschießen und herumkreisen, ohne irgendwo hinzukommen.

Alle Werkzeug-Extensionen der Menschheit können in zwei Hauptgruppen eingeteilt werden – in Handwerkszeuge und industrielle Werkzeuge. Ich definiere Handwerkszeuge als alle diejenigen, welche von einem Menschen, der ganz allein und nackt in der Wildnis anfängt, erfunden werden könnten, wobei er sich nur auf seine eigene Erfahrung und seine eigenen integralen Anlagen stützt. Unter diesen Isolationsbedingungen könnte er Speere, Schleudern, Pfeile, Bogen und ähnliches erfinden – was er auch tat. Unter industriellen Werkzeugen verstehe ich alle Werkzeuge, die nicht von einem Menschen allein produziert werden können, wie zum Beispiel die H.M.S. «Queen Mary». Nach dieser Definition ist das gesprochene Wort, zu dessen Entwicklung mindestens *zwei* Menschen nötig waren, das erste industrielle Werkzeug. Es brachte die progressive Integration hervor, durch die alle individuellen Erfahrungen und Gedanken der gesamten Menschheit von Generation zu Generation überall und jederzeit weitergegeben werden konnten. Die Bibel sagt: «Am Anfang war das Wort.» Ich aber sage Euch: «Am Anfang der Industrialisierung war das gesprochene Wort.» Mit der graphischen Aufzeichnung der Worte und Gedanken haben wir den Anfang des Computers, denn der Computer speichert Informationen und macht sie abrufbar. Das geschriebene Wort, Wörterbuch und Buch waren die ersten Informations-Speicher-und-Wiedergabe-Systeme.

Die ersten Handwerkszeuge wurden vom Menschen anfangs dazu benutzt, die ersten industriellen Werkzeuge zu machen. Heute gebraucht der Mensch seine Hände höchst informativ und expertenhaft nur, um Knöpfe zu drücken, mit denen Werkzeugoperationen zur Reproduktion weiterer Werkzeuge in Gang gesetzt werden, die wiederum informativ für die Herstellung neuer Werkzeuge verwendet werden können. In der Handwerkswirtschaft fertigen Handwerkskünstler nur End- und Konsumprodukte; in der Industriewirtschaft machen Handwerkskünstler die Werkzeuge, und die Werkzeuge stellen die End- und Konsumprodukte her. Bei dieser industriellen Entwicklung steigern sich die mechanischen Gewinne des Menschen rapide und synergetisch auf ein unerhörtes Ausmaß noch umfassenderer und wirksamerer Werkzeugung; sie erzeugt immer mehr mit immer weniger Ressourcen-Investment per Endprodukt-, Dienstleistungs- oder Leistungseinheit.

Wenn wir die Industrialisierung studieren, sehen wir, daß wir keine Massenproduktion ohne Massenkonsumtion haben können. Sie wurde evolutionär bewirkt durch die großen sozialen Arbeitskämpfe um höhere Löhne, gerechtere Verteilung des Wohlstands und Verhinderung der Arbeitsplatzreduzierung. Die Arbeiterbewegung ermöglichte die Massenkaufkraft und damit die Massenproduktion; und daraus ergaben sich wiederum niedrige Preise für wesentlich verbesserte Produkte und Dienstleistungen. Alles zusammen begründete einen ganz neuen und höheren Lebensstandard der Menschheit.

Unsere Arbeitswelt und alle Gehaltsempfänger einschließlich der Lehrer und Professoren haben jetzt – ob es ihnen bewußt ist oder nicht – Angst, daß die Automation ihnen ihre Arbeitsplätze wegnimmt. Sie befürchten, sie werden nicht imstande sein, das zu tun, was man «den Lebensunterhalt verdienen» nennt, kurz gesagt, das Recht zu leben zu verdienen. Diese Formulierung deutet darauf hin, daß man normalerweise damit rechnet, wir würden vorzeitig sterben, als sei es unnormal, sein Auskommen zu haben. Es ist paradox, daß nur das Anormale oder die Ausnahmen dazu berechtigt sein sollen zu prosperieren. Früher beinhaltete diese Formulierung sogar, Erfolg sei so außergewöhnlich, daß nur die Fürsten und Könige von Gottes Gnaden ein Recht darauf hätten, regelmäßig zu essen.

All denen, die Zeit und Mühe nicht scheuen, ihre Gedanken von Vorurteilen zu reinigen, läßt sich leicht demonstrieren, daß die Automation den physisch-energetischen Teil des Reichtums viel schneller und eleganter vervielfacht als die manuelle Muskel-und-Gehirn-Reflex-Kontrolle der Produktion durch den Menschen. Andererseits können nur Menschen die neuen Aufgaben antizipieren, integrieren und wahrnehmen, die dann von der fortschreitend automatisierten, Reichtum schaffenden Maschinerie zu erfüllen sind. Wenn wir aus der fabelhaften Fülle realen Reichtums, der nur darauf wartet, von Menschen intelligent eingesetzt zu werden, Gewinn ziehen wollen und wenn wir den Aufschub der Automation durch die Gewerkschaften durchbrechen wollen, müssen wir jedem Menschen, der arbeitslos ist oder wird, ein lebenslanges Stipendium für Forschung und Entwicklung oder auch nur für einfaches Denken geben. Der Mensch muß es wagen können, die Wahrheit zu denken und entsprechend zu handeln, ohne fürchten zu müssen, seine Lebenskonzession zu verlieren. Die Ausübung der Geistesmitgliedschaft wird es den Menschen erlauben, ihre wissenschaftliche Forschung und experimentelle Entwicklung von Prototypen komprehensiv auszuweiten und zu beschleunigen. Auf alle 100 000 in Forschung und Entwicklung – oder auch nur mit einfachem Denken – Beschäftigten, kommt wahrscheinlich einer, dem ein Durchbruch gelingt, der dann mehr als die 99 999 Stipendiaten bezahlt. Auf diese Weise wird die Produktion nicht mehr durch Menschen behindert werden, die machen wollen, was Maschinen besser erledigen. Umgekehrt wird eine allseits automatisierte und unbelebt angetriebene Produktion die einzigartige Fähigkeit der Menschheit entfesseln – ihre metaphysische Fähigkeit. Historisch gesehen: diese Schritte werden innerhalb der nächsten zehn Jahre unternommen werden. Darüber gibt es keinen Zweifel. Aber dies geschieht nicht ohne viele soziale Krisen und ohne konsequente pädagogische Erfahrung und nicht ohne Entdeckung der Natur unseres unbegrenzten Reichtums.

Durch universale Forschungs- und Entwicklungsstipendien sind wir dabei, mit der Emanzipation der Menschheit aus ihrem Dasein als Muskel-und-Reflex-Maschinen zu beginnen. Wir sind dabei, jedem eine Chance zur Entwicklung seiner machtvollen mentalen und intuitiven Möglichkeiten zu geben. Nach Vergabe der Forschungs- und Entwicklungsstipendien wollen viele, die in ihrer Jugend frustriert wurden, vielleicht lieber Angeln gehn. Angeln ist eine ausgezeichnete Gelegenheit, um klar zu denken, um auf das eigene Leben zurückzublicken, um sich ins Gedächtnis zu rufen, welche Sehnsüchte früher frustriert und welche Neugier nicht befriedigt wurde. Das ist es, was wir jedem zu tun wünschen: klar zu *denken*.

Bald werden wir damit anfangen, Reichtum so rapide zu erzeugen, daß wir große Dinge tun können. Überlegen Sie sich bitte einmal, was das für tatsächliche Auswirkungen auf das Leben hätte, wenn man die Landschaft, die Altertümer beziehungsweise die jahrhundertealten Spuren der Menschheit nicht zu ruinieren und die Integrität von Romantik, Vision und harmonischer Kreativität nicht zu zerstören brauchte. Alle großen Bürohäuser werden ohne Lohnarbeiter leerstehen, da die automatisierte Informationsverarbeitung der Büroarbeit in den Kellerräumen einiger weniger Gebäude zentralisiert wird. Dadurch können alle modern mechanisierten Bürohäuser zum Wohnen genutzt werden.

Wenn wir unsere Probleme auf einer universalen Basis allgemeiner Systeme anpacken und progressiv die Belanglosigkeiten ausschalten, so wie man die Blätter von einer Artischocke schält, werden wir mit jedem Zug die nächstwichtige Schicht von Faktoren freilegen, mit denen wir uns befassen müssen. Nach und nach schälen wir *dich* und *mich* im Herzen von jetzt heraus. Aber die Evolution verlangt, daß wir jede Schicht verstehen, um sie abzulösen. Wir haben unsere Definition des Universums nun in Übereinstimmung mit den neuesten und fundiertesten wissenschaftlichen Erkenntnissen, wie denen von Einstein und Planck, auf den neuesten Stand gebracht. Bei unseren bisherigen Überlegungen haben wir die Funktion des Menschen im Universum erkannt als die effektivste metaphysische Fähigkeit, die sich bisher innerhalb unserer lokal überschaubaren Phasen und Zeitzonen des Universums gezeigt hat. Wir haben außerdem entdeckt, daß es Aufgabe der Menschheit ist, die Spezialfall-Fakten der menschlichen Erfahrung komprehensiv zu begreifen und einzuordnen, um aus ihnen die Kenntnis der apriorischen Existenz eines Komplexes allgemeiner, abstrakter Prinzipien zu gewinnen, die offensichtlich insgesamt alle physisch evolvierenden Erscheinungen des Universums regieren.

Wir haben gelernt, daß der Mensch nur und ausschließlich durch Gebrauch seines Verstandes sich erfinderisch der generalisierten Prinzipien weiterhin bedienen kann, wenn er die lokal verfügbare physische Energie des – nur universal unbegrenzten – Vorrats konservieren will. Nur auf diese Weise kann der Mensch zu seinem Vorteil die unterschiedlichen, lokalisierten und anderweits ungeordneten Verhalten des entropischen physischen Universums regelrecht in Anspruch nehmen. Der Mensch kann und darf die evolutionär organisierten Umweltereignisse metaphysisch begreifen, voraussehen, abwenden und im richtigen Maß in die Größenordnungen und Frequenzen einführen, die am besten mit den Mustern seiner erfolgreichen und metaphysisch metabolischen Regeneration übereinstimmen; dabei werden in wachsendem Maße Raum-Zeit-Freiheiten geschaffen und die Menschen von den Ignoranz erhaltenden alltäglichen Überlebensprozeduren und -arbeiten von gestern befreit, und die Menschheit von der Verschwendung des Personal-Zeit-Kapitals.

Wir haben jetzt die Blätterschichten begriffen und abgeschält, die verhüllten, daß physische Energie nicht nur erhalten bleibt, sondern wie auf einem Sparkonto ständig anwachsend als fossiler Brennstoffvorrat unseres Raumschiffs Erde deponiert ist. Diese Vorräte haben sich durch Photosynthese und fortschreitende, komplexe Ablagerung an der Erdoberfläche ergeben und sind durch Frost, Wind, Flut, Vulkane und Erdbeben immer tiefer in die Erdkruste eingegraben worden. Wir haben auch entdeckt, daß wir durch die von der Wissenschaft ausgelöste weltumspannende industrielle Evolution die ganze Menschheit zum Erfolg führen können, wenn wir nicht so beschränkt sind, weiterhin in einem Sekundenbruchteil der astronomischen Geschichte die angelegten Energie-Ersparnisse aufzubrauchen, die sich in Milliarden Jahren der Energie-Erhaltung an Bord unseres Raumschiffs Erde angesammelt haben. Diese Energie-Rücklagen sind auf das Bankkonto als Sicherheit für die Lebensregeneration eingezahlt worden, aber nur zur Verwendung als Selbststarter.

Die fossilen Brennstoff-Einlagen unseres Raumschiffs Erde ähneln den Stromspeicher-Batterien unserer Autos, deren Ladung erhalten werden muß, damit sie den Starter unseres Hauptmotors in Gang setzen. Demnach arbeitet unser «Hauptmotor» – die lebensregenerierenden Prozesse – ausschließlich mit unserem riesigen täglichen Energie-Einkommen, was von den Kräften des Windes, der Gezeiten, des Wassers herrührt und von der direkten Energiestrahlung der Sonne. Das Konto der fossilen Brennstoff-Einlagen ist an Bord des Raumschiffs Erde zu dem ausschließlichen Zweck eingerichtet, die neue Maschinerie gebaut zu bekommen, mit der das Leben und die Menschheit auf höheren Standards vitaler physischer Energie und rückinspirierender metaphysischer Unterstützung versorgt werden. In Gang gehalten wird diese Maschinerie ausschließlich von der Sonnenstrahlung und der Anziehungskraft des Mondes, die pulsierende Energien wie Gezeiten, Winde und Regenfälle erzeugen. Diese täglichen Energie-Einkommen reichen für mehr als den Betrieb unserer Hauptindustrien und ihrer automatisierten Produktion aus. Die Energie, die von einem tropischen Hurrikan verausgabt wird, entspricht der Energie aller Atomwaffen der USA und der UdSSR zusammengenommen. Nur wenn wir diesen Plan verstehen, können wir uns bis in alle Zukunft an unserem Universum erfreuen und es erforschen, während wir fortschreitend immer mehr Naturkräfte konzentrieren und die siderisch erzeugten Gezeiten und Stürme wie die von ihnen erzeugten Wind-, Wasser- und Elektrizitätskräfte einspannen. Wir können es uns nicht leisten, unsere fossilen Brennstoffe schneller zu verbrauchen, als wir unsere «Batterie aufladen», das heißt mit genau der Geschwindigkeit, mit der die Bodenschätze ständig in der sphärischen Erdkruste abgelagert werden.

Wir haben gesehen, daß es durchaus möglich ist, daß alle menschlichen Passagiere an Bord unseres Raumschiffes Erde sich des ganzen Schiffes erfreuen und bedienen können, ohne daß einer den anderen stört oder daß einer auf Kosten des anderen profitiert. Voraussetzung dafür ist, daß wir nicht so beschränkt sind, unser Schiff und seine Betriebsanlagen dadurch auszubrennen, daß wir unsere Prim-Operationen ausschließlich mit Energie aus dem Atomreaktor speisen. Die kurzsichtige und kräfteraubende Ausbeutung von Atomenergie und Bodenschätzen wirkt sich so aus, als wenn wir unsere Autos nur mit Startern fahren und die leeren Batterien dadurch aufladen würden, daß wir durch Kettenreaktion die Atome verheizen, aus denen die Autos bestehen. Wir haben auch entdeckt, warum wir mit unseren intellektuellen Fähigkeiten und physischen Extensionsanlagen begabt wurden. Wir haben entdeckt, daß uns die inhärente Begabung und folglich die Verantwortung eigen ist, die Menschheit umfassend und dauernd erfolgreich zu machen. Wir haben den Unterschied zwischen den Fähigkeiten des Gehirns und denen des Verstandes erkannt. Wir haben von den abergläubischen Vorstellungen und Minderwertigkeitskomplexen erfahren, die der ganzen Menschheit im Laufe ihrer Geschichte sklavischen Überlebens eingetrichtert wurden, unter Bedingungen grenzenloser Ignoranz und allgemeinen Analphabetentums, als nur die Rücksichtslosesten, Verschlagensten und Brutalsten sich am Leben erhalten konnten; und auch das reichte nur für ein Drittel ihrer potentiellen Lebenserwartung.

All das bringt uns dazu, die enorme Erziehungsaufgabe wahrzunehmen, die gerade jetzt erfolgreich und in höchster Eile gelöst werden muß. Nur dadurch kann der Mensch am Sturzflug in den Untergang gehindert und zu einem intellektuell gemeisterten Abfangen und Hochziehen der Maschine in die sichere und gerade Flugbahn physischen und metaphysischen Erfolgs gebracht werden, wonach der Besitz des Raumschiffs Erde sich bei der Erforschung des Universums zu seinem Vorteil wendet. Wenn die Menschheit komprehensiv und effektiv reagiert, wird ein völlig neues Kapitel von Erfahrungen und dadurch stimulierten Gedanken und Antrieben beginnen.

Als Wichtigstes haben wir gelernt, daß es von nun an einen Erfolg für alle oder für keinen gibt; denn die Physik hat experimentell erwiesen, daß «Einheit Plural von mindestens zweien» ist – den komplementären, aber nicht spiegelbildlichen Protonen und Neutronen. Du und ich sind inhärent verschieden und komplementär. Zusammen ergeben wir null – das heißt Ewigkeit.

Nachdem wir nun einen solchen kosmischen Grad orbitalen Auffassungsvermögens erreicht haben, wollen wir unsere Bremsraketen-Kontrollen bedienen und wieder in die Atmosphäre unseres Raumschiffes Erde und seine allseits benebelte Gegenwart eintreten. Hier finden wir uns vor, wie wir uns an die Fiktion klammern, daß unser durch Kreuzung gezüchteter Weltmensch grundsätzlich aus Nationen und Rassen verschiedener Herkunft besteht, die den Gegensatz zur Kreuzung bilden. Nationen sind das Produkt generationenlanger lokaler Inzucht in vielen voneinander entfernten Enklaven. Da die Häuptlinge unserer Großväter oft blutschänderische Ehen eingingen, brachten die Gen-Konzentrationen hybride, national eigentümliche physiologische Merkmale hervor: in den extrem nördlichen Zonen durch Überwinterung ausgebleichte Haut, am Äquator, wo man keine Kleidung brauchte, dunkel getönte Pigmentierung. Das alles ist lediglich die Folge besonderer lokaler Umweltbedingungen und der Überinzucht.

Die sich kreuzenden Weltleute auf dem nordamerikanischen Kontinent

bestehen aus zwei verschiedenen Input-Gruppen. Zur Input-Gruppe der ersten Ära gehören die, die auf Flößen und Booten mit dem Wind und der Meeresströmung ostwärts über den Pazifik nach Nord-, Mittel- und Südamerika kamen, und zwar während eines Zeitraums, der vor mindestens dreißigtausend, vielleicht aber vor Millionen Jahren begann und vor dreihundert Jahren endete. Die ostwärts gerichtete transpazifische Wanderung bevölkerte die Westküsten von Nord- und Südamerika und drang weiter landeinwärts nach Zentralamerika und Mexiko vor. In Mexiko findet man heute jeden charakteristischen Typus und alle bekannten Physiognomien in so vielfältigen Hautschattierungen zwischen Schwarz und Weiß, daß die Unterscheidung nach Rassenmerkmalen, die sich auf Ignoranz und Oberflächlichkeit gründet, nicht mehr zulässig ist. Die zweite Input-Gruppe des sich kreuzenden Weltmenschen, der heute Amerika bevölkert, stammt aus der langsameren und allmählichen Wanderbewegung, die vom Pazifik westwärts gegen den Wind, «der Sonne nach», um die Welt zog. Sie brachte die Menschen auf dem Seeweg durch den Malaiischen Archipel über den Indischen Ozean, den Persischen Golf hinauf nach Mesopotamien und auf dem Landweg in den Mittelmeerraum den Nil hinauf, von Ostafrika zum Süd- und Nordatlantik und von da aus nach Amerika – oder sie kamen über das chinesische, mongolische, sibirische und europäische Hinterland zum Atlantik und weiter nach Amerika.
Jetzt kreuzen sich die ostwärts und westwärts gewanderten Gruppen miteinander in wachsendem Maße mitten im amerikanischen Kontinent. Diese allseitige Reintegration des Weltmenschen aus all den verschiedenen Hybriden erzeugt an der Pazifikküste Nordamerikas eine Mischbevölkerung. Ausgestattet mit den Fähigkeiten, Ozeane und Luftraum zu durchdringen, steht ein Welttyp der Menschheit auf dem Sprungbrett, bereit, sich in all die bisher feindlichen Umwelten des Universums zu wagen, in die Tiefen der Meere, in den Himmel und rund um die Erde.
Um wieder zu unserer allseits berauschten Gegenwart zurückzukehren: wir erkennen, daß die Reorganisation des ökonomischen Bewertungssystems der Menschheit und seiner Anwendung auf die totalen *common wealth*-Kapazitäten durch die totale Weltgesellschaft, die vom großen Gedächtnis des Computers und seiner schnellen Datenverarbeitung unterstützt wird, an oberster Stelle der Dringlichkeitsliste steht. Darum müssen wir uns kümmern, wenn wir aus unserem Raumfahrzeug Erde ein erfolgreiches Menschheitsunternehmen machen wollen. Wir können, nein, wir müssen nun weitsichtiger sein und die Initiative zur Planung der weltweiten industriellen Werkzeug-Wiederausrüstungs-Revolution ergreifen. Wir müssen die Pro-Pfund-Leistung unserer Ressourcen steigern, bis sie der gesamten Menschheit einen hohen

Lebensstandard sichern. Wir können nicht länger warten und zusehen, welches verquere politische System die Welt beherrschen soll.

Vielleicht ist Ihnen nicht sehr wohl bei dem Gedanken daran, wie Sie Ihr Lebensrecht unter den Bedingungen einer Welt ohne Patronage verdienen können. Aber ich sage Ihnen, je früher Sie damit anfangen, desto besser sind unsere Chancen, der Menschheit Auftrieb zu geben, andernfalls gibt es einen Sturzflug in den Untergang. Wenn Sie sehen, wie die politökonomischen Krisen auf der Welt zunehmen, denken Sie daran, daß wir eine Möglichkeit gefunden haben, die ganze Welt zum Funktionieren zu bringen. Das muß schon begonnen haben und auf vollen Touren laufen, bevor wir über den Punkt hinaus sind, an dem es kein Zurück mehr gibt. Zuversichtlich mag Sie die Tatsache stimmen, daß Ihre Mitmenschen, und unter ihnen große Arbeiterführer, das Problem erkannt haben und in ihren eigenen Reihen darüber aufklären, daß es ein Fehler ist, gegen die Automation zu opponieren.

Ich habe als geladener und berufener Professor über dreihundert Universitäten und Hochschulen auf der ganzen Welt besucht und eine zunehmende Zahl von Studenten getroffen, die all das verstehen, was wir hier betrachtet haben. Sie begreifen immer mehr, daß die Verhinderung von Kriegen nur durch eine Planungs- und Erfindungsrevolution verwirklicht werden kann. Sowie die Gesellschaft erkannt hat, daß Reichtum ebenso allen gehört wie die Luft und das Sonnenlicht, wird es nicht mehr als Almosen angesehen, wenn jemand einen hohen Lebensstandard in Form eines jährlichen Forschungs- und Entwicklungsstipendiums akzeptiert.

Ich habe im Laufe meines Lebens nacheinander vierundfünfzig Autos besessen. Ich will nie wieder eins besitzen. Ich habe das Autofahren deswegen nicht aufgegeben. Es begann damit, daß ich meine Wagen auf Flugplätzen stehen ließ und nicht oder nur selten zu ihnen zurückkehrte. Mein neues Ordnungsmuster macht es erforderlich, daß ich auf dem Flughafen einen neuen Wagen leihe, wenn ich ihn brauche. Ich komme immer mehr davon ab, Dinge zu besitzen, nicht wegen einer politischen Richtung, wie etwa der Ideologie von Henry George, sondern einfach aus praktischen Gründen. Besitz wird immer mehr zu einer Belastung und Verschwendung und wird daher obsolet. Warum Souvenirs sammeln von entlegenen Orten, an denen man sich viel häufiger aufhält als «zu Hause», dem Wohnsitz von gestern, der durch Staat, Land, Stadt und Straße für Pässe, Steuern und Wahlen identifiziert wird? Warum nicht die großen Städte und Gebäude des Altertums an Ort und Stelle vollständig wiederherrichten und alle fragmentierten Schätze, die jetzt in den Museen der Welt ausgestellt sind, an sie zurückgeben? Auf diese Weise könnten ganze Epochen von einer zunehmend interessierten, wohlinformierten und inspirierten Menschheit wieder bewohnt und erfahren werden. So bekäme die ganze Welt ihre regenerativen metaphysischen Mysterien wieder zurückerstattet.

Ich reise so häufig zwischen der südlichen und der nördlichen Hemisphäre hin und her und um die ganze Welt, daß ich keinen sogenannten normalen Winter und Sommer, keine normale Tages- und Nachtzeit mehr kenne; denn ich fliege ein und aus, wenn ich die überschatteten und sonnenüberfluteten Zonen der kreisenden, sich drehenden Erde frequentiere. Ich trage drei Armbanduhren, damit ich weiß, wieviel Uhr es in meinem Büro «zu Hause» ist und ob ich es mit einem Ferngespräch erreichen kann, eine Uhr zeigt die Ortszeit meines nächsten Reiseziels, und eine zeigt zeitweilig die Ortszeit der Gegend an, in der ich mich gerade befinde. Ich sehe die Erde jetzt realistisch als Kugel und betrachte sie als Raumschiff. Es ist groß, aber komprehensiv erfaßbar. Ich denke nicht mehr in «Wochen», außer wenn ich über den veralteten Halt-und-Weiter-Rhythmus stolpere. Die Natur hat keine «Wochen». Die Ordnungsmuster des Spitzenverkehrs – von Geschäftsleuten ausgebeutet, die den größtmöglichen Profit machen wollen, um ihr Lebensrecht zu beweisen – zwingen jeden, den Flughafen innerhalb von vierundzwanzig Stunden während zweier kurzer Momente zu betreten und zu verlassen, wobei die Haupteinrichtungen während zwei Drittel der Zeit geschlossen sind. Alle Betten auf der Welt stehen zwei Drittel der Zeit leer. Unsere Wohnzimmer sind sieben Achtel der Zeit unbewohnt.

Die Bevölkerungsexplosion ist ein Mythos. Während wir industrialisieren, sinkt die jährliche Geburtenziffer. Wenn wir überleben, wird im Jahre 1985 die ganze Welt industrialisiert sein, und die Geburtenziffer wird – wie in den Vereinigten Staaten, in ganz Europa, Rußland und Japan heute schon – zurückgehen. Man wird dann erkennen, daß die Bevölkerungszunahme ausschließlich durch jene entsteht, die länger leben.

Wenn die Welt-Realisation des unbegrenzten Reichtums etabliert sein wird, dann wird die gesamte Menschheit immer noch innerhalb von Groß-New York City Platz finden, und zwar mehr Platz als bei einer durchschnittlichen Cocktailparty.

Wir werden immer mehr hin- und herpendeln zwischen gesellschaftlicher Konzentration in kulturellen Zentren und weitläufiger Verteilung auf größere Gebiete unseres Raumschiffs Erde mit seinen immer noch sehr geräumigen Unterbringungsmöglichkeiten. Dieselben Menschen werden sich in wachsendem Maße zu metaphysischem Verkehr und Gedankenaustausch zusammenfinden und auseinandergehen, um physische Erfahrungen zu machen.

Von den Ressourcen des Raumschiffs Erde kommt heute immer auf jeden der 4 Milliarden Menschen ein Anteil von 200 Milliarden Tonnen.

Man muß auch in Erinnerung bringen, daß der Umstand, daß Sie lediglich in Punkten und Linien und ein klein wenig in Flächen zu denken gewohnt sind, nichts an der Tatsache ändert, daß wir in omnidirektionaler Raum-Zeit leben und daß ein vierdimensionales Universum für alle Fälle großzügige individuelle Freiheiten einräumt.

Vielleicht wollen Sie mich berechtigterweise fragen, wie wir aus der immer gefährlicheren Sackgasse der gegen die Welt opponierenden Politiker und ideologischen Dogmen herauskommen können. Meine Antwort ist: Das wird durch den Computer gelöst. Der Mensch hat ein ständig wachsendes Vertrauen in den Computer. Man beachte nur, wie unbeteiligt er als Lufttransportpassagier die Landung bei Nacht und Nebel einleitet. Während kein Politiker und kein politisches System es sich jemals leisten kann, seinen Feinden und Gegnern mit Verständnis und Enthusiasmus entgegenzukommen, können und werden alle Politiker den zuverlässigen Steuerungsfähigkeiten des Computers Platz machen, wenn es um eine glückliche Landung der gesamten Menschheit geht.

So, Planer, Architekten und Ingenieure, ergreift die Initiative. Geht ans Werk, und vor allen Dingen, arbeitet zusammen und haltet nicht voreinander hinterm Berge, und versucht nicht, auf Kosten der anderen zu gewinnen. Jeder Erfolg dieser Art wird zunehmend von kurzer Dauer sein. Das sind die synergetischen Gesetze, nach denen die Evolution verfährt und die sie uns klarzumachen versucht. Das sind keine vom Menschen gemachten Gesetze. Das sind die unendlich großzügigen Gesetze der intellektuellen Integrität, die das Universum regiert.

Aufsätze

Das totale Kommunikationssystem des Menschen

Heute gibt es jederzeit etwa 66 Millionen menschliche Lebewesen auf der Welt, die komfortabel in den Schößen ihrer Mütter leben. In dem Land, das Nigeria heißt, lebt ein Viertel der Bevölkerung des großen afrikanischen Kontinents. Es gibt 66 Millionen Nigerianer. Wir können sagen, daß die Einwohnerzahl von Schoßland etwa genauso groß ist wie die Einwohnerzahl eines Viertels von Afrika. Diese 66 Millionen ungeborenen Schoßländer übertreffen die Bevölkerungszahl der Bundesrepublik Deutschland mit ihren 58 Millionen, Großbritanniens 55 Millionen, Italiens 52 Millionen, Frankreichs 50 Millionen und Mexikos 47 Millionen. Nur in neun sogenannten Ländern der Welt, in China, Indien, der Sowjetunion, den Vereinigten Staaten, Indonesien, Pakistan, Japan und Brasilien, ist die Einwohnerzahl größer als die unserer luxuriös lebenden, unter neun Monate alten Schoßländer.

Wir wechseln scheinbar und nur für einen Moment unser Thema, wenn wir bemerken, daß in den letzten beiden Jahrzehnten die Wissenschaftler durch Untersuchungen mit Elektroden eine Menge über das menschliche Gehirn gelernt haben. Das Gehirn gibt meßbare Energie und diskrete Wellenmuster ab, die durch den Oszillographen sichtbar gemacht werden. Spezifische, wiederkehrende Träume sind durch solche Wellenmuster identifiziert worden. Neurologen und Physiologen halten die Spekulation nicht für abwegig, daß die Wissenschaft in einigen Jahrzehnten das, wovon die Menschheit bisher mystifiziert als Telepathie gesprochen hat, als Übertragung von elektromagnetischen Ultra-ultra-Hochfrequenzwellen entdeckt.

Gute Science-fiction entwickelt realistisch weiter, was uns nach wissenschaftlichen Anhaltspunkten bevorsteht. Guter Science-fiction entspricht es, wenn man annimmt, daß ein vorzügliches telepathisches Kommunikationssystem alle jungen Bürger des weltweiten Schoßlandes miteinander verbindet. Schalten wir uns in ein Gespräch ein: «Wie sieht es bei dir drüben aus?» Antwort: «Meine Mutter hat vor, mich entweder Joe oder Mary zu nennen. Sie weiß nicht, daß meine Ruffrequenz schon 7567-00-3821 ist.» Der andere: «Meine Mutter sollte sich besser an diese Watson, Crick und Wilkerson wegen meiner Rufnummer wenden!» Ein anderer von 66 Millionen Schoßländern schaltet sich ein: «Ich bekomme es mit der Angst zu tun, daß ich aussteigen muß. Wir haben Nachricht von ein paar Aussteigern – die sagen, daß wir von der Hauptversorgung abgeschnitten werden. Wir müssen Brennstoff einschaufeln und Flüssigkeiten in unseren Organismus gießen. Wir müssen unser eigenes Blut machen. Wir müssen anfangen, irgendein Gas in unsere Lungen zu pumpen, um unser eigenes Blut zu reinigen. Wir müssen uns selber zu Giganten machen und fünfzehnmal größer werden, als wir jetzt sind. Und was am schlimmsten ist, wir müssen lernen, ständig zu lügen. Es kommt eine Menge Arbeit auf uns zu – sehr gefährlich, und gar nicht ermutigend.» Antwort: «Warum streiken wir nicht? Wir sind in einer ausgezeichneten Position für ein Sit-in.» Der andere: «Prima, gute Idee! Die ganze Bevölkerung von Schoßland muß sich am Tag der Reifeprüfung weigern auszusteigen. Unsere kosmische Bevölkerung wird sich mehr und mehr in den Schößen der Frauen einnisten, und jeder wird sich weigern, nach neun Monaten fertig zu sein. Mehr und mehr Frauen werden immer schwerer und immer schwangerer werden. Weltweite Bestürzung – Agonie. Wir werden die Außenseiter wissen lassen, daß wir erst aussteigen, wenn sie aufhören, sich selbst und andere zu belügen, wenn sie ihre dummen Souveränitäten und exklusiven Heiliger-als-du-Ideologien aufgeben und die Verschmutzung und Vernichtung sein lassen. Nur durch operative Eingriffe mit tödlicher Folge für uns und unsere Mütter könnten sie uns herausholen.»

Ein anderer: «Großartig! Das sollten wir ruhig machen. Wenn wir doch herauskommen, erwartet uns nämlich folgendes: Kalte-Kriegs-Auswüchse verbrecherischer Babykiller; Nervenkrieg mit Psychoschock zur Demoralisierung unschuldiger Bevölkerungsgruppen, zufällig verwickelt in abstruse ideologische Kämpfe, geführt von diametral gegensätzlichen, gleich sturen Möchte-gern-besser-Tätern, Bürokraten und ihren Parteigängern, die alle Produktions- und Destruktionsmittel kontrollieren; dabei machen sie einschließlich aller politischen Profis nur ein Prozent der gesamten Menschheit aus, und sie und ihre Gewehre können für Herz und Verstand der Menschen weder Befriedigung schaffen noch Hoffnung sein. Wir Schoßländer würden siegen, wie einst die Frauen in ‹Lysistrata›, die sich weigerten, mit ihren Männern zu schlafen, solange sie nicht aufhörten zu kämpfen.»

Bis gestern waren die hundertfünfzig Mitgliedstaaten der Vereinten Nationen unseres Planeten winzige Bevölkerungsgruppen, die sich zwei Millionen Jahre lang so weit entfernt voneinander auf unserem Globus regenerierten, daß keine Kolonie, keine Nation, kein Stamm etwas von der Existenz anderer wußte. Nur durch Telepathie, deren Wirkungsweise wir oben angenommen haben, könnten diese entlegenen und isolierten Zellen von Menschen, die in Unsicherheit überlebten, während dieser zwei Millionen Jahre voneinander gewußt haben. In den letzten Sekundenbruchteilen der Gesamtgeschichte, also vor etwa zwölftausend Jahren, drangen ein paar Seeleute und Überland-Entdecker aus dem Schoß ihrer fernab gelegenen Stämme vor und begannen, die Anwesenheit anderer, über die mysteriöse Welt verstreuter Menschen zu entdecken. Als sie herausbekamen, daß kein Stamm etwas von den erstaunlichen Ressourcen und den vitalen Bedürfnissen und Wünschen der anderen wußte, behielten sie für sich, wo Angebot und wo Nachfrage herrschte. So konnten sie Handel und Zwischenhandel monopolisieren und zu ihrem eigenen Vorteil die Lebensbedürfnisse und die Unwissenheit ausnutzen sowie den Reichtum an Lebensunterhalt ausbeuten, der durch beschleunigte und verlangsamte Wechselwirkung der Ressourcen mit der verfügbaren menschlichen Arbeitszeit entsteht, die zur Bearbeitung der Ressourcen zu immer leistungsfähigeren Werkzeugen, Umwelt-Kontroll-Geräten und metabolisch regenerativen Sustainern erforderlich ist.

Zwei Millionen Jahre lang, bis hinein ins 20. Jahrhundert, hat der Durchschnittsmensch mit durchschnittlicher Lebenszeit insgesamt eine Entfernung zurückgelegt, die ihm nur weniger als ein Millionstel der Erdoberfläche unseres sphärischen Planeten erschlossen hat. Ein Mensch ist so klein und unser Planet so relativ groß, daß es nicht überrascht, wenn die Menschen immer noch in Vorstellungen begriffen sind, es gäbe eine «weite, weite Welt – eine viereckige Erde», inmitten einer unendlichen Ebene, auf der alle Senkrechten parallel verlaufen und nur in zwei Richtungen führen, nach *Oben* und nach *Unten*, wobei der Himmel *da Oben* ist und die Erde *hier Unten*. Glauben Sie nicht, nur arbeitslose Analphabeten seien so falsch orientiert und wüßten das nicht; noch heute sind die Sinne und Gehirne aller promovierten Wissenschaftler reflexiv so fehlorientiert, daß auch sie die Sonne untergehen und an einem geheimnisvollen, nie entdeckten Ort namens Westen in die unendliche Ebene eintauchen sehen, aus der sie geheimnisvollerweise am nächsten Morgen an einem nie identifizierten Ort namens Osten wieder aufsteigt. Sogar Astronaut Conrad brachte bei seinem Mondlandungs-Gespräch spontan hervor, er sei nun «hier oben auf dem Mond», und der Präsident der Vereinigten Staaten gratulierte den Astronauten zu ihrer Fahrt «hinauf zum Mond und wieder herunter zur Erde». Wissenschaftler geben nicht nur zu, sondern versichern, daß es im Universum keine als *Oben* und *Unten* identifizierbaren Örtlichkeiten gibt. Keine der Senkrechten auf unserer kugelförmigen Erdoberfläche ist mit einer anderen parallel, sie führen in eine Unendlichkeit von Richtungen.

Ob man die Sache nun vom moralischen oder ideologischen Standpunkt aus betrachtet, die Annahme, die Menschheit könnte ein Stück Land mit all der Erde senkrecht darunter und all der Luft senkrecht darüber besitzen oder nicht besitzen, steht nicht nur wissenschaftlich auf schwachen Füßen – sie ist wissenschaftlich unhaltbar. Dieses System ist geographisch nur möglich, wenn man von der falschen Vorstellung einer flachen Welt ausgeht, die glauben machen will, daß es oben und unten gibt.

Um die wissenschaftliche Unmöglichkeit eines solchen Systems zu verstehen, stelle man sich einen Würfel innerhalb einer Kugel vor, dessen acht Ecken mit der Oberfläche der Kugel kongruent sind. Die zwölf Kanten des Würfels sollen aus Stahlschienen bestehen. Ein Licht, das im gemeinsamen Mittelpunkt von Würfel und Kugel steht, wirft den Schatten der zwölf Strukturkanten des Würfels auf die Oberfläche der lichtdurchlässigen Kugel. Wir werden nun sehen, daß die gesamte Kugeloberfläche durch Großkreisbogen symmetrisch in sechs gleichseitige, vierrandige Gebiete aufgeteilt ist. Obgleich jedes dieser vierrandigen symmetrischen Gebiete Winkel von 120 Grad, statt 90 Grad, hat, nennt man es ein sphärisches Quadrat. Alle sechs sphärischen Quadrate zusammen bilden einen sphärischen Würfel.

Nehmen wir nun an, der sphärische Würfel sei der Planet Erde. Nehmen wir weiter an, Krieg und Verträge hätten dazu geführt, daß der Erdball zu gleichen Teilen unter sechs souveränen Gruppen aufgeteilt ist, von denen jede durch ihre Gesetze ermächtigt ist, innerhalb ihrer sphärischen Quadratfläche – gleichgültig, ob es sich um Wasser oder Land handelt – Besitzrechte zu vergeben. Nehmen wir zudem an, daß – wie es gegenwärtig der Fall ist – jede souveräne Großmacht der Welt für sich in Anspruch nimmt, die Besitzrechte für Teilgebiete ihres Landes an Korporationen, Subregierungen und Individuen zu übertragen oder sie ihnen zu verpachten. Alle gesetzlich anerkannten Besitzrechte in der Welt gehen allein auf souveräne Ansprüche zurück, die ausschließlich mit militärischer Macht durchgesetzt worden sind beziehungsweise aufrechterhalten werden.

Wir haben nun also das Modell der kubischen Unterteilung der Sphäre. Lassen Sie uns die sechs Seiten unseres Würfels verschieden einfärben – rot, orange, gelb, grün, blau und violett. Sprechen wir Rußland die unumschränkten Besitzrechte auf der roten Seite des Würfels zu. Und nun stellen Sie sich vor, daß alle Senkrechten, die auf die rote Seite des innerhalb der Kugel liegenden Würfels treffen, nach oben und unten die Besitzansprüche auf alles Land *unter* der Oberfläche und alle Luft *über* der Oberfläche abstecken. Dann würde sich herausstellen, daß dem roten Quadrat der gesamte Würfelinhalt gehört. Demzufolge würde jedes der sechs Länder einen ausschließlichen Besitzanspruch auf denselben «ganzen» Würfel erheben, wodurch offensichtlich der Anspruch aller auf nur je ein Sechstel des Würfels zunichte gemacht würde. Wenn man sich das vergegenwärtigt, wird man leicht an Portias Forderung erinnert, Shylock müsse das Pfund Fleisch herausschneiden, ohne einen Tropfen Blut zu vergießen.

«Nun gut», sagen Sie, «ich gebe zu, daß es unmöglich ist, die Gültigkeit der Ansprüche auf Boden zu demonstrieren, der senkrecht unter meinem Oberflächenbesitz liegt, ohne damit die Rechte aller anderen Grundbesitzer der Welt zu beschneiden. Deshalb werde ich versuchen, auf der Oberfläche meines Landes zu leben und nur sie und den Luftraum senkrecht über mir zu beanspruchen.» Dann antworte ich Ihnen: «Gut. Und von welcher Luft sprechen Sie? Sie ist nämlich gerade weggeweht.» Darauf erwidern Sie gereizt: «Unterstellen Sie mir doch nicht solchen Unsinn... ich meine lediglich die Luft, die sich geometrisch über mir befindet. Wenn ich sage: Sie verletzen meinen Luftraum – dann meine ich, Sie verletzen meine geometrische Overheadprojektion.» «Gut!» sagen wir. «Und welche Sterne haben Sie gesehen, als Sie vom ‹Raum über sich› sprachen? Unsere Erde hat sich unterdessen von diesen Sternen abgewendet. Jetzt stehen andere Sterne über uns. Wir drehen uns nicht nur um uns selbst, sondern wir kreisen gleichzeitig auch um die Sonne, während alle anderen Planeten und Sterne ebenfalls ständig in Bewegung sind; sie sind aber so weit von uns entfernt, und unser Leben ist so kurz, daß wir diese Bewegungen nicht wahrnehmen können. Die Entfernungen, mit denen wir es hier zu tun haben, sind so groß, daß das Licht vom nächsten Stern hinter der Sonne viereinhalb Jahre braucht, um zu uns zu gelangen, und das bei einer Geschwindigkeit von 700 Millionen Meilen pro Stunde. Unser Milchstraßensystem ist über 300 000 Lichtjahre groß. Und die uns nächsten unter den Millionen Galaxien sind Multimillionen Lichtjahre von unserem galaktischen Nebel entfernt. Bei solchen Entfernungen im All ist das Ausmaß der Sternenbewegung für den Menschen nicht erkennbar, weil er sie im Laufe seines Lebens nicht ausmachen kann. Die meisten Sterne bewegen sich innerhalb ihrer Galaxien mit nur etwa 100 000 Meilen pro Stunde, was im Vergleich zur Lichtgeschwindigkeit von 700 Millionen Meilen pro Stunde verschwindend gering ist.»

Da alle Sterne des Universums in Bewegung sind, kreist unser Planet rotierend in einem sich ständig verändernden All-Zirkus stellarer Ereignisse. Es gibt keine statische Geometrie allseitiger Beziehungen bei den Ereignissen im Universum. Manche Sterne, die wir heute sehen, sind schon seit Millionen Jahren nicht mehr da, wo wir sie sehen – einige existieren überhaupt nicht mehr. Nach den Entdeckungen von Einstein und Planck ist das Universum ein «Szenario nichtsimultaner, nur teilweise einander überlappender, transformativer Ereignisse». Eine Momentaufnahme aus dem Szenario einer Raupe sagt nichts aus über die Transformation in einen Schmetterling, die sich später ereignet. Das Standbild des Schmetterlings sagt Ihnen nicht, daß der Schmetterling fliegt; nur Langzeit-Folgen-Segmente aus dem Szenario können sinnvolle Information liefern. Wenn Menschen über die Myriaden von Sternen nachsinnen, die scheinbar ungeordnet sphärisch verstreut sind, fragen sie sich oft: «Was mag wohl außen von draußen sein?» und erwarten eine stehende Antwort; diese Frage ist so unintelligent wie die Frage: «Welches Wort ist das Wörterbuch?» Sie wissen, daß das Wörterbuch alphabetisch geordnet ist, aber die Wortfolge ergibt keinen Sinn. Wenn man sie laut vorgelesen bekommt, ergeben sie eine scheinbar ungeordnete Folge. Das ist typisch für die Art und Weise, in der die Natur ihre Ordnung hinter scheinbarer Unordnung verbirgt.

Doch zurück zu unserem kleinen Raumfahrzeug Erde und der Eigentumsfrage. Das einzige, was das Individuum berechtigt sein könnte zu besitzen, wäre ein unendlich dünner Plan seines Landes; denn außerhalb dessen gibt es keine Geometrie des Raums und unterhalb dessen gibt es kein okkupierbares Land. Unser Planet Erde ist das Zuhause aller Menschen, aber wissenschaftlich gesehen gehört er nur zum Universum. Er gehört gleichermaßen allen Menschen. Das ist das natürliche geometrische Gesetz. Gesetze von Menschen, die im Widerspruch zur Natur stehen, sind nicht durchsetzbar und nur Schein. Ohne eine unendlich ausgedehnte Ebene sind Worte wie oben und unten sinnlos. Flieger führten die korrekten Bezeichnungen ein, sie sagen «*Ein*fliegen» zur Landung und «*Aus*fliegen». Es ist sinnvoll zu sagen «trepp*ein*» und «trepp*aus*». Sagen Sie es eine Woche, und ihre Sinne werden zur Kenntnis nehmen, daß Sie auf einem Planeten leben.

Was meinen Sie mit «Astronaut»? *Wir sind alle Astronauten.* Wir sind es in der Tat immer gewesen. Hören Sie auf mit Ihrem «Hör doch auf mit dem Weltraum-Zeug, kommen wir mal runter von den Sphären und bleiben wir mit beiden Beinen auf der Erde»-Reden; das sind Eine-Portion-Hirn-Sprüche, von Wissen unbeleckt wie die bewußtlosen Sprüche eines Papageien. Das Gehirn ist physisch – wägbar; der Gedanke ist metaphysisch – gewichtslos. Viele Kreaturen haben ein Gehirn, aber nur der Mensch hat Verstand. Papageien können keine Algebra; nur der Verstand kann abstrahieren. Gehirne sind physische Geräte zum Speichern und Abrufen von Spezialfall-Erfahrungs-Daten. Nur der Verstand kann die verallgemeinerten wissenschaftlichen Prinzipien entdecken und einsetzen, die in jeder Spezialfall-Erfahrung für wahr befunden worden sind.

Das Universum hat den Astrophysikern einen elegant geordneten Bestand von zweiundneunzig regenerativen chemischen Elementen enthüllt. Jedes hat seine spezifischen Verhaltensweisen, die alle für den Erfolg des Universums wesentlich sind. Sie alle stehen im gesamten Evolutionsprozeß des Universums in einem ständigen wechselseitigen Austausch. Ignorante Menschen an Bord des Raumschiffs Erde schreien jetzt: «Umweltverschmutzung!» Ein solches Phänomen gibt es nicht. Was diese Menschen Verschmutzung nennen, sind außerordentlich wertvolle chemische Substanzen, die für das Universum wesentlich und für den Menschen auf der Erde unentbehrlich sind. Was passiert, ist folgendes: Die Egozentrik des überall-spezialisierten Menschen macht ihn blind für Werte, mit denen sein Vorgehen ihn konfrontiert. Der gelbbraune Bestandteil von Rauch und Smog ist vorwiegend Schwefel. Die Schwefelmenge, die jedes Jahr aus den Schornsteinen der Welt steigt, entspricht genau der Schwefelmenge, die jedes Jahr aus der Erde gewonnen wird, um die Welt-Ökologie in Gang zu halten. Wenn man die Kosten bedenkt, die der Gesellschaft innerhalb der nächsten fünf-

undzwanzig Jahre bei einer sich sicher noch verschlechternden Lage
entstehen, wäre es wesentlich billiger, den Schwefel aufzufangen, solange er im Schornstein konzentriert ist, und ihn an die Leute abzulie-
fern, die ihn brauchen, statt ihn abzubauen *und* aus den menschlichen
Lungen und so weiter wieder zu entfernen. Doch die Menschheit besteht auf den Profiten, Ernten und Wahlen des jeweiligen Jahres. Die
Weltgesellschaft ist auf tödliche Weise kurzsichtig.

Da die Menschen unbewußt nach wie vor an dem falschen Konzept
von der unendlichen Ebene festhalten, glauben sie, sie könnten die är-
gerlich anwachsenden Substanzen, mit denen sie nichts anzufangen
wissen, loswerden, indem sie sie in irgendeine Richtung des Kosmos be-
fördern, wo sie sich vermutlich ohne Schaden anzurichten in der Unendlichkeit verlieren würden. «Ich spucke in den Ozean. Na und?» Da
auf die Erschöpfung herkömmlicher Ressourcen bisher stets die Entdeckung anderer und besserer Ressourcen gefolgt war, denken die
Menschen insgeheim immer noch hoffnungsfroh, die große Unendlichkeit würde weiterhin auf ignorante Sorglosigkeit und Verschwendung
Rücksicht nehmen. «Was soll's?» sagen die Status-quo-Verfechter, die
«mit beiden Beinen auf der Erde» stehen. «Pumpt alle fossilen Energie-
Ablagerungen von Billionen Jahren aus der Erdkruste. Verbrennt sie in
einem einzigen Jahrhundert. Füllt alle eure Bankkonten mit zehnstelli-
gen Zahlen. Was kümmern uns die Urenkel. Laßt sie die Ozeane unseres Raumschiffs Erde mit Wasserstoffbomben in die Luft jagen. Sollen
sie sich selbst um ihre Zukunft kümmern.»

Genau wie biologische Protoplasmazellen zu größeren Organismen ko-
lonisiert werden, von denen der komplizierteste und allseitig anpas-
sungsfähigste der Mensch ist, so kolonisieren auch die Menschen und
externalisieren erfinderisch die gleichen organischen Werkzeugfunktio-
nen zu ihrer gegenseitigen metabolischen Regeneration. Wir bezeichnen
diese komplexe gegenseitige Werkzeug-Externalisation als Industrialisierung, in der jeder von uns das Telefon oder das elektrische Licht bei
seinen speziellen, einzigartigen Aufgaben benutzen kann, die alle einen
zunehmend entwickelten weltweiten Zugang zu den gesamten Ressourcen und die weltweite Verteilung von Gewinnen erfordern, die umfassend durch totale metabolische Regeneration geschaffen werden.

Die Weltbevölkerung, die nach der Zellenkolonisierung innerhalb ihrer
kontrollierten Umwelt aus dem dünnen, gewebeumhüllten Protoplas-
maleib des Menschen in den größeren, von der Biosphäre umhüllten
Schoß des Industrie-Organismus des Planeten Erde entlassen wird, ko-
lonisiert, integriert und spezialisiert lokal ebenso unschuldig und unwissend weiter wie die Protoplasmazellen im Mutterleib. Dabei miß-
trauen sie einander ständig, während sich überall auf der Erde ihre völ-
lige gegenseitige Abhängigkeit herausstellt – wie bei den Protoplasmazellen der Bewohner des menschlichen Schoßlandes, die sich selektiv

vereinigen, um schließlich ein ganzes Kind zu bilden. Zu gegebener Zeit werden wir eine weltweite menschliche Integrität erkennen und mit jedem Grad physischer Integration wird ein neuer Grad metaphysischer Freiheit erreicht werden.

Trotz völliger Unkenntnis der unendlich feinen, zuverlässigen Wechselbeziehungen der kosmischen Mechanik werden die Erdbewohner in ihrer geräumigen Biosphäre noch immer versorgt. Mütter brauchen nicht erst eine Brust zu erfinden, um ihre Babies zu ernähren, und auch nicht den Sauerstoff zum Atmen, noch müssen sie dem Kind beibringen, wie es sein Zellwachstum erfindet. Menschen haben nicht die geringste Ahnung, was überhaupt geschieht, wie es und warum es geschieht.

Das Universum ist eine sich regenerierende und transformierende organische Maschine. Absolventen des menschlichen Mutterleibs, die im Schoße des Industrie-Organismus der biosphärischen Welt weiter ausgetragen werden, entdecken und benutzen jetzt ein paar der Prinzipien, die die mikro-makro-kosmische Mechanik regieren; dabei bezeichnen sie ihre Ausführung dessen, was offensichtlich ist und was allgemein mißachtet wird, unwissend als «Erfindungen» und «Schöpfungen». Jetzt sind die Menschen gegenüber ihren kleinen Maschinen mißtrauisch geworden; sie machen sie verantwortlich für die ständigen Unterbrechungen des unaufhaltsamen evolutionären Prozesses kosmischer Gestationen, aus denen sie – was das Fassungsvermögen ihres Gehirn-Detektors übersteigt – immer wieder in eine größere, inklusiv-exquisite sphärische Umwelt automatisierter mechanischer Kontrollen entlassen werden. Das bedeutet für die Menschheit fortschreitende Aufhebung der Zwangskontrollen des Denkens und Freisetzung der Möglichkeiten und Fähigkeiten zu handeln und damit Emanzipation von bisher fast ausschließlicher Präokkupation mit Überlebensfaktoren.

Irrigerweise gehen die Menschen davon aus, daß ihre positiven Alltagserfahrungen ewig rückerstattet und ihre negativen Erfahrungen getilgt werden sollten; sie versuchen daher die Evolution, die sich nicht einfrieren läßt, in bestimmten Stadien einzufrieren. Aus allen momentan befriedigenden Ereignissen und ihren Begleitumständen wollen sie Plastikblumen machen, wie sie es in der Vergangenheit in Stein versucht haben. Vom Vertrauten getrennt, mit dem Unbekannten konfrontiert und nur ausgestattet mit dem mechanischen Feedback ihrer Gehirn-Reflexe merken die gedankenlosen Menschen – die nicht erkennen, daß es keine geraden, sondern nur wellenförmige Linien gibt, und daß Wellen sich nur durch positiv-negative Schwingungen fortpflanzen –, daß ihr gradliniges Streben an den Wellensystem-Realitäten des Universums vorbeigeht und immer vergeblich ist. Ahnungslos nennen sie die regenerativen, oszillierenden Komplemente der evolutionären

Wellen «gut» und «schlecht», obwohl der Wissenschaftler keine solchen moralischen Qualitäten im Elektron und seinem Gegenstück, dem Positron, finden kann.

Tatsächlich ist die Menschheit als Ganzes im Begriff, aus einer zweimillionenjährigen Gestation im Schoße erlaubter Unwissenheit entlassen zu werden. In dieser infantilen Phase hat die kosmische Mechanik reichlich Vorsorge getroffen, um Ignoranz und Verschwendung zu verkraften; sie hat aber auch der Menschheit eingeräumt, durch Versuch-und-Irrtum-Experimente nach und nach die relativ geringe Effektivität des Muskels zu entdecken, von dem sie zunächst nicht nur ausschließlich, sondern brutal Gebrauch gemacht hat, und gleichzeitig die Entdeckung der unendlich komprehensiven Effektivität des menschlichen Verstandes zu ermöglichen. Er allein kann die universalen Wahrheiten entdecken und in seine Dienste nehmen und dadurch die potentielle, progressive, nichtverschwenderische, kompetente und überlegene Meisterschaft des metaphysischen Intellekts über die physische Umwelt komprehensiv realisieren.

Die metaphysischen Integritäten, allgegenwärtig manifest im omni-interakkommodativen kosmisch-organischen System des intertransformierenden Universums, werden anscheinend von Zeit zu Zeit in kümmerlicher Weise vom Intellekt der menschlichen Passagiere nachgeahmt, die in der sphärischen Schoßhülle der wasserhaltigen, gasförmigen, elektromagnetischen Biosphäre des Planeten Erde ausgetragen werden.

Die jüngsten Ausflüge der Menschheit aus der schoßähnlichen Biosphärenhülle des Raumschiffs Erde zum Mond kommen einer verfrühten operativen Loslösung eines Babys aus dem Mutterleib gleich, das, geschickt in eine wissenschaftlich kontrollierte Umwelt eingehüllt, weiter mit der Mutter verbunden bleibt; nach erfolgreicher Operation wird es in den Mutterleib zurückgebracht, wo es die restlichen Gestationstage bis zur «Geburt» durch einen neuen Anlauf zum Start ins Universum verbringen kann.

Die «Landungskarten» souveräner Staaten verlangen Antwort auf so lächerliche Fragen wie: «Wann sind Sie geboren?», «Wo wohnen Sie?» Antwort: «Ich bin unsterblich. Ich schaue alle Jubellichtjahre mal herein, mal hier, mal da. Momentan bin ich Passagier des Raumfahrzeugs Erde, das mit 60 000 Meilen pro Stunde irgendwo im Sonnensystem seine Fahrt macht und Gott weiß wo im Szenario des Universums vorkommt. Aber warum fragen Sie?»

Die Mondausflüge der Menschheit gelangen nur auf Grund der Instrumentenlenkung ihrer Umwelt-Kontroll-Kapseln einschließlich der mechanischen Verkleidung, und zwar durch völlig unsichtbare elektromagnetische Wellenerscheinungen von instrumentell erfaßten Sterndaten; sie gelangen auf Grund der mathematischen Integrationen, die vom

Computer ausgeführt wurden, der nicht korrumpiert ist und nicht korrumpierbar durch ignorante, voreingenommene Menschen. So wurden die Menschen durch die wenigen vorangebracht, die dachten und handelten, um die Instrumente zu produzieren, wobei sie jedoch die überwiegende Mehrzahl der Menschen bis heute der Notwendigkeit entheben, nachzudenken und Sinn und Verstand mit den Realitäten der kosmischen Mechanik in Einklang zu bringen.

Die Menschen sind immer noch in Begriffen befangen, die aus einem ganz oberflächlichen Spiel mit statischen Dingen herrühren – sie reden von festen Körpern, Oberflächen oder geraden Linien, obwohl es keine Dinge gibt, keine Kontinuen, höchstens diskontinuierliche Energiequanten, separate Ereignispakete, die so entfernt voneinander operieren wie die Sterne der Milchstraße. Die Wissenschaft hat keine «Dinge» gefunden, nur Ereignisse. Das Universum hat keine Substantive, nur Verben. Man sage nicht selbstzufrieden, man sei bisher ganz gut mit falschen Ansichten zurechtgekommen und sei ganz zufrieden gewesen. Zufrieden war man auch mit der alten Nabelschnur zu seiner Mutter. Aber man kann sie nicht wieder dranmachen, und die Mutter ist physisch nicht mehr da. Sie können nicht zurück. Sie bleiben nicht im Nest. Sie können nur wachsen. Und wenn Sie verstehen, was vor sich geht, werden Sie es immer angenehmer und aufregender finden, denn das ist es, was die Evolution macht, ob Ihnen das nun gefällt oder nicht.

Für jedes menschliche Wesen ist Umwelt alles vom All außer mir. Unsere makrokosmische und mikrokosmische «Ist-nicht-Ichheit» besteht aus weitgehend dissynchronen Frequenzen sich wiederholender Winkelveränderungen und komplizierten Interaktionen von Wellen verschiedener Länge und Wiederholungsfrequenzen. Die Physik hat ein Universum gefunden, das nur aus Frequenz- und Winkelmodulationen besteht.

Unsere Umwelt ist ein Komplex aus Frequenzen und Winkeln. Unsere Umwelt ist ein Komplex von verschieden frequenten Einwirkungen – von innen und von außen – auf die individuellen «Ichheiten». Wir sind in einem Schoß komplexer Frequenzen, von denen der Mensch einige ahnungslos mit Worten wie «Gesicht, Geräusch, Berührung und Geruch» identifiziert. Andere nennt er «Wirbelstürme, Erdbeben, Novae». Wieder andere sieht er ignorant als statische *Dinge* an: Häuser, Felsen und Männeken.

Sehr, sehr langsame Veränderungen empfinden die Menschen als unbelebt. Langsame Veränderungen von Mustern nennen sie lebendig und natürlich. Schnelle Veränderungen sind für sie explosiv. Und noch schnellere Ereignisse können sie nicht direkt wahrnehmen. Sie können sehen, wie die Rakete mit 7000 Meilen pro Stunde abzieht. Die hunderttausendmal schnelleren Radarimpulse, die sich mit 700 Millionen

Meilen pro Stunde bewegen, können sie nicht erkennen. Die Menschen können lediglich die Zeigerpositionen auf Instrumentenskalen wahrnehmen. Was sie «Radio» nennen – elektromagnetische Vorgänge –, das haben sie durch wissenschaftliche Instrumentation gelernt. Aus dem totalen Bereich des elektromechanischen Spektrums der bis heute bekannten Realitäten des Universums ist es lediglich ein Millionstel der bisher entdeckten physikalischen Ereignisse, in die sich der Mensch mit seiner sensorischen Ausstattung direkt einschalten kann. Bewußtsein von all dem Rest, der die menschliche Sinnesrealität millionenfach übersteigt, kann dem menschlichen Gesichtskreis nur durch Instrumente vermittelt werden, die eine Handvoll denkender Individuen erfunden und konstruiert haben, weil sie die sich abzeichnenden Bedürfnisse der anderen voraussahen.

Der fast völlig unsichtbaren, nichtsensorischen elektromagnetischen Schoßhülle der Umweltevolutions-Realitätsphase, in die die Menschheit gerade hineingeboren wird – nach zwei Millionen Jahren unbewußter, unschuldiger Gestation –, steht die Menschheit immer noch verständnislos gegenüber. 99,9 Prozent dessen, was sich momentan in menschlichen Aktivitäten und in Interaktionen mit der Natur abspielt, findet innerhalb von Realitätsbereichen statt, die für die menschlichen Sinne unsichtbar, unhörbar, unriechbar und unberührbar sind. Doch die unsichtbare Realität hat ihr eigenes gesetzmäßiges Verhalten, was die Grenzen von Gesetzen und Bewertungsmaßstäben des Menschen transzendiert. Auf die Integritäten der unsichtbaren Realität ist unbegrenzt Verlaß. Das kann nur von einem metaphysischen Bewußtsein ganz erfaßt werden, geleitet von Übertragungen dessen, was als wahr empfunden wird. Nur metaphysischer Geist kann kommunizieren. Gehirn ist lediglich ein Instrument zum Speichern und Abrufen von Information. Telefone können nicht kommunizieren; nur die Menschen, die diese Instrumente benutzen. Der Mensch ist metaphysischer Geist. Kein Geist – keine Kommunikation – kein Mensch. Physische Transaktionen ohne Geist – *ja*. Kommunikation – *nein*. Der Mensch ist ein in sich abgeschlossenes, mikrokommunizierendes System. Die Menschheit ist ein makrokommunizierendes System. Das Universum ist ein seriell kommunizierendes System; ein Szenario nur teilweise einander überlappender, nichtsimultaner, irreversibler, transformativer Ereignisse.

Immer nur beschäftigt mit statischen Zeitungs-Sicht-Bildern, die nur die Oberflächen von Menschen und Dingen abbilden, präokkupiert von dem einen Millionstel der Realität, die comic-haft zur Realität verfälscht wurde, vermag die Gesellschaft nicht wahrzunehmen, daß jederzeit einige hunderttausend Radio- und Fernseh-Kommunikationen auf unserem Planeten unsichtbar allgegenwärtig sind. Sie dringen in jeden Raum ein, in jedes Gebäude, sie gehen durch Wände und menschliches Gewebe. Das bedeutet, daß die Mauern aus Stein und das menschliche Gewebe für die Realität der elektromagnetischen Wellen unsichtbar sind und nicht existieren. Wir haben bloß die fixe Idee, Wände seien solide. Wie sieht es sich durch solide Brillengläser? Sie sind nicht aus lauter Löchern. Sie sind Aggregate von Atomen, die einander so fern sind wie die Sterne. Sie lassen den Lichtwellen genügend Raum, um durchzudringen.

Einige hunderttausend Breitband-Radios können jederzeit irgendwo in unserer Biosphäre eingeschaltet und auf ebenso viele verschiedene Kommunikationen eingestellt werden. Während sie uns gerade durch den Kopf gehen, könnten diese Programme mit den richtigen Kristalldetektoren und Schaltkreisen eingeschaltet werden. Kristalldetektoren und Schaltkreise bestehen aus atomaren Ketten mit logischer Struktur. Solche Ketten könnten sogar in unserem Gehirn operieren. Kleine Fledermäuse können im Dunkeln fliegen, weil sie die Objekte vor sich in ihrer Flugbahn lokalisieren, und zwar mit noch kleineren Radar-Sende-und-Empfangs-Mechanismen, die die Entfernung zum Objekt kalkulieren. In dieser Minute machen fünfhundert auf die Erdumlaufbahn geschickte Satelliten Meldung von allen Phänomenen, die auf der Erdoberfläche vorkommen. Schalten Sie auf die richtige Wellenlänge und erfahren Sie, wo auf der Erde sich irgendein Rindvieh oder irgendeine Wolke befindet. Alle diese Nachrichten *werden* gerade gesendet – kontinuierlich und unsichtbar.

Daß Menschen in ihrem zerebralen Mechanismus die richtigen atomaren Radio-Sender-Empfänger eingebaut haben, um telepathische Kommunikation zu übertragen, ist nicht unwahrscheinlicher als das Vorhandensein von Transistoren, die erst vor zwei Jahrzehnten erfunden worden sind, und nicht so unglaublich wie die Tatsache, daß die Fledermaus in ihrem Pinn-Punkt-großen Gehirn einen Radar und einen Computer zum Orten hat. Nichts von den wissenschaftlichen Daten und Fakten besagt, daß die folgenden Gedanken unmöglich sind, und vieles deutet darauf hin, daß sie zutreffen. Das ist der Gedankengang: Das Licht einer Kerze, das seine Strahlen in alle Richtungen sendet, kann in klarer Atmosphäre nicht weiter als eine Meile gesehen werden. Wenn die Flamme dieser Kerze in den Brennpunkt eines Parabolspiegels gebracht wird, und ihre Strahlen durch eine Fresnel-Linse noch stärker zu einem Richtstrahl gebündelt werden, kann man ihr Licht in einer Entfernung von zehn Meilen sehen. Die ersten Leuchttürme waren mit solchen reflektorisch bündelnden Richtstrahlern winziger Öllampen ausgerüstet.

Was wir Licht nennen, ist eine begrenzte Frequenzgruppe der riesigen elektromagnetischen Wellenbereiche. Alle elektromagnetischen Wellen können sowohl gebündelt als auch gesendet werden. Wenn man sie zu Richtstrahlen bündelt und durch Linsen sammelt (wie bei Laser-Strahlen, die durch Rubine gebrochen werden), dann sind ihre Energien so konzentriert, daß man Löcher durch Steine bohren kann und Tunnel durch Berge. Je kürzer die Wellen, desto kleiner können Reflektor und Refraktor sein.

Wir wissen, daß der Mensch nie aus sich herausgesehen hat. Elektromagnetische Lichtwellen prallen von Objekten außerhalb von ihm ab, und die Frequenzen werden vom menschlichen Auge aufgenommen, abgetastet und über Relais ins Gehirn zurückgemeldet. Weil das Licht so viel schneller ist als Hören, Riechen und Tasten, lassen die Menschen gern das Milliardstel einer Sekunde außer acht, die das Licht braucht, um von einer Hand abzuprallen und die Information zurück ins Gehirn zu schicken. Alle Sinneswahrnehmungen machen die Menschen nur innerhalb des Gehirns, wobei die Information durch Nerven-Relais von den äußeren Kontaktempfängern übermittelt wird. Das menschliche Gehirn ist wie eine größere Fernsehstation mit Studios. Nicht nur, daß das Gehirn jede ankommende, sichtbare, hörbare, riechbare und fühlbare 3D-Live-Show am Monitor überwacht, es schneidet auch die ankommenden Nachrichten auf Band mit, ruft kontinuierlich die relevanten Dokumentationen von gestern ab und vergleicht sie mit den Neuaufnahmen, um die neuen Entdeckungen und unerwarteten Ereignisse aus den bekannten auszusondern; die Implikationen dieser Neuigkeiten gegenüber früher erfahrenen ähnlichen Ereignissen müssen herausgefunden werden, um schnell und sicher neue Szenarios für weitere Handlungen zu entwerfen, die im Hinblick auf neu entwickelte Herausforderungen aufgenommen werden müssen.

So glaubwürdig ist die allseitige 4D-Einbildungs-Vorstellung in den omnisensorischen Sender-Empfänger-Studio-Stationen der menschlichen Gehirne gewesen, daß die Menschen vor langer Zeit spontan selber zu der Ansicht kamen, daß die innerhalb des Gehirns in Empfang genommene Information mit Sicherheit voraussetzte, daß jene Ereignisse in der Tat draußen und fern vom wahrnehmenden Individuum stattfinden. Der Verlaß auf all diese Einbildungs-Vorstellungen ist so durchgängig gewesen, daß man jetzt dazu neigt, zu denken, daß man nur etwas außerhalb von sich sieht.

Je kürzer die elektromagnetischen Wellen, die Luft-, Wasser-, Sand-, Erdbebenwellen, desto höher ihre Frequenz. Je höher die Frequenzen, desto wahrscheinlicher ist ihre Interferenz mit anderen hochfrequenten physischen Phänomenen wie mit Mauern, Bäumen, Bergen. Je mehr sie sich der gleichen Frequenz annähern, um so weniger stören sie einander. Aus diesem Grunde werden die elektromagnetischen Hochfrequenzwellen von Rundfunk und Fernsehen durch Hindernisse stark abgelenkt. Infolgedessen hat der Mensch gelernt, kurzwellige Fernsehprogramme mit Richtstrahlern von Horizont zu Horizont zu senden. Er entwickelte parabolische Reflektoren als Sender-Empfänger-Schalen, die Wellen in parallelen Richtstrahl-Bündeln empfangen und senden. In den Sender-Empfänger-Relais-Stationen an den Horizonten werden die empfangenen Signale mit Energie gespeist, und ihre Projektionskraft wird so verstärkt, daß bei ihrer Ankunft am endgültigen Bestimmungsort nach vielen Übertragungen über Relais Ton und Bild fein differenziert und unverzerrt wiedergegeben werden. Es kann gut sein, daß die menschlichen Augen solche infra-großen parabolischen Sender-Empfänger-Schalen sind. Es kann sein, daß unsere Sender-Empfänger-Augen sich der außerordentlich niedrigen Energie adäquat anpassen, die sich vom Gehirn aus als elektromagnetisches Wellenmuster oszillierend verbreitet, um von anderen aufgenommen zu werden.

Die frühe Fotografie brauchte minutenlange Belichtungszeiten. Mit den Verbesserungen der Film-Chemie nahm die Belichtungsdauer ab. Gestern war eine tausendstel Sekunde schnell. Bei den heutigen Möglichkeiten ist eine millionstel Sekunde eine relativ lange elektro-astrofotografische Belichtung. Bilder, die heute mit einer millionstel Sekunde aufgenommen werden, sind schärfer und klarer als Bilder, die gestern minutenlang belichtet wurden. Die abgetasteten Bildsignale legen 700 Millionen Meilen pro Stunde zurück. Die Wirkung in Form von Empfindungen des Tastsinns, Gehörs und Geruchs erfolgt augenblicklich.

Leute, die häufig vor einem großen Publikum sprechen, haben die Erfahrung gemacht, daß die Augen der Zuhörer sofort «rückrufen», was sie denken. So kann sich der Redner mit seinem Publikum unterhalten, obwohl scheinbar nur er spricht. Das Feedback durch das Auge geht so rasch, daß es dem Redner eine augenblicklich spontane Reaktion und entsprechende Gedankenformulierung vermittelt.

Die durch Parabolreflektoren gebündelten elektromagnetischen Ultraultra-Hochfrequenzwellen – die von Sender-Empfängern von der Größe des menschlichen Auges aufgefangen werden können – sind so beschaffen, daß sie mit Mauern oder undurchsichtig erscheinenden Objekten interferieren würden. Wenn sie jedoch draußen in die wolkenlose Atmosphäre des Himmels gerichtet werden, gibt es keine Interferenz. Ultrakurzwellenfunk- und Radar-Richtstrahler, die von Bergen und Bäumen gestört werden, kann man in den klaren Himmel richten und vom Mond abprallen lassen, so daß sie in etwa eindreiviertel Sekunden auf der Erde wieder empfangen werden können. Auf ähnliche Weise könnten die menschlichen Augen als Sender-Empfänger unsere Gedanken hinausstrahlen in die große Leere des Nachthimmels, ohne daß wir es wissen; nicht einmal die Sonnenstrahlen würden ihnen zu nahe treten. Solche Augen-Richtstrahler-Gedanken, die durch die interstellare Leere gesendet werden, könnten in variierenden Zeiträumen von verschiedenen Objekten abprallen und ohne wesentlichen Energieverlust in einem anderen Winkel in eine neue Richtung im Universum reflektiert werden. Eine genügende Menge von Asteroiden und kosmischem Staub, an denen sie abprallen, könnte die Richtstrahlung in Weitwinkelstrahlungen umwandeln, mit denen ihre Energie-Signale in so viele Richtungen gestreut werden, daß sie sich unterhalb der Rezeptor-Detektor-Schwelle verlaufen. Augen-Richt-Strahler-Gedanken könnten von Objekten abprallen, die so weit entfernt sind, daß sie bei einer Reisegeschwindigkeit von 700 Millionen Meilen pro Stunde in tausend, zehntausend oder hunderttausend Jahren zur Erde zurückkehren. Es ist gut möglich, daß nicht nur von der Erde aus Gedanken mit Augen-Richt-Strahlern gesendet werden, die zu späterer Zeit von irgendeinem siderischen Spiegel-Objekt zur Erde zurückgeworfen werden, sondern auch, daß Gedanken von anderen Planeten aus dem Universum durch nichtinterferierenden Raum ausgesendet werden, die man zufällig auf der Erde empfängt. Es gibt keinen Anhaltspunkt für die Annahme, daß die Erscheinung, die wir intuitives Denken nennen, nicht eine derart weitläufige, kosmische Transmission wäre. Intuition überkommt uns oft plötzlich mit ungewöhnlicher Luzidität. Intuitionen werfen oft ein Schlaglicht auf bedeutende Übereinstimmungen unendlich vieler Spezialfall-Erfahrungen; sie führen zur Erkenntnis generalisierter wissenschaftlicher Prinzipien, die bis dahin dem menschlichen Denken verschlossen geblieben waren. Diese Botschaften könnten Botschaften für die Gehirne der Erdbewohner sein: «Schau dir das und das an, und zwar auf die und die Weise, und du wirst etwas Bedeutendes finden.» Intuition – das könnten Gedanken sein, die vor unglaublich langer Zeit von unglaublich weither abgesandt worden sind.

So schrieb Holton im *American Journal of Physics*, und so stand es auf der «Science»-Seite von *Time Magazine* am 26. Januar 1970:

«Um das außerordentliche intellektuelle Wagnis der Einsteinschen Gleichungen voll zu würdigen, müssen wir beachten, was der große Wissenschaftler selber über ihren Ursprung erklärte: ‹Es gibt keinen logischen Weg zur Entdeckung dieser Elementargesetze. Es gibt nur den Weg der Intuition.›»

Da Menschen aus Myriaden von Atomen bestehen und da Atome selbst Phänomene elektromagnetischer Frequenzereignisse sind – und nicht Dinge –, ist es theoretisch möglich, die komplexen Frequenzen, aus denen Menschen zusammengesetzt sind, einschließlich ihrer Winkelpositionen abtastend aufzulösen und sie als Richtstrahl in die interstellare Leere zu senden, wo sie irgendwann irgendwo im Universum nach einer Reise mit einer Geschwindigkeit von 700 Millionen Meilen pro Stunde – und das ist etwa das Hunderttausendfache der Geschwindigkeit unserer Mondraketen eine Minute nach dem Abschuß – ankommen und empfangen werden. Nach allem, was uns an physikalischen Daten vorliegt, ist es theoretisch nicht unmöglich, daß Menschen in der Vergangenheit aus weiten Entfernungen übermittelt worden sind. Wenden wir uns nun von solchen Spekulationen ab und den näherliegenden Möglichkeiten und Wahrscheinlichkeiten zu. Wir rufen uns ins Gedächtnis, daß sich die Menschen, die unseres Wissens vor mehr als zwei Millionen Jahren auf der Erde ankamen, während dieser ganzen Zeit an Bord des kleinen Raumschiffs Erde mit seinen 8000 Meilen Durchmesser regenerierten, ohne überhaupt zu wissen, daß sie an Bord eines Raumfahrzeugs waren. Jetzt jedoch kommen sie aus dem Schoß erlaubter Unwissenheit, in dem sie ihre frühe, subjektive Phase der Geborgenheit, Versorgung und Beaufsichtigung verbrachten, und sie fangen an, sich all der Dinge, die wir bisher behandelt haben, komprehensiv bewußt zu werden. Sie fangen an zu verstehen, daß sie sich inmitten eines begrenzten, biosphärischen Systems der Lebenserhaltung befinden, dessen ursprünglich überreiche Lebensvorräte nur angelegt waren, um dafür zu sorgen, daß die Menschheit ihre anfänglichen Versuch-und-Irrtum-Entdeckungen ihrer anti-entropischen Funktion im Universum machen konnte. Die Menschen kommen schnell zu der Einsicht, daß sie jetzt beginnen müssen, bewußt ihr Raumfahrzeug Erde mit totaler planetarischer Kooperation, Kompetenz und Integrität zu lenken. Die Menschen bekommen ein Gefühl dafür, daß die Toleranzreserven für die Anfangsfehler annähernd erschöpft sind. Jedes Kind, das aus dem Schoß seiner Mutter kommt, gelangt in einen größeren Schoß totaler menschlicher Bewußtheit, die durch subjektive Erfahrungen und objektive Experimente ständig modifiziert und erweitert wird. Mit jeder weiteren Geburt kommt das Kind in eine kosmische Bewußtheit, in der es mit weniger Fehlinformationen und mit mehr verläßlicher Information als gestern konfrontiert wird. Jedes Kind wird in einen viel größeren Schoß intellektuell kompetenteren Bewußtseins hineingeboren.

Ich war sieben Jahre alt, als ich zum erstenmal ein Auto sah, obwohl ich in der Umgebung einer großen amerikanischen Stadt lebte. Erst als ich neun war, wurde das Flugzeug erfunden. Als Kind dachte ich nur in Kategorien wie Laufen, Radfahren, Pferdegespanne. Reisen mit der Eisenbahn oder mit Dampfschiffen, von denen mir ein paar ältere Leute, die auf Reisen waren, erzählt hatten – das war Stoff für Träume. Als meine Tochter geboren wurde, gab es in ihrem Himmel Doppeldekker mit stoffbedeckten Flügeln und in ihrer Hörweite das Radio. Meine Enkeltochter wurde in einem Haus geboren, das jede Minute von mehreren Düsentransportern überflogen wurde. Sie hat tausend Flugzeuge gesehen, bevor sie einen Vogel sah, tausend Autos, ehe sie das erste Pferd sah. Für Kinder, die 1970 zur Welt kommen, werden Reisen zum Mond so alltägliche Ereignisse sein, wie es für mich als Kind Fahrten in die große Stadt waren. Es gab kein Radio, als ich geboren wurde. Das Fernsehen kam, als ich im sogenannten Rentenalter war. Die ersten Berkeley-Studenten, die sich verweigerten, wurden in dem Jahr geboren, in dem das Werbefernsehen begann. Sie haben seit ihrer Geburt rund um die Uhr rund um die Welt gesehen – sie denken welt-. Die Gesamtstrecke, die der Durchschnittsmensch im Laufe seines Lebens zurücklegte, betrug in der Zeit bis zu meiner Geburt 30 000 Meilen. Dank der großen Veränderungen seither habe ich diese Entfernung jetzt weit über hundertmal zurückgelegt. Die Astronauten schaffen mühelos drei Millionen Meilen in der Woche. Die Durchschnittsstewardess einer Fluggesellschaft übertrifft hundertfach meine Meilenleistung, die schon hundertmal größer ist als die aller Leute vor mir. All das ist im Laufe meines Lebens geschehen. Die Spanne meines Lebens fällt in eine Zeit, die durch den Übergang vom Schoß mitmenschlicher Entferntheit zur komprehensiven Integration der weltweiten Menschheit gekennzeichnet ist. Aber alle Gebräuche und Gewohnheiten, alle Sprachen und Gesetze, alle Rechnungssysteme, alle Standpunkte, Klischees und Axiome stammen aus der alten Zeit der Ignoranz und Isolierung. Aus «Teile und herrsche» folgt «Geteilt sein heißt beherrscht sein». Spezialisiert sein heißt geteilt sein. Spezialisierung, in der die Menschheit befangen ist, wurde von bewaffneten Analphabeten, den Eroberern von gestern, erfunden. Die Aufteilung der Menschen auf verschiedene Länder machte es ihnen leicht, zu herrschen. Nationen können sich vereinen, wie es gegenwärtig geschieht – aber ohne Erfolg. Der Streit geht weiter. Erst wenn man auf Spezialisierung und Nationen verzichtet, wird die Menschheit eine Überlebenschance haben. Es geht darum: alle oder keiner.

Bei meinen ersten Jobs vor dem Ersten Weltkrieg stellte ich fest, daß alle Arbeiter einen Wortschatz von nicht mehr als hundert Wörtern hatten, davon war über die Hälfte vulgär oder obszön. Da ich mit ihnen gearbeitet habe, weiß ich, daß ihr Intellekt vorhanden war, aber abgestumpft und nicht zugänglich für die Information visionären Konzipierens. Sie hatten keine anderen Möglichkeiten, als sich durch Tonveränderung und Handgreiflichkeiten auszudrücken. Eroberer haben die Gladiatorenkämpfe, brutale Spiele, Slapsticks und Illusionstheater erfunden, um ihre illiteraten Massen zu beschäftigen, wenn sie nicht arbeiteten. Das änderte sich nicht etwa durch ein neugeplantes Erziehungssystem – es änderte sich durch das Radio. Die Rundfunkangestellten wurden wegen ihres Wortschatzes und ihrer Diktion engagiert. Die Menschen konnten mit Auge und Ohr das gesprochene Wort des Radios und das gedruckte Wort der Zeitung koordinieren. So lernten immer mehr lesen und schreiben. In einem halben Jahrhundert wurde der Wortschatz der Menschen überall derart erweitert, daß er jetzt dem des Gelehrten von gestern entspricht. Die wissenschaftliche Erfindung der Television, der Tiefsee- und Weltraumforschung haben diesen Prozeß der Befreiung der Menschheit aus ihrem Komplex der Sklaverei in hohem Maße beschleunigt. Die Jüngeren realisieren, was die Älteren nicht tun, und nehmen war, daß die Menschheit alles machen kann und alles sich leisten kann, was getan werden muß, wenn sie nur weiß, wie es gemacht werden soll.

Jene, die sich heute ahnungslos als wohlsituierte konservative Elite sehen, sind in Wirklichkeit so in ihrem Sklavenkomplex befangen, daß es sie schockiert, wenn die junge Generation ihre feinen Kleider und Renommierautos wegwirft und die Alles-Fassade-Prachtvillen verläßt, die nur die Hochburgen ihrer alten Eroberer sind, und wenn sie sich zu Hunderttausenden an weiten Stränden und auf großen Wiesen schamlos und unschuldig in Scharen versammelt. Es handelt sich nicht um eine unüberbrückbare Kluft zwischen den Generationen, sondern um die Emanzipation der Jugend von den Reflexen des Sklavenkomplexes von gestern. Das ist allein durch den Wissenszuwachs zustande gekommen. «Das Medium ist die Botschaft» ist nur die Botschaft der Mittelklasse-Elite von gestern. Sie besagt: «Lassen Sie den Geist Geist sein; es ist der Körper, der zählt.» Oder: «Man kann nur das Physische besitzen – zum Teufel mit dem Metaphysischen. Man kann ein physisches Gehirn besitzen, doch nicht den freien universalen Geist und seine Gedanken. Das überlassen wir den Intellektuellen. Vorsicht vor diesen gefährlichen Freigeistern.» Höhere Schulbildung war Luxus – ein Zeichen von Distinktion, keine ernstzunehmende Sache. Daß der Mensch in einen neuen Schoß planetarischer Komprehension geboren wird, in eine neue Welt integrierter Koordination und des gegenseitigen Verständnisses der gesamten Menschheit, ist ein Problem, das nichts mehr zu tun hat mit der Erziehung eines einzigen, absoluten Monarchen oder mit der Erziehung einer entweder faschistischen oder anderen Partei-Elite oder mit der Erziehung nur der Mittelklasse. Es geht vielmehr um die Erziehung jedes einzelnen zur Realität des Übergangs der Menschheit vom Schoß erlaubter Ignoranz zum Schoß notwendiger Komprehension und Kompetenz. Voraussetzung für eine solche Erziehung ist die Abschaffung veralteter Amüsements, seichter Romanzen und Rührstücke, der Schein- und Ersatzwelten, hinter denen sich die Mängel eines unter- und fehlinformierten, physisch versklavten oder bürokratisch dogmatisierten, gedankenlosen Lebens verbergen.

Isaac Newton, der größte Olympier der klassischen Naturwissenschaft, dessen Einfluß bis zur letzten Jahrhundertwende unumstritten war, nahm an, das Universum sei *normalerweise im Zustand der Ruhe* und ausnahmsweise in Bewegung. Einstein erkannte in bezug auf die experimentellen Ergebnisse der Brownschen Bewegung und der Lichtgeschwindigkeit, daß das Universum normalerweise nicht im Zustand der Ruhe ist; wenn seine Energien in einem Vakuum freigelassen werden, bewegen sie sich linear mit einer Geschwindigkeit von 186 Millionen Meilen pro Sekunde. Das nahm er als Norm an, da sich das Universum normalerweise so verhält, wenn es sich unbehindert im Vakuum befindet. Er überlegte, daß alle scheinbar bewegungslosen Phänomene, wie die scheinbar feste Materie, aus Energie bestehen, die sich mit 186 Millionen Meilen pro Sekunde bewegt, aber in so kleinen Umlaufbahnen, daß ihre Geschwindigkeit und die sich selbst zusammenhaltende Umlaufbahn sie undurchdringlich machen, also scheinbar fest. Das war die Basis für seine außerordentliche Formel $E = mc^2$; sie bestätigte seine Formel von der eingeschlossenen Energie, nachdem es zur Kernspaltung und -verschmelzung gekommen war. Der Unterschied zwischen Newtons Norm der Ruhe und Einsteins Norm der 186 Millionen Meilen pro Sekunde konfrontiert die Menschheit höchst abrupt mit dem epochalen Konzeptionsunterschied zwischen dem Schoß gestriger Ignoranz und dem Schoß dämmernder Bewußtheit; gegenwärtig erlebt der Mensch die letzten Phasen dieser Entbindung. Ausgehend von der Norm einer Geschwindigkeit von 700 Millionen Meilen pro Stunde und gestützt auf wissenschaftliche Experimente, wonach keine Energie verlorengeht, löste Einstein das Newtonsche Weltbild ab und ersetzte es statt dessen durch die Annahme, das Universum sei «ein Szenario nichtsimultaner und nur teilweise einander überlappender transformativer Ereignisse». Einsteins auf Beobachtung fußende Formeln sind jedoch subjektiv, nicht objektiv. Mitte der dreißiger Jahre gab ich in einem Buch zu bedenken, daß Einsteins Arbeit möglicherweise die Alltagsumwelt der Menschheit sowohl physisch als auch geistig beeinflussen werde. Nachdem Einstein das gelesen hatte, sagte er zu mir: «Junger Mann, Sie amüsieren mich. Ich kann mir nicht vorstellen, daß irgend etwas, was ich je getan habe, die geringste praktische Anwendung findet.» Das sagte er mir ein Jahr bevor Hahn, Stressman und Lisa Meitner auf der Basis von $E = mc^2$ die theoretische Möglichkeit der Spaltung entdeckten. Sie können sich Einsteins Entsetzen vorstellen, als Hiroshima die erste «praktische Anwendung» wurde.

Die Jugend von morgen wird sich der Videokassetten als Mittel bedienen, um Dokumente der fähigsten Denker und Gestalter der Menschheit in das Szenario einzubringen. Nur durch das Szenario kann der Mensch schnell genug Ordnung in die konzeptiven Ressourcen seiner spontanen Formulierungen bringen. Die «Expanded Cinema University» von morgen, wie das Wort uni-vers – auf eins hin – impliziert, wird die Welt-Kommunität des Menschen durch den Strom des Verstehens und die spontan wahre Integrität des Kindes metaphysisch zusammenschmelzen.

Weltplanung

Die gesamten industriellen Ressourcen der Welt werden gegenwärtig in einer Weise präokkupiert, daß sich ihrer nur 44 Prozent der Menschheit mit steigendem Lebensstandard bedienen, den ausschließlich zunehmender Ausbau und Integration der Industrienetze der Welt liefern. Wenn man die gesamten verfügbaren Weltressourcen in den Dienst von 100 Prozent der explodierenden Weltbevölkerung stellen will, dann kann das nur mit Hilfe einer energisch vorangetriebenen Design-Evolution durchgeführt werden, die die gegenwärtige Gesamtleistung per Einheit investierter Ressourcen entsprechend vergrößert. Das ist eine Aufgabe radikaler technischer Innovation und nicht der politischen Rationalisierung. Es ist eine Aufgabe, die von den Architekten, Erfindern und Wissenschaftler-Künstlern der ganzen Welt erledigt werden kann. Der Ingenieur ist von der Gesellschaft bewußt zu einer unangezweifelten Autorität gemacht worden: ein Ingenieur darf nicht erfinden, denn das untergräbt seine Autorität.

Die Erkenntnisse der letzten zehn Jahre haben gezeigt, daß die Umhüllung von Raum zu Zwecken der Umweltkontrolle nur ein Prozent des Materialgewichts in Anspruch nimmt, das gegenwärtig im konventionellen Baugewerbe üblich ist. Daß die Luftfahrt- und Weltraumtechnologie bereits auf einem hohen Leistungsstand per Einheit investierter Ressourcen operieren, zeigt uns, daß die Umstellung bisheriger Weltressourcen-Nutzung von ihrem Service für nur 44 Prozent der Menschheit auf einen Service für 100 Prozent nur innerhalb der Lebenserhaltungskünste – im Gegensatz zu den Waffen-Zerstörungskünsten – bewerkstelligt werden kann. Bis zu diesem historischen Moment hat nur die Rüstung direkten Gewinn aus hochentwickelter Wissenschaft und Technologie gezogen. Sämtliche Verbesserungen und Fortschritte der friedlichen Lebensindustrie waren Nebenprodukte der Rüstungsindustrie.

Das rückt die Lösung künftiger Design-Probleme der Lebensindustrie in den Brennpunkt und bringt sie in direkten Bezug zur Verantwortlichkeit des Architekten (dem einzigen technischen Beruf, der in einer Zeit zunehmender Fragmentierung infolge intensiver Spezialisierung noch damit befaßt ist, «Dinge zusammenzusetzen»). Da der praktizierende Architekt nur arbeiten kann, wenn ihn ein Auftraggeber finanziert, und da offensichtlich kein Auftraggeber den Architekten honoriert, um dieses Welt-Problem zu lösen, kann es nur durch Initiative der Architekten aus aller Welt gelöst werden. So wie die Mediziner es auf ihrem Gebiet getan haben, müssen die Architekten die Entwicklung einer komprehensiven, antizipatorischen Design-Wissenschaft einleiten, die sich zumindest in den nächsten zehn Jahren der Aufgabe widmet, durch kompetentes, industriell produzierbares Design 100 Prozent der

Menschheit mit den gesamten Ressourcen der Welt auf einem höheren Lebensstandard zu versorgen als bisher. Der evolutionäre Fortschritt ist wichtig genug, um ihn nicht politischen Reformen zu überlassen, deren Katalysator die ansteigende Frequenz weltpolitischer Krisen ist. Da die ökonomischen Gegebenheiten des Architektenberufs es gegenwärtig nicht zulassen, daß praktizierende, graduierte Architekten der Lösung dieser Aufgabe die angemessene Zeit und Energie widmen, sollte der Berufsstand diese komprehensive antizipatorische Design-Initiative dadurch aktivieren, daß er auf Universitäten und Architekturfachschulen einwirkt, sie sollten innerhalb ihres Bereichs die außergewöhnlichen intellektuellen Ressourcen freisetzen und die verfügbare Zeit der Studenten investieren, um an den Hochschulen die Design-Wissenschaft und ihre Anwendung auf die Weltplanung zu etablieren. Dies könnte mit einem Zehn-Jahres-Verbundprogramm der Architekturschulen der Welt eingeleitet werden, das stufenweise organisiert wird, um die progressive Entdeckung und designerische Lösung ökonomischer, technischer und wissenschaftlicher Faktoren zu komprehensivieren, die ein solches Weltplanungsprogramm bestimmen.

Verschiedene dramatisch kommunizierte Lösungen drängten sich sofort auf, wie etwa die Nutzung der gesamten Fassade eines Wolkenkratzers oder einer Felswand. Das folgende ist ein Beispiel für eine befriedigende Lösung: Design einer Miniatur-Erde mit einem Durchmesser von etwa 200 Fuß. Diese Mini-Erde könnte aus Leichtmetallgitter hergestellt werden. Ihre Innen- und Außenflächen könnten mit 10 Millionen symmetrisch angeordneten Glühbirnen bestückt werden, deren Lichtintensität variabel und deren Steuerung mit einer elektronischen Rechenanlage verbunden wäre. Die ganze Mini-Erde könnte mit dünnen, stark belastbaren Aluminiumdrähten an Masten aufgehängt werden, die in einiger Entfernung aufzustellen sind. Wenn man die Sphäre 200 Fuß über dem Erdboden aufhängen würde, wären die Drähte unsichtbar, und sie würde über der Erde zu schweben scheinen wie ein kleiner Stern. Auf eine Entfernung von 200 Fuß zum Betrachter könnte man die Größe der Birnen und ihre Abstände nicht mehr ausmachen wie bei den Rasterpunkten eines guten Halbtondrucks. Die Muster, die durch den Computer auf die Glühbirnenmatrix mit verschiedenen Lichtstärken übertragen werden, ergeben ein omnidirektionales sphärisches Bild analog dem einer Fernsehbildröhre, deren Bild rundum von allen Seiten, von innen und außen sichtbar ist und nicht nur als «gerahmter» Bildausschnitt.

Der Computer kann Informationen über alle geographischen Einzelheiten der Erde speichern oder mit Daten über diese geographischen Einzelheiten unter den verschiedensten Wetterbedingungen gefüttert werden, die jederzeit wiederabrufbar sind. Wie genau diese geographischen Daten sein können, läßt sich folgendermaßen veranschaulichen:

auf den 35-Millimeter-Kontakt-Abzügen der Fotos, die bei Luftaufnahmen für die Landvermessung aus niedrigster Operationshöhe gemacht werden, sind einzelne Häuser mit dem bloßen Auge erkennbar. Wenn wir diese Kontaktabzüge Kante an Kante auf eine Kugel kleben, entsprechend ihrer geographischen Position, dann hätte diese Kugel einen Durchmesser von etwa 200 Fuß – also die Größe unserer hypothetischen Mini-Erde. Der Mensch auf der Erde, den man schon aus einer Höhe von 2000 Fuß nicht mehr sehen kann, könnte die ganze Erde maßstabgerecht im Hinblick auf Werke und Wohnungen des Menschen betrachten. Er kann sein eigenes Zuhause auf ihr wiederfinden. So wird die Mini-Erde zu einem überzeugenden Symbol für den Menschen – sichtbar im Universum.

Der Mensch kann nur einen sehr beschränkten Ausschnitt aus dem Spektrum der Bewegungen wahrnehmen. Er kann augenscheinlich nicht die Bewegungen von Atomen und Molekülen, das Wachstum von Zellen oder das von Haaren und Zehennägeln wahrnehmen; er kann nicht sehen, wie sich Planeten, Sterne und Galaxien bewegen; er kann nicht sehen, wie sich die Uhrzeiger bewegen. Die meisten wichtigen Entwicklungen und unerwarteten Ereignisse im Leben des Menschen sind unsichtbare und unvermeidliche Bewegungsmuster, die langsam und unerwartet auf ihn zukommen. Historische Muster wie geologische Veränderungen, Bevölkerungswachstum und Ressourcenverlagerungen, die zu langsam vor sich gehen, als daß sie sich mit bloßem Auge und Verstand erfassen ließen, können komprehensiv in das Gedächtnis des Computers eingegeben und verkürzt auf der Erdoberfläche abgebildet werden.

Die gesamte Geschichte der vordringenden Weltbevölkerung, ihrer Fortschrittsposition, ihres Wachsens und Schwindens, ihrer individuellen Migrationen und Völkerwanderungen, ihrer demographischen Umverteilung, könnte dargestellt werden und in wenigen Minuten ablaufen. So ließen sich mächtige Strudel, Verdichtungen und Verdünnungen in allen Himmelsrichtungen erkennen und zentrale Momente dieser Strömungen ausmachen; die Feststellung dieser Trendparameter machen es dem Computer möglich, der Entwicklung um zehn oder hundert Jahre vorauszueilen und für eine vernünftige Wahrscheinlichkeit der antizipatorischen Avancen der Planer/Designer zu sorgen. So könnten alle Muster der Entfernung und des Abtransports von Bodenschätzen aus der Erdkruste erfaßt werden, ihre progressiven Wandlungen und ihre zeitweilige Unterbringung in diversen Anlagen – zum Beispiel als Gebäude, Schiffe, Eisenbahnen und Fabriken – bis zu ihrer Verschrottung und Einschmelzung und weiter, bis sie in neue Design-Bestimmungen einfließen und anderen Aufgaben an anderen Orten dienen.

Unsere hypothetische Mini-Erde, die von den Architekturstudenten der Welt, wenn sie wollen, als Design-Gelegenheit verwendet werden kann, sollte als Design-Struktur im Brennpunkt einer großen Weltstadt stehen, wie der Eiffelturm in Paris, und als fester Bestandteil der Olympischen Spiele an jedem künftigen Austragungsort der Welt neu errichtet werden können. Oder man könnte die Mini-Erde auch zwischen Masten aufhängen, die auf dem Felsenring mitten im East River von New York City, eine viertel Meile von der großen Ostfassade des UNO-Gebäudes entfernt, errichtet werden, um die Vertreter aller Nationen ständig mit den integrierenden Mustern zu konfrontieren, die – erwartet oder unerwartet – rund um die unentwegt kleiner werdende «Eine-Stadt-Welt» des Menschen auftreten.

Die Entwürfe sollten vorsehen, daß der Computer in einiger Entfernung von der Sphäre untergebracht wird, und man durch Fähren, Brücken, Tunnel und andere Zugangswege eine 200 Fuß unter der Mini-Erde befindliche Plattform erreichen kann, von der aus größere Menschengruppen durch Fahrstühle zu einer Plattform im Zentrum der Mini-Erde transportiert werden können. Von dort aus könnten die Menschen nachts durch die spitzenartigen Öffnungen der Mini-Erde die Sterne am Himmel betrachten, nach denen sie sich genau und genauso orientieren können, als wenn sie im Mittelpunkt unserer wirklichen Erde stünden und mit Röntgenblicken zu denselben, scheinbar über bestimmten geographischen Punkten der Erde fixierten Sternen sehen könnten. (Wenn man vom Mittelpunkt der Mini-Erde einen Stern im Zenit über Budapest sähe, könnte man sich telefonisch dieser Tatsache vergewissern.) Ein Knopfdruck würde dem Mini-Erde-Zentral-Betrachter die Positionen aller Satelliten zeigen, die die Menschen bisher ins All geschickt haben. Und da ihr Kreisen um die Erde so langsam vor sich geht wie das Kreisen der Uhrzeiger und deshalb nicht sichtbar ist, könnte ein zweiter Knopfdruck ihre Bewegungen so beschleunigen, daß sich ihre sämtlichen Interaktionen und Kursverläufe künftiger Perioden im Laufe von einer Minute verfolgen ließen. (Eine Wolkenbank, die scheinbar bewegungslos in Amerikas riesigem Grand Cañon lag, wurde lange Zeit mit einer Filmkamera aufgenommen. Der gedrehte Film wurde auf eine Minute Spielzeit gerafft. Zur Überraschung der Augenzeugen dieser scheinbar stillen Szene erschien auf der Wolkenoberfläche ein sehr regelmäßiges Wellenmuster, wie man es im Speisewagen eines Zuges in einer Tasse Kaffee beobachten kann.)

Sollten sich die Studenten entschließen, die Mini-Erde zu ihrer Sache zu machen, werden sie bei den Vereinten Nationen reichlich ökonomisches, demographisches und soziologisches Material finden. Die jüngsten Publikationen zum Geophysikalischen Jahr enthalten zahlreiche Daten, die sich auf der Mini-Erde dramatisch zur Schau stellen lassen. Ein kurzer Abriß der historischen Abfolge aller Erdbeben der Welt könnte verblüffende Aufschlüsse über künftige Wiederholungen geben.

Auch die elektromagnetischen Felder der Erde und die astrophysikalischen Muster würden je ein Mini-Erd-Spektakel ergeben.

Die Studenten sollten ihre Mini-Erde als ein visuelles Vierundzwanzig-Stunden-Phänomen betrachten, im Gegensatz zu der alten Vorstellung, Gebäude seien nur bei Tageslicht sichtbar, eine Ansicht, die erst kürzlich durch den Kunst-Licht-Nacht-Beleuchtungs-Kompromiß geändert wurde. Auf der Mini-Erde sollten Welt-Nachrichten und -Ereignisse rund um die Uhr gezeigt werden, die sich mit Darstellungen langfristiger Wettergeschichte und kurzfristiger Wettervorhersagen abwechseln.

Es wäre ein großer Gewinn für die Studenten, wenn sie an ihren Schulen Modelle der Mini-Erde von 10 Millimeter bis 30 Meter Durchmesser entwickelten. Dann könnten Kopien von Datenlisten ihrer Modelle für den endgültigen Entwurf nützlich sein, den sie zur Ausstellung beim Kongreß der Internationalen Architekten-Union (UIA) einreichen.

Wenn sich Forschung und Design-Lösungen für dieses Projekt der Weltmuster-Inventarisierung entwickeln, könnte mit Zustimmung der Professoren das bisher übliche Verfahren bei der Lösung von Architekturproblemen so verändert werden, daß die Studenten ihre Aktivitäten im Team koordinieren, sich täglich treffen, um den Fortschritt des Projekts zu diskutieren, aber ihre komplementären Aufgaben bei der Beschaffung ökonomischer, technischer und anderer Daten, beim Sammeln von Information, beim Verarbeiten der Fakten und beim Entwerfen einzeln erfüllen.

Auf diese Weise könnten in jedem Land die Schulen mit Gewinn die vielen Aufgaben verteilen, und zwar entsprechend den Besonderheiten der Informationsvermittlung und den am Ort dafür zur Verfügung stehenden Mitteln. Wenn die Studenten dazu bereit sind, können die Vorteile der Team-Koordination zwischen Ländern institutionalisiert werden. Die Expansionsrate, mit der sich der Vorteil der Team-Koordination in den zehn Jahren der Weltplanungs- und Designphasen auswirken wird, könnte ihre eigene, konsequente Schrittfolge entwickeln. Die Studenten oder Universitäten, die die Gesamtprogramme selbst erforschen und entwerfen wollen, würden zweifellos beweisen, daß konzentrierte Anstrengung einzigartige Vorteile mit sich bringt; zugleich dienten sie als experimentelle Kontrolle beim Vergleich mit den Resultaten, die mit dem weitverzweigten koordinierten Team erzielt wurden.

Das Design-Programm aller teilnehmenden Individuen, Universitätsgruppen, kontinentalen oder interkontinentalen Teams sollte im ersten Jahr die Designprobleme höchster Priorität besonders herausstellen, die in den folgenden Jahren in Angriff genommen werden müssen und offensichtlich für die beschleunigte Adaption des Menschen an seine evolutionären Trends durch komprehensive antizipatorische Design-Wissenschaft wesentlich sind.

Die Dozenten an Universitäten und Schulen werden detaillierte Programmvorschläge machen und sie ihren Studenten vorlegen. Die für das Projekt veranschlagte Zeit wird im Programm festgelegt. Sie hängt ab von der Organisation der Teamarbeit in jeder Schule.

Das internationale Programm schreibt keine besonderen Zeichnungen vor; die Entscheidung darüber bleibt den Professoren überlassen. Das gleiche gilt für die Festlegung des Maßstabs dieser Entwürfe. Die Projekte können entweder als Originalzeichnungen oder in anderer Form präsentiert werden, wenn man sich an die Formate hält (Tafeln oder Blätter von 100 mal 100 Zentimeter), die man zu je 2 Quadratmeter großen Tafeln zusammenstellen kann. Die Dokumente (Zeichnungen, Fotos etc.) werden auf feste Platten aufgezogen (Isorel, Leichtmetall oder jedes andere leichte Material). Die betreffenden Schulen und Studenten könnten ihre insgesamt 2 Quadratmeter große Fläche in Abschnitte für Mikrofilm unterteilen und müßten dann bei der Ausstellung der Studentenarbeiten beim nächsten Kongreß der Internationalen Architekten-Union einen automatischen Mikrofilmprojektor aufstellen.

In der fortgeschrittenen Technologie, zu deren Anwendung dieses Weltplanungsprogramm mit direktem Gewinn für die Lebensindustrie gedacht ist, werden die Meßtoleranzen bei der Teilfertigung auf ein nicht mehr sichtbares Maß reduziert; sie liegen zwischen einem tausendstel und einem zehnmillionstel Millimeter. Im Gegensatz zu den üblichen architektonischen Praktiken, wonach detaillierte Entwurfszeichnungen von Schreinern und Zimmerleuten in Komponenten mit einer Toleranzabweichung von einem halben Zentimeter umgesetzt werden, arbeitet die fortgeschrittene Technologie mit konzeptionellen schematischen Darstellungen, bei denen nur die Werte zwischen abstrakten Punkten tabellarisch erfaßt werden. Die Dimensionierung des Produkts wird dementsprechend nachher bei der Produktion durch Meßinstrumente und Schaltanlagen planmäßig eingeführt, die Abmessungen mit einer Genauigkeit weit unter der Schwelle menschlichen Unterscheidungsvermögens kontrollieren.

Damit die kühne Design-Evolution die Initiative beim Einsatz der Primärressourcen auf der Welt für die Zwecke der Lebensindustrie statt ihrer Beschlagnahme durch die Rüstungsindustrie beibehält, wird es erforderlich sein, daß die Architekturstudenten sich nicht nur der avanciertesten wissenschaftlichen Kenntnisse und Design-Techniken bedienen, sondern sich auch eine progressive, komprehensive Ausbildung in Mathematik, Physik, Chemie, Ökonomie, Soziologie und allgemeiner Geschichte aneignen.

Das Zehn-Jahres-Welt-Planungs-und-Design-Programm sollte stets im

Licht seiner regenerativen Potentiale gesehen werden. Wie bei einem Kalkül können wir nicht die herausfordernde Aussicht aus sekundären Ableitungen bestimmen, bevor wir nicht unseren Weg durch die ersten Phasen differenziert herausgefunden haben. Es ist anzunehmen, daß die Arbeit des ersten Jahres, wenn sie schließlich beim Kongreß der Internationalen Architekten-Union präsentiert wird, nicht nur die Architekten und Studenten aus aller Welt interessiert. Die Ergebnisse ihrer Arbeit könnten vielmehr zum erstenmal dazu führen, daß die Welt die Bedeutung und das Potential dieses Unternehmens erkennt und anerkennt. Die regenerativen Konsequenzen werden wahrscheinlich von überraschendem Ausmaß sein.

Einflüsse auf meine Arbeit

Ich werde oft gefragt, ob die Bauhaus-Ideen und Techniken irgendeinen formenden Einfluß auf meine Arbeit gehabt hätten. Ich muß das entschieden verneinen. Eine so klare Negation hinterläßt ein großes Vakuum, das ich gern durch eine positive Erklärung über meine anfänglichen teleologischen Beschäftigungen und die daraus entstandenen Neigungen ausfüllen möchte.

Unter «teleologisch» verstehe ich: das vom Subjektiven zum Objektiven führende, intermittierende, ausschließlich spontane, grenzbewußte und in sich selbst kommunizierende System, das aus unserer Pluralität vergleichbarer Erfahrungen Prinzipien herausdestilliert, die sich in Form von Gleichungen darstellen lassen und die relative Verhaltensmuster charakterisieren; andererseits reintegriert das System die Selektionen aus solchen rein abstrakten Prinzipien zu einmaligen, experimentellen Kontroll-Mustern, die physisch vom Subjekt abgelöste Instrumente, Werkzeuge und andere Geräte ergeben. Sie führen zu wachsender technischer Überlegenheit des Menschen über seine Umweltbedingungen; sie sind bewußt entworfen, ihm die Modifikation weiterer Erfahrungen in einer gewünschten Richtung möglich zu machen.

Meine ersten teleologischen Anregungen gehen auf Kindheitserlebnisse auf einer kleinen, elf Meilen vom Festland entfernten Insel in Penobscot Bay im Staate Maine zurück. Dort war der Bootsbau die Mutter-Technologie; sie machte es möglich, nach Belieben auf dem Wasser zu schwimmen und zu treiben, das zweimal täglich bei Flut um fünfzehn Fuß stieg und bei Ebbe die Trockendocks der Natur freigab. Und die Geräte, die man ursprünglich zum Design und zum Bau der Boote verwendete und in der Folge auch zum Sparren, Takeln, Wassern, Überwintern, Stapeln, Überholen und Instandhalten überhaupt, erwiesen sich als so wirkungsvoll, daß man spontan alle technischen Aufgaben auf dem Lande lösen konnte, ob es nun um das Bauen von Wohnhäusern, Scheunen, Brunnen oder um die Wasserregulierung ging (denn die Wasseraufbewahrung war auf der Insel so lebenswichtig wie der Verkehr auf dem Wasser, zwischen den Inseln und zwischen Insel und Festland). Das Hauptgewerbe am Ort war Fischerei; die Spann- und Zugsysteme wie Schlagnetze, Schleppnetze, Fischwehre, Muschelnetze, Hummerkörbe und Reusen mit all ihrem Netz- und Bojenzubehör garantieren einen ständigen Vorrat an festem Tauwerk und leichten Leinen, und sie verlangten ständige Übung und Erfahrung im Knoten, Netzeknüpfen, Spleißen und Taubekleiden. Hier entwickelten die Menschen eine so spontane Geschicklichkeit in den Zugspannungstechniken wie die Spinnen.

In diese Kindheitsjahre auf einer Inselfarm fielen etwa um die Jahrhundertwende auch die Anfänge eines individuellen oder familienweise betriebenen Frachtverkehrs auf dem Wasser, zunächst fast ausschließlich mit Segel- oder Ruderbooten, später kam es zum versuchsweisen Einbau von den gerade erfundenen Verbrennungsmotoren. Im Umkreis von mehreren Meilen hatten wir einen der ersten Hilfsmotoren in unserer Schaluppe, der mit Benzin betrieben wurde. Das brachte eine Serie von Einfällen mit sich, aber auch eine Menge Schweiß, wenn es um das Anlassen der Maschine, Einstellen der Zündung oder die Handhabung des Schwungrades ging. Doch daneben mußte das Ruderboot die anderen Aufgaben erfüllen. Und während ich jeden Tag insgesamt vier Meilen zu einer anderen Insel rudern mußte, um die Post zu holen, machte ich meine erste teleologische Design-Erfindung: eine Art mechanischer Qualle. Das war ein indianerzeltähnlicher, zusammenfaltbarer Kegel aus Gewebe und Geist, der wie ein umgekrempelter Regenschirm auf das untergetauchte Ende einer Stange montiert war. Diese Stange lief durch einen Ring über dem Heck und konnte mit der Hand gezogen werden, wobei sich der Kegel an ihrem Unter-Wasser-Ende zusammenfaltete und mit geringem Widerstand durch das Wasser gezogen wurde. Stieß man die Stange nach hinten, so öffnete sich der Kegelschirm und wirkte als Beschleuniger fast so, als berühre er den Boden. Dadurch ließ sich das Boot wesentlich leichter voranstoßen als durch Paddeln oder Rudern.

Ich unternahm diese Fahrten häufig bei Nebel und durch starke Gezeitenströmungen, wobei ich mich ganz auf meine Berechnungen und den Kompaß verlassen mußte. Mich hatte das Rudern mit dem Rücken zum Bug nie befriedigt, und ich konnte nun, dank der Stoß-Stange, nach vorn schauen.

Auf der Insel gab es viel strandgetrocknetes Treibholz und Nutzholz, das man ohne zu fragen verwenden durfte. Mit einem Taschenmesser und ein paar anderen Werkzeugen konstruierte und baute ich auf Bear Island zwischen 1904 und 1914 viele rohe, maßstabsgetreue und lebensgroße Bootsmodelle, zusammenklappbare Häuser und rollende oder gleitende Transportgeräte. Auch einige Möbelstücke wurden entworfen und gebaut. Zu ihnen gehörte ein Satz vertikaler Schallplattenbehälter, die jetzt seit einem halben Jahrhundert in Gebrauch sind. Die ersten Victrola-Schallplatten aus den Jahren 1904 und 1905, die in diesen Behältern aufbewahrt wurden, sind immer noch in gutem Zustand, weil sie auf der Kante statt auf der Fläche lagerten. Diese Platten-Behälter-Einheiten waren mit Verspannungen unterteilt, wodurch sich eine gute Raumausnutzung erreichen ließ. Sie waren das prototypische Vorbild für eine Fülle geschweißter Drahtkonstruktionen, die ein Vierteljahrhundert später auf den Markt kamen.

Eine Reihe weiterer Erfahrungen, die sich wesentlich auf meine Entwürfe auswirkten, machte ich auf der Milton Academy in Milton, Massachusetts. Hier erhielt ich die theoretische Erziehung einer guten

Privatschule und lernte begeistert die historisch differenzierte Familie kontrollierter physischer Prinzipien kennen, die als «Athletik» oder «Sport» bezeichnet wird. Sport intensiviert auf großartige Weise, was ich den «intuitiven dynamischen Sinn» nenne und was nach meiner Überzeugung eine Voraussetzung für kompetente antizipierende Design-Formulierungen ist. Nach dieser ordentlichen Grundausbildung kam ich mit guten Zensuren außer in Latein nach Harvard. Meine erste bittere objektive Jugenderfahrung war, daß ich von Harvard flog; offiziell, weil ich den Unterricht geschwänzt hatte, doch in Wirklichkeit wegen allgemeiner Verantwortungslosigkeit.

Zum Glück landete ich als Lehrling bei einer Gruppe englischer (aus Lancashire) und deutscher Monteure für Baumwollspinnerei-Maschinen in Canada. Hier lernte ich, wie man Spinnmaschinen zusammensetzt und aufbaut. Schließlich beherrschte ich selbständig die Montage und Installation aller Maschinentypen, die in der Baumwollverarbeitung verwandt wurden. Zur Installation gehörte auch der Einbau und das Verlegen der Transmission durch alle Gebäude hindurch und die Gesamttrassierung vom Elektrizitätswerk bis zu jeder an die Transmission angeschlossenen und trassierten Produktionsmaschine. Ich blieb weiterhin da und half bei der Inbetriebnahme der Spinnerei.

Dadurch, daß ich den Entstehungsprozeß vom leeren und neuen Gebäude in einem neuen Land über die Installation der Mechanik bis zum Betrieb der Fabrik miterlebte, bekam ich aus erster Hand ein dämmerndes Bewußtsein von einem wesentlichen Faktor im ökonomischen Ordnungsmuster, nämlich von der effektiven «Vermehrung von Wert (oder Reichtum) durch Fabrikation», die zwischen Rohmaterial und Endprodukten entsteht und durch die reiche synergetische Verbindung von *Technik und Energie* hervorgebracht wird. Mir wurde klar, daß Technik und Energie fundamentale Vermögen sind, die der Erschöpfung im *wahrnehmbaren Universum* entgegenstehen. Technologie ist eine fundamentale Erwerbsquelle, die mit jeder wiederholten Anwendungsmöglichkeit reicher wird oder sich selbst vermehrt. Aus all dieser fundamentalen Vermehrung von Reichtum, die ohne Erschöpfung der Quelle vor sich ging, konnte ich ersehen, daß sich eine sehr wesentliche Reorientierung der Menschheit vollzog: aus einer eigentümlichen «Versagerrolle», die ihr Malthus irrigerweise angedichtet hatte und die von den bodenständigen Wächtern des Zivilisationsprozesses akzeptiert wurde, übernimmt sie die Rolle des inhärenten Erfolgs.

Aber ich konnte auch sehen, daß diese großartige Reorientierung nur durch die kenntnisreiche und erfahrene Befähigung zu teleologischem Design herbeigeführt werden konnte, die transzendental das bewußte Planen des Menschen integriert, doch kraft physikalischer Gesetze als organischer Komplex arbeiten kann – nämlich als *Industrialisierung*.

Zur Zeit meiner Lehrjahre, 1913 bis 1914, wurden die Maschinen für

Baumwollspinnereien noch überwiegend nach Amerika importiert. Die Importe kamen meist aus England (Dobson und Barlow), aber auch aus Frankreich (Combers). Die französischen Maschinen zeichneten sich durch wesentlich besseres Material und technische Raffinessen aus. Die Anlagen wurden in ihre Einzelteile zerlegt, in Kisten verpackt und per Schiff von Europa nach Amerika verfrachtet. Von den Maschinenteilen aus England waren häufig welche beim Transport beschädigt worden oder gebrochen, und es wurde meine besondere Aufgabe, in der kleinen Industriestadt Sherbrooke in Quebec auf schnellstem Wege für die Beschaffung von Ersatzteilen zu sorgen. Das brachte mich zwangsläufig zum ingenieurwissenschaftlichen Selbststudium: ich mußte die Entwurfsstrategie des Original-Konstrukteurs wiederentdecken und für jedes Einzelteil die Bestimmung seiner Funktion und seiner Belastung rekonstruieren, aus der sich wiederum seine Abmessungen und Materialbesonderheiten ergaben.

Ebenso mußte ich herausfinden, welche ökonomischen Überlegungen man ursprünglich angestellt hatte und was die Produktionspläne für die endgültige Formung und Fertigung der Teile vorgesehen hatten. Dazu gehörte auch, daß ich die Möglichkeiten am Ort auskundschaftete, wo man entsprechende Artikel reproduzieren konnte. Es war eine überaus wichtige Phase meines Lebens, in der ich Werkmeister, Formgießer, Maschinenschlosser und ihre entsprechenden Werkzeuge sowie die Anfänge metallurgischer Verfahren im allgemeinen kennenlernte. Manchmal gelang es mir, bessere Teile zu entwerfen.

Der Chefingenieur meiner Firma überredete mich klugerweise dazu, ein technisches Notiz- und Skizzenbuch über meine Erfahrungen zu führen. Meine neue Phase des Lernens machte mir so viel Spaß und war dementsprechend so erfolgreich, daß man mir anbot, wieder nach Harvard zurückzukehren; ich sagte schnell zu – und wurde wegen mangelnden Interesses an den Vorgängen innerhalb der Universität ein zweites Mal exmatrikuliert.

Wieder nahm ich die Lektionen der Realität auf, zwar nicht ohne Schmerz und Beschämung, ein Schandfleck meiner Familie zu sein, aber zugleich mit einem Gefühl starker Freude über die Gelegenheit, an der lebendigen ökonomischen Ordnung teilzunehmen. Diesmal kam ich in eine der größten Konservenfabriken, Armour and Company, wo ich nacheinander in achtundzwanzig Firmenzweigen im Gebiet von New Jersey und New York arbeitete.

Meine Arbeitszeit entsprach der New Yorker Alltagsroutine, wie sie vor dem Ersten Weltkrieg auf dem Markt üblich war, und sie dauerte von drei Uhr früh bis fünf Uhr nachmittags. Ich machte Erfahrungen, mit welchen physikalischen Tricks man Rinderviertel auf Exportschiffe schleppte, und eignete mir neues Wissen an über die Ökonomie von Schlachthöfen, Kühlverfahren, chemische Verarbeitung der Nebenprodukte und schnelle Überlandtransporte leichtverderblicher Frachtgüter, was sich alles bis auf den Einzelhandel hin auswirkte. Ich erfuhr etwas vom Distributionsschwund, von komprehensiven vormechanischen Buchhaltungs- und Rechnungsprüfungsmethoden und vor allem von den weitreichenden, rasch wechselnden, sich hinter den Kulissen abspielenden menschlichen Beziehungen bei der gebenden und nehmenden Beschaffung der Bedarfsgüter, die der Mensch braucht.

Im Ersten Weltkrieg trat ich in die Marine ein und besuchte einen Kursus an der amerikanischen Marine-Akademie in Annapolis, der mein Interesse an wissenschaftlicher Methodologie weckte; ich erkannte diese nicht nur in den großen Anlagen des Schiffsbaus, sondern auch im Umgang mit den Schiffen und bei ihrer Navigation lernte ich sie unter den vielfältigsten Bedingungen kennen. Ich stellte fest, daß alle diese Schiffskomplexe die höchstentwickelten Werkzeuge ihrer jeweiligen historischen Situation waren und Leistungsstandards erreichten, von denen man zur Zeit meiner Insel-Jugend nicht zu träumen wagte. Wegen meiner früheren kleinen Erfolge mit selbstimprovisierten Werkzeugen, die sich so häufig nur durch sukzessive Stadien spontaner Entwürfe und Erfindungen realisieren ließen, wußte ich diese neuen Werkzeuge, die aus den Erfahrungen der Marine entstanden waren, um so besser zu würdigen.

Meine zweite von der Marine gewonnene Erfahrung betrifft das Konzipieren von Plänen und Modellen: ich bekam ein außerordentliches Vertrauen zum Hochleistungspotential des Individuums in bezug auf kompetentes Auffassen, Analysieren und designerisches Anwenden der Prinzipien, die integriert werden, um weitere künftige Bedürfnisse mit der physischen Umsetzung assoziierbarer Prinzipien in Ereignis-Kontroll-Mechanismen zu antizipieren. Ich kam zu der Auffassung, daß Werkzeuge vollendete vereinigte Prinzipien sind, die als Funktionspaare, als variabel funktionierende Paare aus einer Reihe von Erfahrungen ausdifferenziert, abstrahiert beziehungsweise generalisiert werden, und zwar im Sinne vorteilhafter Verhältnismäßigkeit und zu erwartender, verhältnismäßiger Belastbarkeit – wobei alles das in mathematisch faßbare, aber infrasensorische Prinzipien übersetzt und objektiviert wird, Prinzipien, die die synergetischen chemischen Strukturen regieren.

Ich lernte, wie man sich selbst bewußt auf das Verstehen von Prinzipien einstellen kann und auf das, was sich aus ihnen ergibt: die teleologisch umgesetzte und vorgreifende Wirksamkeit, wie sie in der Navigation, der Ballistik, der Logistik und beim Manövrieren von Geschwadern und Flotteneinheiten auf See und im Hafen demonstriert wird. Durchgängig wurde das Begreifen der Prinzipien auf die Formulierung einer abstrahierten komplexen Gleichung reduziert. Man gewinnt sie durch baldige einschneidende Ausdifferenzierung der Komplementärfunktionen des Problems, die nicht nur voneinander, sondern auch von den nebensächlichen und ungünstigen apriorischen Assoziationsfaktoren unterschieden werden. Darauf erfolgt die Reassoziation der ausgewählten und getrennten, zur Sache gehörenden Faktoren innerhalb einer wechselseitig wirkenden, dynamischen Totalität von nunmehr relevanten, aber komplexen Interaktionen, die die Variablen in bezug auf die Konstanten methodisch verarbeiten.

Glücklicherweise hatte ich bei Marineeinsätzen sehr lebendige Erfahrungen gemacht, wenn ich mich darin übte, komprehensive Verantwortung für die Sicherheit, den Komfort und die organisatorische Leistungsfähigkeit zahlreicher Männer zu übernehmen; das war mit einer ausgezeichneten Werkzeug- und Instrumentenausrüstung verbunden, wodurch die Aufgabe zugleich erleichtert wurde. Diese Werkzeugbestückung und Instrumentierung war offensichtlich das Resultat der gesamten Geschichte menschlicher Erfahrungen und war aus den darauffolgenden, nicht unterdrückbaren, teleologischen Reflexen im Hinblick auf weiteres antizipierendes Design entstanden.

So erkannte ich, daß der teleologische Design-Prozeß immer *regenerativ* ist – innerhalb der Pluralität fortschreitend gesammelter Erfahrungen der physikalischen Prinzipien, die durch Initiative in artikulierbare Vorteile umgewendet werden können und damit wiederum die physischen, apriorischen Umwelt-Risiko-Muster des Menschen progressiv modifizieren, wobei sie die effektiven Überlebenschancen verbessern. Der teleologische Prozeß mußte regenerativ sein, weil seine neuen Ordnungsmuster einen erneuten Anreiz zu weiteren teleologischen Umwandlungen subjektiver, apriorischer Design-Erfahrung in objektive Design-Formulierung hervorbringen – während der Mensch ein zunehmend bewußteres Verhalten innerhalb der evolutionären Prozesse annimmt.

Meine Erfahrungen bei der Marine umfaßten alles von jenen kleinen Kommandos bis hin zu den Hilfsfunktionen bei wesentlich größeren Operationen. Die Befehle und Aufträge führten zum Beispiel dazu, daß ich zufällig an der ersten Entwicklung des Sprechfunks zwischen Schiff und Flugzeug teilnahm. So wurde ich auch anschließend an der Umstellung der Funkausrüstung beteiligt, die eine wesentliche Erweiterung des Übertragungsbereichs zur Folge hatte. Der erste Fall, bei dem man solche elektronischen Erfahrungen machen konnte, ereignete sich, als das kleine Schiff, das unter meinem Kommando stand, für die experimentellen Arbeiten von Dr. Lee de Forest ausgesucht wurde. Er richtete an Bord dieses Schiffes die erste erfolgreiche Sprechverbindung zwischen einem Schiff und einem Flugzeug ein.

Später hatte ich das Glück, Funkoffizier für die Kreuzer- und Transporteinheiten der amerikanischen Atlantikflotte zu werden, die im Ersten Weltkrieg die US-Truppen über den Atlantik beförderten und ihnen Begleitschutz gaben. Als persönlicher Adjutant des kommandierenden Admirals war ich für geheime Nachrichten zuständig und erfuhr einiges über die Einhaltung enormer dynamischer Pläne durch weitläufige Teamarbeit. Das war beispielsweise der Fall, als hundertdreißig große Truppentransporter mit ihren Kreuzer- und Zerstörer-Eskorten auf ein transatlantisches Programm in kürzester Frist umgestellt werden mußten. Hierbei gab es einen Plan für die geheime, schnelle und exakte Kommunikation und eine Strategie für die Gruppenformation auf See; alles wurde logistisch durchgeführt und aufrechterhalten, wofür Männer des Nachschub-, Transport- und Versorgungswesens von Experten eingeteilt wurden. Die Männer vollbrachten inspirierte Höchstleistungen, und ihre spontane Kooperation, die durch die Kriegsbedingungen hervorgerufen wurde, machte das *Unmögliche* möglich. Nach dem Krieg stellte ich die offiziellen Statistiken dieser Operation für die Marine zusammen. Während des Krieges war ich verantwortlicher Redakteur der auf See gedruckten Marine-Zeitschrift *Transport*, die monatlich in einer Auflage von 130 000 Exemplaren für unsere Flotte erschien.

Unmittelbar nach dem Waffenstillstand wurde eines unserer Schiffe, die U.S.S. «George Washington», für die Reise von Präsident Wilson nach Frankreich zur Teilnahme an der Konferenz von Versailles ausgesucht. Wir installierten auf der «George Washington» die erste drahtlose Bogentelefonanlage für Ferngespräche; damit wurde das Von-Schiff-zu-Schiff-Telefon von einem quäkenden Apparat mit einer Reichweite von 70 Meilen zu einer leistungsfähigen transozeanischen Kommunikationsanlage auf dramatische Weise befördert. Während der zweiten Frankreichreise von Präsident Wilson wurde zum erstenmal in der Geschichte die menschliche Stimme über den Ozean übermittelt, als man durch das Empfangsgerät in Arlington, Virginia, einen Mann hören konnte, der über den Sender der Funkbaracke an Deck der im französischen Brest vor Anker liegenden U.S.S. «George Washington» sprach.

Diese Marine-Erfahrungen beinhalten auch eine Pflichtrunde in der Marineluftfahrt und eine kurzfristige Teilnahme am Begleitschutz für Unterseeboote. Beim ersten Flugausbildungsprogramm der Marine im Jahre 1917 stürzten täglich Wasserflugzeuge ab. Beim Aufschlagen auf das Wasser wurden gewöhnlich ihre Schwimmer zerdrückt, sie legten sich schief und kenterten. Ich erfand und entwarf einen Mast mit einer Spier, der auf ein schnelles Patrouillenboot montiert wurde und mit dem man die abgestürzten und gekenterten Maschinen aus dem Wasser ziehen konnte; so waren die angeschnallten, betäubten Piloten vor dem Ertrinken zu retten. Dafür erhielt ich eine Einladung zum Besuch des Sonderkurses 1917 an der US-Marineakademie.

Solche Muster-Erfahrungen regen ständig an zum Konzipieren potentieller Vorteile, die sich aus neuen komplexen Design-Integrationen ergeben, und sie führen zum konzeptiven Experimentieren mit vorstellbaren Einheiten, die theoretisch geplant werden können. Das ermöglicht beispielsweise eine klare und zuverlässige Vorstellung von einem völlig neuen Schiffstyp und weitgehende Voraussagen über die Handhabung und den Betrieb des Schiffes in der Praxis; alles das kommt aber selbstverständlich vor jeder aktuellen experimentellen Entwicklung, vor dem eigentlichen Bau und den abschließenden Probefahrten, die den Beweis für den Wert der ursprünglichen Konzeption liefern.

Dieses koordinierte, der Demonstration vorangehende Konzipieren und Integrieren gehört zu einer geistigen Funktion, mit der jene Männer seit Jahrtausenden begabt und vertraut gewesen sein müssen, die die neuen Phasen der Schiffsplanung und der Baumethoden eingeleitet haben, und die heute an der Spitze der ungeheuer beschleunigten Design-Evolution stehen. Sie zeichnet sich heute in der Entwicklung der Luft-Wasser-Fahrzeuge ab, die mit einer in der Geschichte beispiellosen und ungeahnten Steigerungsrate vorangetrieben wird.

Bei der teleologischen Behandlung der omniozeanischen Architektur, die innerhalb, auf und über den flüssigen und gasförmigen Hüllen der Erde ihre Funktion erfüllt, integriert die klare Vorausschau der komprehensiven Designer innerhalb der Grenzen von gegebenen, rein physikalischen Faktoren eine synergetische Realität. Das geschieht so organisch überzeugend, daß in den kommunizierenden Köpfen der Menschen eine spontane Identifikation herbeigeführt wird, was in dem Personalpronomen «sie» zum Ausdruck kommt.* Solche dynamischen Objekte, die man mit «sie» bezeichnet und die Menschen ausgedacht haben, stammen von einem ganzen Inventar neu entwickelter technischer Potentiale ab, die individuell die praktikablen Grenzen von gestern durchbrechen und alle durch kompetente Integration und intellektuelle Verarbeitung mit der gesamten überlieferten Geschichte des Schiffsbaus, der Betriebs- und Manövriererfahrungen vermählt werden.

Bei dieser intuitiven Formulierung wird der ästhetische Scharfblick, den der Mensch sensorisch einstellen kann, besonders darauf trainiert, die Nuancen der Proportionen und die Grenzwerte der Abmessungen zu verarbeiten, die den Subsystem-Teilfunktionen bei ihrer Interaktion im geplanten Gesamtsystem zukommen.

So unsichtbar die wichtigen teleologischen Prozesse zu Beginn im Intellekt des Designers sind, so dramatisch sichtbar sind die Folgen des systematischen Umsetzens der ins Auge gefaßten Schiffsplanung und -entwicklung in die Realität, und so prosaisch wissenschaftlich sind die

---

* Im angelsächsischen Sprachgebrauch gelten Schiffe und Flugzeuge als weiblich. Man wendet auf sie das Personalpronomen *she* an, während alles Unbelebte in der Regel mit dem neutralen *it* bezeichnet wird. J. K.

bei der Planung aufgestellten Kriterien für den erforderlichen Leistungszuwachs per Einheit investierter Ressourcen, die über allen bisher erreichten Resultaten innerhalb der jeweiligen Unternehmenskategorien liegen müssen. Daher hat man irrigerweise in den Jahren des Beginns der Industrialisierung Prognosen aufgestellt, denen zufolge Wissenschaft, Technologie und die industrielle Evolution mit Notwendigkeit einer einzigen stereotypen Monotonie entgegensteuern.

Bei der historischen Widerlegung solch unangebrachter Mutmaßungen ist es heute überraschenderweise evident, daß keine evolutionäre Ära biologischer Mutationen sich bei der akzelerierenden Multiplikation von Arten, Typen, Subvarietätsnuancen und der nebenbei sich ergebenden ästhetischen Stimulation so fruchtbar erwiesen hat wie die, die sich jetzt bei den Omni-Media-Schiffsarchitekturen zeigt.

Ich will hier kurz die Spur einer vierzigjährigen Sequenz von Episoden verfolgen, die möglicherweise verspätete Ausbrüche eines Eindrucks waren, den im Jahre 1904 das begeisterte Beobachten einer düsengetriebenen weißen Qualle im klaren Wasser von Maine bei mir hinterließ.

Diese Erfahrung inspirierte mein Stoß-Stangen-Antriebsgerät; und es kam vermutlich durch die Kindern angeborene Fähigkeit zustande, etwas praktisch umzusetzen und ohne Kenntnis der in generalisierten Modellen entdeckten Mathematik und der von reiferen Köpfen stammenden Formalisierung die spontane teleologische Umkehrung vorzunehmen oder die relativen Aktion-und-Reaktion-Verhaltensweisen zu transformieren.

Die Sequenz, die ich hier kurz behandeln will, beginnt im Jahre 1917. Diese Entwicklung meiner Konzeptionen ist wiederum mit der Kette angrenzender Fäden verwoben, die von der Konzeption zur Realität führen, wofür ich ebenfalls ein halbes Jahrhundert lang gearbeitet habe. Der so gewobene Stoff zeigt, womit ich mich in erster Linie beschäftigt habe, er zeigt meine konsequente Orientierung und schließlich das wichtige Ausschließen zweitrangiger Einflüsse, denen gegenüber ich mich im reiferen Leben immunisiert habe. Im Laufe des Jahres 1917 begann ich in Informationsgesprächen mit meinem vorgesetzten Offizier, Kommandant P. N. L. Bellinger, später Vizeadmiral und einer der vier ersten Luftfahrtpiloten der Marine, meine theoretische Konzeption eines flügellosen, amphibischen Flugzeugs zu entwickeln, das sich als Senkrechtstarter mit «Düsenstelzen» abhebt und mit einer Tetra-Vektor-Steuerung aeronautisch lenken läßt. Dieses Luftfahrzeug sollte mit kombinierten Zwillingstriebwerken, bestehend aus Gasturbinen, Düsen und Raketen, durch Schubkraft angetrieben werden; die Antriebsaggregate sollten generell an Scharnieren aufgehängt und beidseitig im Abschnitt der maximalen Fahrzeugbreite montiert werden. Jeder Schubantriebssatz wäre im Sektor eines Sphären-Tetranten winkelförmig ausrichtbar: vertikal, nach vorn, nach hinten, nach innen – mit einem Spielraum, der der gesamten Manövrierbreite des Flügelschlags einer Wildente entspricht. Die Gasturbinen sollten außerdem mit Kopfrädern oder Schaufelrädern kuppelbar sein zum Rollen auf dem Boden und auf dem Wasser oder zur Start- und Gleitunterstützung.

Dieses Düsenstelzen-Flugschiff-Konzept nahm langsam Form an, bis ich 1927 ein Entwurfsstadium erreichte, wo ich das Konzept auf dem Papier und im Modell ausarbeitete, so daß man sich einen funktionsfähigen Apparat vorstellen konnte. Zu dieser Zeit war es jedoch unmöglich, an eine Realisierung in Originalgröße zu denken – selbst wenn ich das nötige Kapital oder technische Anerkennung gehabt hätte, was nicht der Fall war. Der eigentliche Hinderungsgrund bestand jedoch in den damals gesteckten Grenzen metallurgischer Hitzebeständigkeit, die sich seitdem so beachtlich verschoben haben, daß andere die Möglichkeiten zur Anwendung dieser Prinzipien ausschöpfen konnten, und zwar zuerst bei den Düsenluftschiffen, die 1943 gebaut wurden, und jetzt bei den Senkrechtstarter-Jets, den «fliegenden Bettgestellen» usw.

1928 veröffentlichte ich das Konzept meiner Zeichnung, es erschien als Privatdruck in zweihundert Exemplaren und 1932 für eine größere Leserschaft in *Shelter Magazine*. Im Dezember 1932 lud man mich ein, Modelle des Düsenstelzen-«4D-Transporters» in den Schaufenstern des Engineers' Book Shop im Grand Central Building in New York City auszustellen. Im Januar 1933 führte ich sie an einem Stand der National Automobile Show im New Yorker Grand Central Palace vor. Ich hoffte, mit diesen Experimenten die praktische Verwirklichung der Omni-Media-Navigation mit schwebefähigen, aber schnellen, senkrecht startenden und landenden Transportmitteln voranzutreiben und dem Vergnügen des Menschen bei dieser Fortbewegung Vorschub zu leisten. Wenn die Weiterentwicklung der Chemie zur Verbesserung der metallurgischen Hitzebeständigkeit führte, wie sie für schubgetriebene Luft-Land-Wasser-Fahrzeuge erforderlich ist, ließen sich weite, neue Bereiche geeigneter Wohnmöglichkeiten auf der Erde erschließen.

Ich hatte das Gefühl, daß die Probleme, die mit dem Rollen auf dem Boden und dem Fahren bei Seitenwind zusammenhingen, bei einem solchen flügellosen «Fisch» nicht so leicht zu lösen waren wie die Fragen der aeronautischen Manövrierbarkeit. Diese Vermutung erwies sich als richtig, denn wie schon immer und bei allen Typen von Wasser- und Luftfahrzeugen gab es viele Manövrierprobleme bei Bodenberührung, die sich nur schwer lösen lassen. Wo es genügend Luftraum für das Flugzeug und Wasser für das Schiff gibt, kann man sich bei Störungen im regulären Funktionsablauf mit der Wiederherstellung der Kontrollen Zeit lassen. Die flüssigen und gasförmigen Medien sind so beschaffen, daß sich die Moleküle frei bewegen können, wodurch Reibungsenergie bei Kontaktbelastungen ungefährlich auf Großräume verteilt werden kann, wohingegen der kristalline Zustand ihre Energiewirkung konzentriert. Kristallinstrukturierte Schiffe in flüssigen und gasförmigen Medien sind konvergierend-divergierende Systeme, die sich im Gleichgewicht halten; doch kristalline Schiffe und kristalliner Boden lassen beim Aufeinanderprallen alle ihre potentiellen Kontaktenergien im Berührungspunkt konvergieren. Pneumatische Reifen sind verpackte Luftozeane zur Isolierung von Fahrzeug und Boden und zur Verteilung ihrer potentiellen Kontaktenergien. Ich hatte diese Bodenphase für die experimentelle Entwicklung der Omni-Transporter nicht nur deswegen ausgewählt, weil die Metallurgie noch nicht ganz soweit war, sondern weil in dieser Gefahrenzone das Schwergewicht der Enttäuschungen verborgen lag, die auf dem Wege des Menschen von seinem gegenwärtigen, eindimensional-linearen Vorwärtsdrängen auf den Straßen zu neuen, wichtigen Freiheiten überwunden werden mußten.

Meine drei experimentellen Prototypen aus den Jahren 1933, 1934 und 1935 wurden Dymaxion-4D-Transporter genannt. Beim Bau und Test der drei aufeinanderfolgenden Fahrzeugtypen des 4D-Transports lernte ich die Probleme und die Lösungen kennen, die sich bei Seitenwind, im Gelände, in der Wagenspur, auf dem Eis, im Verkehr, beim Parken, beim Ausscheren, in Kurven, beim Beschleunigen und Bremsen ergaben. Darum bin ich nach meinem besten Wissen heute besser als andere darauf vorbereitet, die erfolgreichen Modell- und Prototyp-Phasen dieser neuen Ära des Transports einzuleiten.

Bevor sich die Gelegenheit zu einer derartigen Einführung des Düsenstelzen-Transports bot, hatte ich Entwürfe zur Anwendung des Tetra-Vektor-Schub-und-Senk-Triebwerk-Prinzips auf eine zweiteilige Miniaturkombination von Düsen-Raketen-Antriebssätzen, die nur wenige Pfund wiegen sollten, in der Konzeption ausgearbeitet. Die krückenförmigen Geräte sollten sich unter und an die Arme eines entsprechend gekleideten Mannes schnallen lassen und als Mittel für alles geeignet sein, was man zum individuellen, freien Schweben braucht, zum schnellen Flug, zum Landen und Aufsteigen, wie es Vögel können, ohne ein Rumpf- oder Skelettgerüst.

Von solchen Gedanken weg machen wir jetzt einen Sprung zurück, um meinem Design-Stimulus weiter nachzuspüren und seinen Komplex von Konzipierungstrends zu verfolgen. Sie münden auf höchst komprehensive Weise in eine Such- und Forschungstätigkeit ein, der ich den Namen *synergetische* und *energetische Geometrie* gegeben habe.

Meine Einstellung zu dieser Beschäftigung war gekennzeichnet durch ein spontanes und möglicherweise angeborenes Interesse. Ich kann mich noch schwach an ein schönes Erlebnis im Kindergarten um 1899 oder 1900 erinnern, als ich aus Zahnstochern und halbgetrockneten Erbsen eine komplexe Tetraederstruktur gebaut hatte und eine Kindergärtnerin ihre Kollegin herbeirief. Sie schauten sich an, was ich gemacht hatte und zeigten sich scheinbar oder echt überrascht und erfreut. Wie immer es gewesen sein mag, ich hatte einen Eindruck auf die Damen gemacht, und die ganze Geschichte war lebendig genug, um mir im Gedächtnis zu bleiben.

Ich weiß jedenfalls, daß ich im Jahre 1917 mit der systematischen Untersuchung der synergetischen und energetischen Geometrie begann. Von dem nach allen Richtungen regenerativen Oktaeder-Tetraeder-Komplex oder Vektor-Tensor-Equilibrium wurde zuerst angenommen, daß es nach dem Avogadroschen Gesetz wahrscheinlich sei, in den zwanziger Jahren wurde es blitzartig als konstruierbar erkannt, und in den dreißiger Jahren wurde es bewiesen.

Meine Entdeckung des «Oktet»-Tragwerks war synergetisch; intuitiv habe ich Spezialfall-Taktiken vermieden. Ich definiere «Synergie» wie folgt: Synergie ist das einzigartige Verhalten ganzer Systeme, das nicht aus dem Verhalten ihrer jeweiligen Subsysteme vorausbestimmt wird. Ich suchte in der Ganzheit von Erfahrung und Wissen, und weniger in spezialisierten Besonderheiten nach einem komprehensiven mathematischen Ordnungsmuster.

Meine Erforschung der energetischen und synergetischen Geometrie hat inzwischen den Nachweis erbracht, daß der «Oktet»-Komplex eine beispiellos nichtredundante, isotrope, evolutionäre Vektor-Tensor-Relation ist, deren Energieumwandlungsberechnung im Prinzip – radial und peripher – für alle chemischen, biologischen, elektrophysikalischen, thermodynamischen Verhaltensweisen der Natur gilt, einschließlich der Gravitation und der Strahlung. Insofern ist das entdeckte synergetische System wahrscheinlich das von der Natur spontan angewandte Koordinatensystem. Alle Transformationen finden darin ihren Platz durch systematische, komplementär-symmetrische Koordinatenverschiebungen, die konzentrisch, kontraktiv, involutional, turbo-getrieben-aus-dem-Gleichgewicht-gebracht, von-positiv-nach-negativ-zum-Gleichgewicht-und-umgekehrt verlaufen.

Nach meiner Marinezeit im Ersten Weltkrieg ging ich zurück in die Wirtschaft und wurde 1919 Exportmanager von Armour and Company. Dadurch lernte ich ein neues Erfahrungsmuster kennen, in das sich nicht nur mein theoretisches Konzipieren einordnen ließ, sondern auch die ganze voraufgegangene Transport-Erfahrung der Marine beim Nachschub, bei der Versorgung und bei der Koordination der *Umstellung*; ebenso konnten meine Kenntnisse integriert werden, die ich davor in der Konservenfirma erworben hatte, Kenntnisse über die kontinentale Distribution lebenswichtiger und verderblicher Güter auf schnellstem Wege, wobei immer der Faktor des akzelerierenden *Umschlags* der Schlüssel zum Erfolg war.

So entstand eine zunächst noch vage Vorstellung von einer enormen, allumfassenden und weltweiten beschleunigten Integration dieser zwei Land- und Seeprozesse – Umschlag und Umstellung –, Umschlag der Zyklen biologisch-metabolischer Prozesse an Land und Umstellung der aus dem Wasser und später aus der Luft kommenden Transportmittel zur Distribution fortschreitender Verarbeitungsstandards an möglichst viele Leute in möglichst kurzer Zeit. Die Akzeleration war offenbar der Schlüssel zur Ökonomie des Reichtumzuwachses und des damit einhergehenden Gesamtfortschritts des Menschen. Durch Akzeleration könnte mehr von der im Universum vorhandenen Energie für einen Komplex von auf der Erde sich abzeichnenden Mustern abgezweigt werden.

Kurz vor Kriegsende kam meine erste Tochter zur Welt. Sie erkrankte nacheinander an den Epidemien, die der Krieg verschlimmerte, an Grippe, Hirnhautentzündung und Kinderlähmung. Ich war zunehmend aufgebracht darüber, daß die effektive teleologische Verarbeitung geschichtlicher Erfahrung nur dann ein Maximum an geplanter Design-Effektivität erreicht hatte, wenn sie sich auf Umschlags- und Umstellungspläne für Ausbeutungszwecke bezog, die nach Maßgabe untergeordneter Erfahrung willkürlich ausgelesen wurden. Solche sub-komprehensiven Unternehmungen brachten nebenbei plötzlich eintretende Not mit sich, die man unvorsichtigerweise nicht mit einkalkuliert hatte. Die Notlagen ergaben sich aus den unverantwortlich vernachlässigten Verdrängungen und Verschiebungen im Umfeld, die den willkürlich aufgegriffenen Unternehmensplänen innewohnen. Die Verschiebungen im Umfeld verursachten erhebliche Wirtschaftseinbußen, was wiederum in ökonomische und soziale Sackgassen führte. Sackgassen bedeuteten Krieg und Umkehrung der Formel «Recht schafft Macht», die auf dem vorzüglichen teleologischen Verarbeiten von Erfahrung und der Umsetzung in Design beruht, in «Macht schafft Recht». Nach dieser Verkehrung erschien sie durch die teleologischen Verfahren nur noch als notständehalber gerechtfertigte und notwendige Schlagkraft. Damit konnte man die Antwort auf die Frage ausschlagen, wer für die Ausplünderung verantwortlich sei. Dabei hätte diese Demontage jederzeit vermieden werden können, wenn man rechtzeitig einen relativ geringen Gewinnanteil in die naheliegende, aber abgewiesene Vorsorge für derartige Verschiebungen komprehensiv investiert hätte.

Allerdings war es klar, daß selbst dann, wenn die Verantwortlichen zur Kontrolle der Verschiebungen bereit gewesen wären, nur durch eine ingenieursmäßig eingeleitete und geplante Verlagerung der Gesamtlast durch den synchronisierten Übergang von einem progressiv ausrangierten Apparat auf einen progressiv neueingeführten Apparat die evolutionäre Demontage hätte verhindern können. Das wäre nur dann der Fall, wenn die teleologische Design-Verantwortung bis in die individuellen Verästelungen hinein eine Höhe erreichte, auf der sie einbezieht, was sich als Minimalkonfiguration der vollständigen Integration des Welt-Industrie-Netzes abzeichnet. Diese Integration, die sich auf der realistischen Basis allseitigen Fortschritts und reichlicher Gewinnvermehrung vollzieht, konnte wiederum nur durch den sich erneuernden Fortschritt und den zyklischen Gewinn des gesamten Gemeinwesens erreicht werden, die ihrerseits nur aus einer adäquaten Feststellung der ursprünglichen Design-Probleme erwachsen. Eine große Ordnung, aber ein fundamentales und daher konservatives Minimum.

Es war für mich ersichtlich, daß der Tod unserer Tochter an ihrem vierten Geburtstag im Jahre 1922 durch die damals unbeachteten Umweltprozesse verschuldet worden waren, deren Faktoren völlig unkontrolliert und unbegriffen integriert wurden, obgleich man ihrer durch Präventiv-Design hätte Herr werden können. Diese Prämisse hat sich dadurch als zutreffend erwiesen, daß jene Epidemien inzwischen von der Liste der tödlichen Krankheiten gestrichen worden sind. Die Möglichkeit von Präventiv-Erfolgen lag nach meinen Beobachtungen in der avancierten praktischen Technologie begründet, wie sie in den Hochleistungsgeräten und der Werkzeugtechnik der Wasser-Luft-Schiffahrt Anwendung findet und Gegenstand der entsprechenden Wissenschaften von der Ballistik und der Navigation ist. Auf all diesen Gebieten hatte ich durch Erfahrung ein Vor-Bild und eine Vorstellung ihrer Anwendungsmöglichkeit für das Leben an Land gewonnen. Weil mir diese Möglichkeit klar vor Augen stand, als die unkontrollierten Umweltfaktoren auf das Lebewesen übergriffen, für das wir am meisten gesorgt hatten, bildete sich zu dieser Zeit der negative Stimulus oder das Vakuum, in dem sich die wachsende Spannung meiner teleologisch inspirierten Design-Kapazität entladen wollte.

Dieses Spannungsdifferenzial kam schließlich an einen kritischen Explosionspunkt, nachdem ich im Laufe der folgenden fünf Jahre meine Erfahrungen mit der erstaunlichsten und gedankenlosesten Stümperei gemacht hatte – mit jener subindustriellen Aktivität der Menschen bei der zufälligen Agglomeration von Behausungen und Wohnungen. Ich bemerkte, wie diese Anlagen aus den Überbleibseln der Industrie und der Rüstung zusammengestoppelt wurden, ohne die Wissenschaft oder die fortgeschrittene Technologie zu nutzen; wie alle Bauunternehmungen auf einer plumpen Versuch-und-Irrtum-Basis durchgeführt wurden; wie jede Bautätigkeit von willkürlichen Gesetzesvorschriften eingeschränkt wurde, deren Entwurf politische Mißliebigkeiten verhüten sollte, während sie einer korrupten Ausbeutung ökonomischer Monopole Tür und Tor öffneten, die ihr Geschäft mit Schutt und Unkraut machen; wie das Baugewerbe von Aberglaube, Wichtigtuerei und Protektion genährt wurde und wie es vor allen Dingen von der Notwendigkeit erfüllt war, in erster Linie Mittel und Wege zum Geldverdienen ausfindig zu machen, um darauf mit diesem Geld durch Kauf in den Genuß besserer Lebensumstände zu kommen, statt das Leben selber durch die direkte Anwendung der Design-Kompetenz und die nichtprotegierte Designer-Initiative zu verbessern. Diese Initiative setzt in der Forschung an, dabei geht es um die Kunst und Wissenschaft einer generalisierten, antizipatorischen Planungs- und Entwurfsarbeit, die den gesellschaftlichen Kreislauf umwandelt, so daß aus den Abfolgen von plötzlichen Notlagen und den Maßnahmen zu ihre Abhilfe Sequenzen von antizipatorischer und experimenteller Planung und Entwicklung werden. Hierin liegt die Verwandtschaft zum Schiffsbau, wo man erprobte Neuerungen und Verbesserungen in einen Komplex einführt, bevor es zu unvorhergesehenen Notfällen und Unfällen kommt. So ersetzt man heute nach einem wissenschaftlich entwickelten Zeitplan die Flugzeugteile vor ihrem wahrscheinlichen Defekt.

Die Bauwelt, die ich in den zwanziger Jahren antraf und mit Entsetzen kennenlernte, war eine verkehrte Welt, in der der Patient seine eigenen Beschwerden diagnostiziert und dem in seinen Diensten gehaltenen, sprachlosen Arzt und Chirurgen kraft seiner Dollar-Autorität befiehlt, Operationen durchzuführen, die der beschränkten, persönlichen, traumatischen Vorstellung des Patienten entsprungen sind, während der Arzt Freude und Bewunderung für dessen Weisheit heuchelt.

Zwischen 1922 und 1927 war ich an der Entstehung von 240 Bauten beteiligt, die zur Kategorie der teuren Wohnhäuser und der kleineren kommerziellen Gebäude gehörten und alle in den Staaten westlich des Mississippi errichtet wurden. Während dieser Zeit organisierte ich den Bau von fünf regionalen Fabriken und erfand die Maschinerie zur Produktion neuartiger Füllstoffe, die beim Bau der Häuser verwendet wurden. Dabei traf ich auf das Chaos im Baugewerbe und die Welt der Improvisation beim Wohnungsbau.

Nach fünf Jahren erstaunlichen und informativen Ringens in dieser Arena, begleitet von wachsender Ineffizienz, wurden meine Gedanken plötzlich von einem ganz anderen Ereignis auf einen neuen Brennpunkt gelenkt. Uns wurde wieder eine Tochter geboren, und mit ihrer Geburt wurde ebenso plötzlich mein Entschluß geboren, mir eine ganz neue Strategie des Denkens und Handelns zu eigen zu machen. Sie beruhte auf der Annahme, daß bei verantwortungsbewußter Beachtung der bisher vernachlässigten integralen Funktion des industriellen Komplexes und unter der Bedingung, daß die Design-Kompetenz bei der Formulierung und Untersuchung dieses vernachlässigten Problems demonstriert wird, ein solches Unterfangen die spontane und unvorhergesehene Unterstützung der Gesellschaft fände, selbst wenn die gesamte Forschung und Entwicklung ohne jeden öffentlichen oder privaten Kredit und ohne ökonomische Autorisierung unternommen würde.

Meine blinde Verabredung mit dem Prinzipiellen schien für mich die einzige Möglichkeit zu sein, meine Arbeit nach Kräften in den Dienst der Beschleunigungsprozesse des technischen Gesamtfortschritts zu stellen, um für unser Kind und alle neugeborenen Kinder eine gemeinsame Partizipation an spontaner, antizipatorischer Aneignung ökonomischer und technischer Ordnungsmuster und ihre Anwendung durch Industrie und Gesellschaft zu erreichen; so würde man das erneute Auftreten jener umweltbedingten Gefahren vermeiden, um die sich niemand gekümmert hatte und die für unser erstes Kind tödlich waren.

Ich entschloß mich, für den Rest meines Lebens meinen Sinn für Ordnungsmuster durch das teleologische Prinzip auf Design und Prototypentwicklung einzurichten, wodurch die auf den eigentlichen Zweck gerichteten, bisher aber unbeachtet gebliebenen Funktionen des Industrienetzes bestimmt werden, die für die Behebung des Wohnungschaos durch physisch effektive und dauerhafte Technologie notwendig sind.

Ich zog daraus den Schluß, auf keinen Fall länger die übliche Zuflucht zu politischen und moralischen Reformen zu nehmen, die in Ermangelung physisch-energetischer Wirksamkeit gegenüber den physischen Unzulänglichkeiten nur zu einer Bemäntelung mit politischen Aktionen friedlicher oder gewaltsamer Art führen.

Mir war klar, daß nur ein transzendentales Modell ingenieursmäßiger Konstruktions- und Entwurfsarbeit beziehungsweise ein technisches Verfahrensmuster zum Erfolg führen könnte, das auf der Grundlage eines Welt-Stadt-Planes aufbaut. Es müßte sich dabei um ein Muster der akzelerierenden und antizipierenden Design-Evolution handeln, das sich durch seine ökonomische Überlegenheit gegen die stets harmlosen Design-Revolutionen durchsetzt. Diese entstehen beim Auswechseln alter Materialien durch neue in der Produktion von Teilen für alte Funktionen, und zwar bei wachsenden Ausgaben im Rahmen wachsender Obsoleszenz des Ganzen, das heißt bei mehr Investitionen in die chemische Verbesserung minderwertiger Funktionen.

Der von mir anvisierte transzendentale Welt-Design-Plan wäre notwendigerweise unpolitisch; er wäre vollkommen unabhängig und bedürfte zur Aufnahme der Studien und zur Einleitung seiner Entwicklung keiner anderen Autorität als der, zu sich selbst zu kommen und von alleine zu beginnen. Er schüfe die Möglichkeit, auf Eigeninitiative des Individuums alle geeigneten dokumentierten Kenntnisse, das Wissen über Mensch und Universum zusammenzuströmen und in die integrierte teleologische Objektivität einfließen zu lassen. Er böte Gelegenheit, der Etablierung einer ganzen neuen Welt-Industrie höchste Aufmerksamkeit zu widmen, die sich ausschließlich mit den unumgänglichen Bedürfnissen des Menschen und der Verwirklichung unabdingbarer Freiheiten befaßt. Eine solche Industrie könnte sehr wohl die wichtigste Phase in der Anwendung und Ausübung von «Industrie» sein, nämlich: die Erstanwendung aller Aspekte des Wissens auf das Design von Geräten und Werkzeugen zur Erhaltung und zum Unterhalt des Regenerationsprozesses «Mensch» innerhalb der erkannten Grenzen, die die ökonomisch realisierbaren Ressourcen setzen.

Unter Industrie verstand ich vom Jahre 1927 bis heute folgendes: die integrierte teleologische Objektivität der gesamten Skala exakter Wissenschaften. Nicht mehr und nicht weniger.

Es würde wesentlich zur Ausführung eines derartig umfassenden Programms gehören, daß durch Design strukturelle und mechanische Komplexe adoptiert werden, deren Hochleistung pro Einheit investierter Ressourcen die Möglichkeit zur effektiven Verteilung der gesamten Ressourcen der Welt zum Nutzen der gesamten Weltbevölkerung schafft, was sich in verstärkten Wellen erhöhter Befriedigungsstandards äußert. Dies könnte nur durch die synergetische – und unter synergetisch ist das nach dem Verhalten der Teile nicht voraussagbare Verhalten des Ganzen zu verstehen – Wirkungsweise herbeigeführt werden, die auf vorbildliche Weise der relativ weitläufigen Kunst des Schiff- und Fahrzeugbaus für die See- und Luftschiffahrt eigen ist. Kiele und Spanten, die für sich genommen den späteren Belastungsfunktionen nicht entsprechen, erhalten ihre erforderliche Leistungsfähigkeit nur durch Montage in Spannvorrichtungen oder auf den Stapeln, wo die Bauteile stellenweise und zeitweilig in die richtige Lage gebracht werden, bis die komplementären Wechselwirkungen und die verkürzten modularen Versteifungen ganz fertiggestellt sind. Dabei wird das strukturelle Verhaltensmuster der jeweiligen Einzelteile in eine koordinierte Aktion verbundener Vektoren überführt, deren Wechselwirkung einen exponentiell gesteigerten Gesamtnutzen herbeiführt. Schiffe, die eine Gesamtheit von differenzierten und wieder integrierten Funktionen darstellen, die als ein Komplex sinnvoll analysierter Arbeitsweisen zusammenwirken, können nach ihrer Fertigstellung in ein ausgleichendes, belastungsverteilendes Medium entlassen werden. Sie gelangen auf diese Weise zu einer Vielzahl von Produktionsbrennpunkten im Rahmen der großen, vorrangigen Umschlags-und-Umwälzungs-Getriebe der totalen Welt-Musterung, und sie beeinflussen dabei zugleich die Zunahme des in der Welt vorhandenen Anteils universal verfügbarer Energie, die nur einen Wert darstellt, wenn sie reguliert werden kann, und wird sie reguliert, dann kann sie als ausgesprochener «Vermögenszuwachs» verbucht werden.

Daß an den komprehensiv ausgetragenen Gewinnen des Industrienetzes der Welt-Design-Evolution auch die Bauwerke für Unterkünfte und die Wohnversorgungsmechanismen beteiligt werden, könnte durch die teleologischen Design-Prozesse des Menschen bewirkt werden, die progressiv dessen Teilnahme am Ordnungsmuster vom Subjektiven zum Objektiven wenden, das heißt die von der unbewußten zur bewußten Aneignung führen. Um den transzendentalen Plan mit den Lektionen der nützlichsten synergetischen und physikalischen Experimente in Übereinstimmung zu bringen, muß die Beförderung durch Düsenstelzen-Transporter vorgesehen werden; sie wären Symbole * des progressiven Gewinns innerhalb der regenerativen Neuordnung der Geographie durch den Menschen, während sie gleichzeitig zur Vermehrung der Freiheiten und der zu erwartenden Gewinne beitrügen.

Bei einem so umfassenden transzendentalen dynamischen Design-Komplex sind die Probleme der Subsysteme, die die lokalen Differenzierungen von Design-Funktionen regeln, von nachgeordneter Bedeutung. Sie spielen jedoch eine Rolle, wenn man sich mit der Design-Evolution der mannigfaltigen Energieregler des industriellen Gesamtprozesses befaßt. Das heißt, daß die Geräte und Anlagen für Wohnzwecke notwendig sind und alle Aufmerksamkeit verdienen; sie sind nur dann subsidiär, wenn es um die Prioritäten der Entwicklung im größeren Muster dynamischer Umschlags- und Umwälzungsprozesse geht, die die Evolution der Werkzeuge erzeugenden Werkzeuge kennzeichnen. Diese Werkzeug-Evolution verläuft sprunghaft in vorwärtsdrängenden Wellen, in deren kongruenten Spitzen man historisch die Epochen vollendet wirksamer Integration des gesamten Dienstleistungsnetzes erkennen kann. Die Integration wirkt auf die bewußten Reflexe des Menschen ein und löst beim subjektiven, ökonomischen Menschen periodisch wiederkehrend unscharfe Bilder der objektiven Menschen aus. Aber zwischen solchen Momentaufnahmen verfallen die Menschen wieder darauf, sich wieder auf unverantwortliche Weise mit geringfügigen und lokalen Wechselfällen abzugeben.

Die Wohnanlagen, die zu den subsidiären Systemen gehören und die aus dem komprehensiven Verfahren resultieren, entsprechen elektronischen Röhren, die durch Kontakte an die größeren regenerativen Schaltkreise der elektronischen Kommunikationssysteme angeschlossen werden können. Ein «Haus» wäre vom Standpunkt des komprehensiven Designs ebenso mit dem weltweiten Wohnversorgungs- und Dienstleistungsnetz verbunden wie ein Telefonapparat mit der Energieverarbeitung der Kommunikationssysteme, jenes wäre für das Netz so nebensächlich wie dieser für das Kommunikationssystem, das seinerseits wieder in die größeren Systeme der Industrie eingebettet ist. Die

* Im Original: *coming as an eagle to firm poise at loci of progressive advantage.* Der Adler (*eagle*) ist als imperiales Symbol Wappentier der Vereinigten Staaten. Neben dem Staatssiegel, den amtlichen Veröffentlichungen, den Uniformknöpfen etc. tragen auch Münzen und Dollar-Banknoten das Adlersymbol; ferner heißt das goldene Zehndollarstück *eagle*. Den Namen *eagle* trug auch die Landefähre von Apollo 11. Das Apollo-Emblem zeigt einen auf die Mondoberfläche niederschwebenden Adler. J. K.

Industrie selber ist subsidiärer Bestandteil des universalen Systems der makro- und mikrokosmischen Evolution.

Technologie und Design der Dymaxion-Projekte von 1927 waren beispielhaft für solche abhängigen Design-Ereignisse, die sich auf den Rahmen der Planung einer neuen Industrie beziehen. Ich habe dieses Konzept in einem Aufsatz dargelegt, der im Mai 1928 veröffentlicht wurde.

1929 arbeitete ich in Chicago mit Design-Studenten zusammen, die begeistert an der experimentellen Überprüfung der ökonomischen Wirkungsweise meiner nichtgeographischen und generalisierten Theorien teilnahmen, als schon erkennbare, günstige Resultate zur Weiterarbeit anregten. Sie berichteten mir, daß in Schweden, Frankreich, Holland, Dänemark und in Deutschland am Bauhaus anscheinend eine Revolution des europäischen Designs ausgebrochen sei. Von den Bildern, die sie mir zeigten, konnte man ablesen, daß die europäischen Architekten im Begriff waren, folgerichtig und zwingend ihre Erfahrungen mit den gleichen vitalen Stimuli zu machen, die andauernd durch Mangelerscheinungen und Not in einer paradoxen Umwelt von Hochleistungspotentialen entstehen und die mich ein paar Jahre früher überflutet hatten, als ich in der Wirtschaft groß wurde, inmitten einer industriellen Neulanderoberung*, die einige Kapitel neuer Größe an den Küsten des amerikanischen Kontinents eröffnete.

Die Welle industrieller Neulanderoberung auf dem amerikanischen Kontinent hatte sich aus den früheren europäischen und den noch früheren asiatischen Anfängen regeneriert; bei seiner amerikanischen Wiedergeburt wurde das Industriegleichgewicht von den in wachsendem Maße lähmenden sekundären Kreditbremsen nahezu befreit, die den europäischen Industrien durch das Kartellwesen und seine statischen Exploitationspläne mit einfrierender Wirkung angelegt worden waren. Damit sollten natürlich sichere Regeln der Einnahmeverteilung perpetuiert werden, obwohl solche Verteilungsmuster inhärent an die vor-

---

* Im Original: *the accelerating industrial frontier economy. Frontier, new frontier,* eigentlich *Grenze, neue* oder *vorderste Grenze,* ist ein Schlüsselbegriff zur amerikanischen Geschichte und Ideologie. Bei der Eroberung des amerikanischen Westens drangen die Siedler immer weiter in das Landesinnere vor, die *frontier* trennte sie von dem Neuland, das erst noch betreten, erobert, besiedelt, erschlossen und zivilisiert werden mußte. In übertragener Bedeutung wird *frontier* – zum Inbegriff des Pioniergeistes geworden – bei der Charakterisierung der vordersten Positionen in Wissenschaft und Forschung gebraucht. *Frontier* markiert dabei den gerade sich vollziehenden Fortschritt der Pioniere und Avantgardisten an der vordersten Front der Entdeckungen und Erforschungen in den verschiedensten Lebensbereichen. Fullers ökonomische Vorstellungen von der *industrial frontier* reihen sich als amerikanische Pionier-Variante in das breite Spektrum bürgerlicher Wachstumstheorien ein.

übergehenden Phasen fundamentaler, universaler und evolutionärer Transformationen gebunden sind.

Die neue Welle kartellfreier Industrialisierung, die Amerikas konkurrenzstarke Wirtschaft zu Beginn des 20. Jahrhunderts begünstigte, war auch eine Strömung, in der ich meine unvergessenen Erfahrungen mit zerbrochenen Maschinenteilen aus Europa machte. Das lenkte mein Augenmerk auf die vielen unausgeschöpften Möglichkeiten zur Verbesserung von Design und Konstruktion der Originalmodelle; diese Möglichkeiten zu nutzen, war um so vernünftiger, als sich der Bestand an potentiellen Design-Ressourcen ständig weiterentwickelte und vergrößerte, zumal in dem Teil der Welt, in dem ich das Glück hatte zu leben.

Es war mir auch klar, daß die Welle architektonischer Bewußtwerdung, die in den Jahren 1920 bis 1930 den Blick für wesentliche Design-Möglichkeiten ausdrückte, dadurch in Europa nach dem Ersten Weltkrieg ausgelöst worden war, daß die Europäer aus der klärenden Perspektive eines 3000-Meilen-Abstandes in den Vereinigten Staaten riesige Silos, Lagerhallen und Fabriken sahen, Bauten, die architektonisch unvorbelastet und räumlich unbehindert in der weiten amerikanischen Szenerie errichtet und dabei in einzigartiger Weise von allem ökonomisch unwesentlichen ästhetischen Ballast befreit worden waren.

Die Protagonisten des europäischen Stils wiesen selbst auf diese amerikanische Inspiration hin, indem sie ihre Argumente für eine Design-Reform in ihren ursprünglichen Veröffentlichungen mit Bildbeispielen amerikanischer Silos und Fabriken untermauerten; das waren die Quellen, aus denen sie ihre europäischen Eingebungen schöpften.

Darüber hinaus untermauerten sie ihre Argumentation noch mit Bildern der generalisierten Gestaltung in Design-Komplexen, wie sie die nackt funktionalen Aufbauten der See- und Luftschiffe darstellen.

Sie bauten zum Beispiel aneinandergereihte, langgestreckte, freitragende Kommandobrückenflügel, die ein halbes Jahrhundert zuvor für die ersten eisernen Torpedoboote und die späteren Schlachtschiffe entwickelt worden waren (die «Brücke» entstand wesentlich früher aus den Gangaufbauten, die von Schanzdeck zu Schanzdeck führten). Amüsanterweise wurde auch deutlich, daß die europäischen Designer der zwanziger Jahre die Design-Paradoxie des amerikanischen Kontinents für einen Augenblick gesehen und verstanden hatten. Sie lag in der Koexistenz von ästhetisch klaren Silos und Fabriken mit dem ästhetisch verworrenen Unsinn der amerikanischen Wohnhäuser und Villen, deren architektonische Verkleidung hypnotisiert und abergläubisch im Schmuck des alten Europa schwelgte.

Es lag auch auf der Hand, daß die allgemeine anhaltende Design-Blindheit der amerikanischen Laien den europäischen Designern Gelegenheit gab, in Europa und Amerika ihre von fern getroffene Entscheidung für die attraktivere Einfachheit der Industriebauten zu verwerten, die ihnen unbeabsichtigt ihre architektonische Freiheit gebracht hatte. Das war allerdings nicht durch eine bewußte ästhetische Erneuerung geschehen, sondern durch den profitorientierten Verzicht auf ökonomisch überflüssiges Beiwerk bei den nichtbewohnten Wirtschaftsbauten. Die europäischen Designer wußten nur zu gut, daß ihre Zufallsentdeckung bald zu einer allgemein bevorzugten Geschmacksrichtung ausgebaut werden konnte, hatten sie sich nicht selber so geschmäcklerisch inspirieren lassen? Der internationale Stil, der auf diese Weise durch die Neuerer vom Bauhaus nach Amerika gebracht wurde, stellte eine Modeerscheinung dar, die ohne die Kenntnis der wissenschaftlichen Grundlagen für strukturelle Mechanik und Chemie auskam. Dabei hatte erst die Steigerung der Leistungsfähigkeit auf diesen Gebieten durch ökonomische Maßnahmen zur Kostensenkung die neue Design-Revolution im Fabrikbau herbeigeführt, die ein Vierteljahrhundert später auf die europäischen Architekten eine so oberflächliche Anziehungskraft ausübte, als ob es sich um eine Formel des funktionalen Stils gehandelt hätte.

Paradoxerweise war die Einführung des internationalen Bauhausstils in Amerika von einer Neubelebung des Werkunterrichts mit seinem manuellen Sensitivitätstraining begleitet, wo doch das Fundamentale der Design-Revolution gerade in der Industrialisierung bestand, also in einer Entwicklung vom Handwerk weg, wo nur noch die Kontrollen mit dem Hosenboden in den Grenzen sensorischer Sensitivität lagen. Der oberflächliche Aspekt der Industrialisierung hatte den internationalen Stil inspiriert und ebenso oberflächlich waren die Vereinfachungen, die er vornahm. Er machte Schluß mit den äußeren Verzierungen von gestern und schälte sie ab, um statt dessen formalisierte Neuheiten mit quasi einfacher Form an ihre Stelle zu setzen, wofür die gleichen verborgenen Strukturelemente aus modernen Legierungen herhalten mußten wie zum Tragen der nunmehr ausrangierten Beaux-Arts-Dekorationen. Es war immer noch eine europäische Verkleidung. Die neuen internationalen Formgeber arbeiteten mit «sachlichen Motivwänden» aus großen, superrhythmischen Ziegelassemblagen, die innerhalb eines Verbandes keine eigene Spannungsfestigkeit besaßen, sondern tatsächlich von verborgenen Stahlrahmen zusammengehalten und von Stahlstützen getragen wurden, ohne daß man solche Stützen und Träger hätte sehen können. Mit vielen derartigen Illusionseffekten machte der internationale Stil einen gewaltigen Eindruck auf die Gesellschaft, ganz wie ein Zauberer, der die Kinder fasziniert. Und wie ein Zauberer arbeitete diese neue außen- und innenarchitektonische Mode mit semantischer Irreführung, indem sie dieses Design mit täuschenden Worten als «Spannkonstruktion» oder «vorgehängte Fassade» charakterisierte.

Wie der Taschenspieler bei seinen Tricks die Aufmerksamkeit des Publikums auf seine Scheinhandlungen lenkt und so die sensorischen Reflexe der Zuschauer ködert, damit die eigentlichen Funktionen im verborgenen bleiben, so wurden – trotz der individuellen Arbeitsintegrität der Künstler selbst – die Architektur des internationalen Stils und die Quasi-Abstraktionen der modernen Kunst von jenen ästhetisch propagiert und protegiert, deren weitergehende Orientierungs- und Dispositionssicherheit durch die wissenschaftlich initiierten transzendentalen Umwandlungen bedroht schien, die der unaufhaltsame Trend der Weltindustrialisierung zur permanent akzelerierenden Veränderung mit sich bringt.

Paradoxerweise förderten die extreme Linke wie die extreme Rechte – ohne grundsätzliche Sympathie für den Künstler-Forscher – den Versuch, die amerikanische Philosophie der evolutionären Akzeleration, die dynamisch-funktional bestimmt war, in eine Sackgasse umzulenken, in der Hoffnung, sie möglicherweise unschädlich zu machen; die extreme Rechte, weil sie hoffte, die Design-Veränderung im Interesse der Verlängerung ihrer hochgezüchteten Einkünfte an der Oberfläche halten zu können, die extreme Linke in der Hoffnung, die industrielle Evolution in Amerika zu bremsen und vielleicht sogar deren Zusammenbruch herbeizuführen als Resultat allgemeiner Unkenntnis der Grundlagen unserer Zeit, die von allerhand Unsinn verschleiert werden.

Die Geschichte zeigt, daß in allen Perioden, in denen unsinnige Moden für das «Bescheidwissen im Hinblick auf nichts» eintreten, möglicherweise der Untergang einer ganzen Gesellschaft ausgelöst werden kann; das Märchen von des Kaisers neuen Kleidern illustriert das. Eine fundamentale Veränderung im zweiten Viertel des 20. Jahrhunderts vollzog sich mit der Umstellung der Welt-Wirtschaftslehre von der statischen Norm der klassischen Wissenschaft auf die dynamische, evolutionäre Akzelerationsnorm der physikalischen Erfahrung, die durch die Relativität realistisch neu eingeschätzt wurde. Die gegenwärtige ökonomische Revolution schafft Einkommen aus Kapital, was allgemein attraktiver wird als Einkommen aus Dividenden, und macht aus den Tollkühnen von gestern die Einsichtigen von heute. Das zeigt, daß die negative Strategie aufgegeben und die dynamische Relativität der Werte akzeptiert worden ist. Die Gesellschaft hat jetzt günstige Aussichten auf eine begrüßenswerte Evolution im Fundamental-Design, die wiederum Fortschritte in der Welt-Planung der Wirtschaft verspricht.

Inzwischen hat der Einfluß dieses willkürlichen modischen Unsinns die amerikanische Erfolgskategorie der «International Ranch»-Einfamilienhäuser derartig aufgebläht, daß die Preise entsprechend dem Zuwachs an umbautem Raum von 10 000 auf 50 000 Dollar gestiegen sind. Das hat die emotionale Verwirrung der Bewohner solcher unsinnigen Bauten nicht gerade verringert; sie sind schon verstört genug durch das Paradox der steigenden Kaufkraft eines industriell geförderten Gemeinwesens, das trotz der gewöhnlich anerkannten malthusianischen Versicherungen über das unausbleibliche Versagen der Erfindung «Mensch» in einem angeblich inhärent feindseligen, menschenzerstörenden Universum erfolgreich ist.

Aus der Konfrontation mit dem internationalen Bauhaus-Stil und seinem Einfluß 1928 mußte ich den Schluß ziehen, daß wir in den kommenden Jahrzehnten der Erziehung erst einmal lernen mußten, all die kleinen falschen Sachen zu machen; dann kämen wir vielleicht durch direkte Erfahrung darauf, daß wir in Amerika nur durch eine klare und umfassende Verantwortlichkeit bei der Formulierung unserer Gesamtstrategie unsere für Wachstum sorgende Funktion in der Geschichte des Menschen behalten können.

Wenn wir unser eigenes historisches Schiff nicht schon während eines Prozesses versenken, bei dem wir lernen, wie man nicht mit ihm umgeht, können wir es vielleicht in den Hafen bringen – trotz des hartnäckigen Unsinns, der die auftauchende Kompetenz des Menschen auf Seitenwege der Vergeblichkeit und des Päppelns der eigenen Inferiorität lenkt, womit der potentielle Gewinn für Nichtigkeiten verschleudert wird.

Wenn ich so unverblümt kritisch und unfreundlich über den Internationalen Stil urteile, halte ich mich nicht für unfehlbar. Sicher sind viele der Ansicht, daß sie mehr Löcher in meine überkuppelten Paradiesgärten oder in meine Berggipfel-und-Luft-lande-Haus-Boot-Philosophie schießen können als ich in ihre.

Ich habe so unumwunden meine Meinung gesagt, um den Unterschied und den Abstand zwischen den Bauhaus-Konzepten und meinen eigenen zu zeigen. Am einfachsten demonstriert diesen fundamentalen Unterschied die Tatsache, daß über die Bauten von Architekten der internationalen Bauhaus-Schule die Aufstellungen fehlen, die das Verhältnis von investierten Ressourcen zu Einheiten der Leistungsfähigkeit angeben. Veröffentlicht auch nur einer von ihnen, was seine Bauten wiegen, was die Mindestanforderungen im Hinblick auf Windstärken, Überschwemmungshöhen, Erdbeben, Feuer, Pest, Epidemien etc. im Entwurf vorgesehen sind und als was sie sich später herausstellen, wie groß ihr Transportgewicht und -volumen ist und wie viele Arbeitsstunden insgesamt aufgewendet wurden?

Was mich davon überzeugte, daß die Formgebung von Bauhaus International zweitrangig und beschränkt war, beschränkt auf Mustervariationen für Möbel, Stoffe und Nippes wie auf eine Art der äußeren

Neudekoration zur Enthüllung der sonst hinter alten Fassaden verborgenen Strukturtatsachen, war der Umstand, daß sich ihr Design bewußt auf die Anwendung von Baustoffen und -teilen beschränkte, die in der althergebrachten Weise in der alten Welt der Baumaterialien hergestellt wurden. Die internationale Bauhaus-Schule benutzte Standardinstallationen und brachte es gerade noch fertig, die Hersteller zur Modifikation der Oberfläche von Wasserhähnen sowie der Farbe, Größe und Anordnung der Kacheln zu überreden. Die internationale Bauhaus-Schule kümmerte sich nie um die Installationen hinter der Wand, sie wagte es nie, sich mit gedruckten Schaltungen und vielfältig gestanzten und gepreßten Leitungen zu befassen. Sie interessierte sich nie für das generelle Problem der sanitären Funktionen, das allem übergeordnet war. Sie ließen sich auf der von den Grundbesitzern besorgten Kanalisation nieder wie die Hennen auf Glaseiern. Sie fragten nicht nach den ökonomischen Bedingungen, die für Forschung, Produktion, Ausrüstung, Versorgungsanlagen, Kraftwerke und Distribution maßgebend sind. Kurz, sie befaßten sich nur mit dem Problem, die Oberfläche von Endprodukten zu modifizieren, wobei diese Endprodukte notwendigerweise Subfunktionen einer technisch veralteten Welt waren. Schließlich wurde Design von Bauhaus International nur als direkte Auftragsarbeit betrieben, und zwar im wesentlichen für die handwerkliche Fertigung von Produkten in begrenzter Auflage, wobei man die Forderung erhob, daß – da ja der Handwerker moderne maschinelle Werkzeuge benutzte (die zum Zwecke der Herstellung von Werkzeugen für die Massenproduktion und nicht von Endprodukten entworfen waren) – das Design modern sein müsse.

Diese direkten Auftragsarbeiten standen im Gegensatz zur Design-Wirksamkeit des «verallgemeinerten Falles», der ich mich verschrieben hatte. Beim Design für den verallgemeinerten Fall mußte man vom Fehlen eines unmittelbaren Auftrags ausgehen. Das war die Voraussetzung dafür, durch die wissenschaftliche Kompetenz einen Weg zu finden, auf dem man letztlich der Allgemeinheit hinsichtlich wachsender Überlebenschancen und der Zufriedenheit aller den größten Dienst erweisen konnte. Es war klar, daß man dazu dem Opportunismus abschwören und sich streng an das Programm halten mußte, das von der ganzen Skala der im Labor gewonnenen Daten angezeigt wurde; damit war das Problem der Erhöhung von Standards umrissen und für alle aus der vollständigen historischen und geographischen Auflistung der Ressourcen erkennbar.

Zum verallgemeinerten Fall gehörte nach meiner Ansicht, daß ein Gesamtkonzept erst vorgelegt werden konnte, wenn das umfassende Problem so weit durchgearbeitet war, daß die verfügbaren Ressourcen dem Komplex notwendiger Aufgaben angepaßt werden konnten und die ökonomischen Kriterien von mystischer Zuversicht zu demonstrierbarer Stichhaltigkeit fortgeschritten waren. In diesem Fall aber mußte das Konzept so offensichtlich von allgemeinem Nutzen sein, daß es durch die Haupteingänge der Zivilisation eingeführt werden konnte und mußte, denn für Seitengänge und Hintertüren wäre es zu groß gewesen. Es war klar, daß dieser Zutritt durch den Haupteingang nur über den «schweren Weg» erreicht werden konnte, der sich durch vorbildliche Integrität, universale Toleranz, Erziehung durch Experiment und angemessene (das heißt gründlich integrierte) Arbeitsweise auszeichnet.

Nachdem ich nun alle Wie und Warum meiner primären Design-Umwelt-Einflüsse dargelegt habe, muß ich auch feststellen, daß ich großen Respekt, häufig Bewunderung und manchmal tiefe Zuneigung gegenüber denen empfinde, die ich manchmal heftig kritisiere. Sie waren es vor allen, die ihrem Drang gefolgt sind und die Design-Initiative ergriffen haben. Ich begrüße jede derartige Initiative. Ich halte keinen Menschen für «schlecht». Meine eigenen zahlreichen Torheiten haben mich davon überzeugt, daß das Höllenfeuer, das dem bevorsteht, der seinen Bruder einen Toren heißt, eine seelische Höllenqual hier auf Erden ist. Ich bin von der absoluten Integrität der *totalen Erfahrung* überzeugt und von der angedeuteten Erweiterbarkeit der komprehensiven Integrität, dem erkennbaren Universum, erweiterbar für den Menschen wie immer nur durch seine damit übereinstimmende individuelle Integrität. *Ergo* bin ich von der Integrität der Unendlichkeit komplementärer Funktionen überzeugt, die im Prinzip identifizierbar sind.

In allen unseren Geschichten gibt es jene einzigartigen Fälle, wo niemand schuldig werden darf und wo jeder von zunehmender Einsicht in die Wirkungsprinzipien der komprehensiven Integrität profitieren kann, einschließlich aller Fehler, die die eigenen Irrtümer aufdecken.

Teil 2
Joachim Krausse
Design-Strategie am Werk

Eine Einführung in die Planungs-
und Entwurfsarbeit von Buckminster Fuller

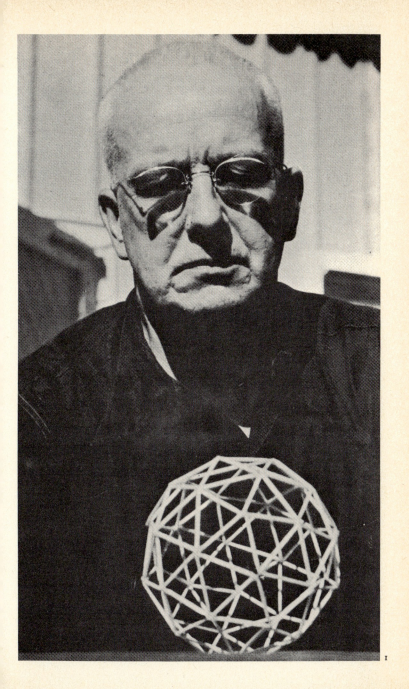

TIME LOCK

A D

26% OF EARTH'S SURFACE IS DRY LAND
85% OF ALL EARTH'S DRY LAND IS HERE SHOWN!
86% OF ALL DRY LAND SHOWN IS ABOVE EQUATOR
THE WHOLE OF THE HUMAN FAMILY COULD STAND ON BERMUDA
ALL CROWDED INTO ENGLAND THEY WOULD HAVE 750 SQ FEET EACH
"UNITED WE STAND, DIVIDED WE FALL" IS CORRECT MENTALY AND SPIRITUALY
BUT FALACIOUS PHYSICALY OR MATERIALY
RBF
1927

2 2,000,000,000 NEW HOMES WILL BE REQUIRED IN NEXT 80 YEARS

I. Frühe Pläne und Entwürfe

2: Der *Luft-Ozean-Welt-Stadt-Plan* von 1927 skizziert Fullers Vorstellung globaler Planung. Er vermerkt auf dem Blatt: «26 Prozent der Erdoberfläche sind Land. 85 Prozent dieser Landfläche zeigt die Ansicht. Davon liegen 86 Prozent oberhalb des Äquators. Die gesamte Menschheitsfamilie könnte auf den Bermudas stehen oder in England untergebracht werden, wobei auf jeden eine Fläche von 750 Quadratfuß [69,750 Quadratmeter] kommt. ‹Vereinigt bestehen wir, getrennt unterliegen wir› gilt im Hinblick auf das Bewußtsein, in physischer oder materieller Hinsicht ist es falsch. Zwei Milliarden neue Wohnungen werden in den kommenden achtzig Jahren gebraucht.»

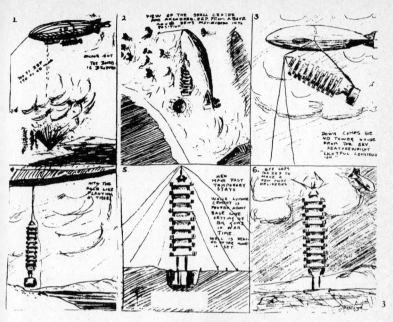

3

Globale Integration, wie Fuller sie versteht, kommt in einer futuristischen Vision des Luftverkehrs auf Großkreisrouten zum Ausdruck, durch den bis dahin unerschlossene Gebiete wie der Polarkreis, die Küste von Alaska, Grönland, Sibirien, die Sahara und der obere Amazonas besiedelt und bebaut werden sollen. Als *Umweltkontrollen* sind mehrstöckige *4-D-Häuser* vorgesehen, die an markanten geographischen Punkten installiert werden und ausschließlich auf dem Luftwege erreichbar sind.

3: Lufttransport der 4D-Häuser mit Zeppelinen. Antransport des kompletten Zentralmastgebäudes, Abwurf einer Sprengladung, Einpflanzen der Struktur in den Bombentrichter, Richten und Befestigen. An der Mastspitze ist ein schwenk- und ausfahrbarer Hebekran montiert.

4, 5: 4D-Haus am Nordpol und an der Neuenglandküste. Die Ansicht ist aus dem Blickwinkel eines Flugzeugpiloten erfaßt.

4

5

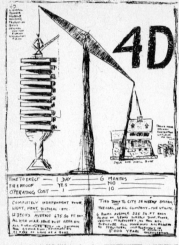

6

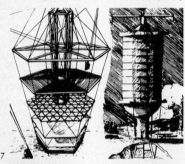

7

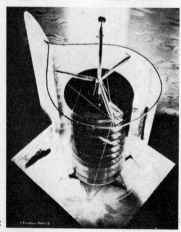

8

Fuller fragt Architekten gern, was ihre Bauten wiegen: Anders als Schiffs-, Fahrzeug- und Flugzeugkonstrukteure, die genau kalkulieren, wissen sie es nicht.

Da er von einem überregionalen – sogar interkontinentalen – Transport vorgefertigter Bauteile ausgeht, muß das Gesamtgewicht pro Volumen gesenkt werden, um die Transportkosten in Grenzen zu halten. Die Verwendung neuer, leichter Baustoffe und -materialien mit hoher Festigkeit, Elastizität etc., insbesondere Kunststoffe und Metallegierungen, plant Fuller schon an, als es sie noch nicht gibt; ihre besonderen thermischen, akustischen und klimatechnischen Eigenschaften werfen allerdings neue Probleme bei der Regulierung lokaler Heizungs- und Lüftungsprozesse, bei der Abdichtung und Isolation auf, die durch neue Isolierungen, Klima- und Lüftungsanlagen gelöst werden müssen. Die 4D-Pläne zeigen bereits, wie die Wechselbeziehung von Skelett und Hülle, von Tragwerkskonstruktion und Haustechnik zum Angelpunkt des Entwurfs werden.

6: Vergleich zwischen «archaischem» Haustyp und 4D-Haus, das «so ungebunden und frei vom Land wie ein Boot» sein soll; unabhängig von lokalen Energiequellen, von Licht, Heizung und Kanalisation. Gegenüber dem alten Haustyp, der «in den letzten 5000 Jahren strukturell nicht verbessert» wurde, der an Grund und Boden gefesselt, an das städtische Kanalisationssystem gebunden, von Staub beeinträchtigt, von Einbrechern, Überschwemmungen, Feuergefahr etc. bedroht ist, wie Fuller meint, strebt dagegen sein eigener Entwurf nach äußerster Mobilität und höchster Autarkie, was allerdings die lückenlose Integration in ein Produktions- und Versorgungsnetz erforderlich macht und wachsende ökonomische Abhängigkeit zur Folge hat. Davon abstrahieren die für Fullers Entwürfe charakteristischen Rationalitätskriterien: Transportgewicht, Großserienproduktion, Gefahren- und Katastrophenschutz, rationalisierte Endmontage.

7: Tragwerk und Seitenansicht des 4D-Wohnturms. Typische Zug- und Druck-Konstruktion: hexagonale Ringe mit radialen Streben bilden die Decken, die wie Wagenräder auf einer Achse – dem Zentralmast – sitzen und von einer Zugverspannung gehalten werden.

8: 4D-Haus-Variante mit aerodynamischer Verkleidung. Anwendung der Prinzipien des Transport-Designs auf Architektur zur Verringerung des Luftwiderstandes, des Wärmeverlustes und des Transportgewichts.

II. Dymaxion-Haus 1927–1929

Die technische Revolution, die durch Stahlskelette und elektro-mechanische Installationen in die Architektur einzog, wurde erst spät von Architekten reflektiert. Die Erfindung der Glühbirne, die Einführung von Wasser-, Gas- und Elektroinstallationen, der Einbau von Aufzügen und Klimaanlagen bringen schließlich den ökologischen – haushaltstechnischen – Aspekt in der Bauplanung zur Geltung und spiegeln sich fortan wider in einer Theorie der Architektur als Lehre von den *Umweltkontrollen*. In den Konstruktionen soll die Verteilung von Baumassen einer Organisation energetischer Austauschprozesse Platz machen, die massive Statik durch ephemere Dynamik ersetzt werden.

9

Fullers Projekt eines technisch vollentwickelten Einfamilienwohnhauses ist nie realisiert worden. Das Dymaxion-Haus stellt die weiterentwickelte «Minimallösung» des 4D-Typs dar, dessen konstruktive Charakteristika wie Zentralversorgungsmast, hexagonale Decken, Zugverspannung etc. beibehalten bzw. präzisiert wurden.

9–12: Die Serie zeigt am maßstabgerecht verkleinerten Modell die Endmontage des Hauses auf der Baustelle. Sämtliche Bauteile sind für die industrielle Vorfertigung konzipiert, wobei Leichtmetalle, Plexiglas, Stahl und Kunststoffe als Materialien bevorzugt werden.

10

Der tragende Mast, um den als Achse die Decken und Wände eingehängt werden, soll alle Installationen gebündelt enthalten und als Versorgungsschacht dienen. Die komplett vorgefertigten Funktionseinheiten wie Küche und Bad sollen später durch verbesserte Modelle einzeln ausgewechselt werden können. Alle Bauteile sind auf minimales Transportgewicht und -volumen, leichte Montier- und Ersetzbarkeit hin entworfen.

13: Die für den Transport bereitgestellten Teile.

14: Plan und Beschreibung des Dymaxion-Hauses.

11

12
13

133

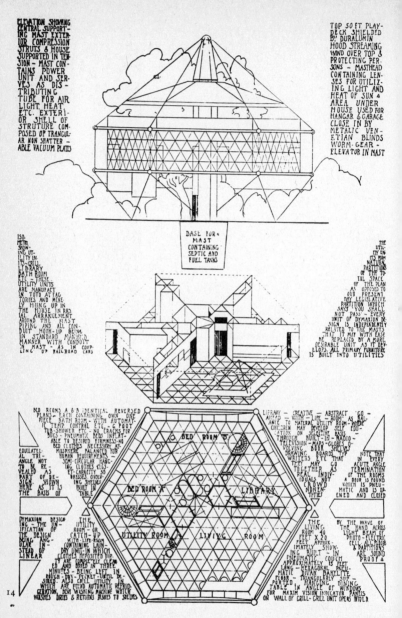

PLAN - ISOMETRIC - AND - ELEVATION OF A MINIMUM DYMAXION HOME

III. Dymaxion-Bad 1937

Die Entwürfe für die 4D-Häuser und das Dymaxion-Haus hatten vorfabrizierte Sanitäreinheiten vorgesehen. Zehn Jahre nach den 4D-Entwürfen meldet Fuller ein Patent für «vorfabrizierte Badezimmer», das Dymaxion-Bad, an.

15, 16: Zeichnungen aus der Patentschrift. Prototypen einer Sanitärzelle waren bereits 1930 für die American Radiator Company's Pierce Foundation hergestellt worden. 1936–38 wurden 12 Einheiten des Dymaxion-Bades von der Phelps Dodge Corporation hergestellt und installiert. Sie sollten in der Serienproduktion nicht mehr als eine Autokarosserie kosten.

17–19: Jede Einheit besteht aus zwei Abteilen: einem mit Bad und Dusche und einem anderen mit Toilette und Waschbecken. Die Zelle setzt sich aus vier gepreßten Leichtmetallelementen zusammen, die jeweils von zwei Personen getragen und montiert werden können.

Die Sanitärzelle sollte wie ein Kühlschrank oder eine Waschmaschine in jedem Haushalt installiert werden können; sie kam auch für eine Installation in sanierungsreifen Altbauwohnungen in Frage, die Grundelemente durften daher beim Transport weder zu sperrig noch zu schwer sein, ihre Anzahl möglichst klein, um die Montage an Ort und Stelle zu vereinfachen.

Fuller hatte in das Dymaxion-Haus ein hausinternes Wasserkreislaufsystem projiziert, um der Unabhängigkeit von Leitungsnetzen ein Stück näher zu kommen. Eine konstante Menge Wasser sollte zwischen Entnahme, Abgabe, Reinigung und Aufbereitung zur Wiederverwendung zirkulieren. Desgleichen sollten Fäkalien und Abfälle automatisch verpackt und industriell wiederverwendet werden. Das hätte bedeutet: eine ausgedehnte Dienstleistungsindustrie und/oder eine bodenständige Gartenbewirtschaftung, wie in den deutsch-nationalen «Nebenerwerbssiedlungen».

Erst langsam stellt sich heute das Industriekapital unter dem Druck der öffentlichen Meinung auf derartige «Umweltfreundlichkeit» ein, freilich nur dort, wo sich ein Zweiwegegeschäft machen läßt und wo Ökologie in die kapitalistische Ökonomie paßt.

Die Massenherstellung des Dymaxion-Bades scheiterte an den Interessen der größten Abnehmer des Phelps Dodge Konzerns, z. B. an dem Einspruch der Standard Sanitary Company, die ihre Installationsaufträge.

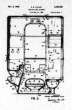
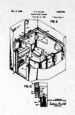

15
16

17

18

19

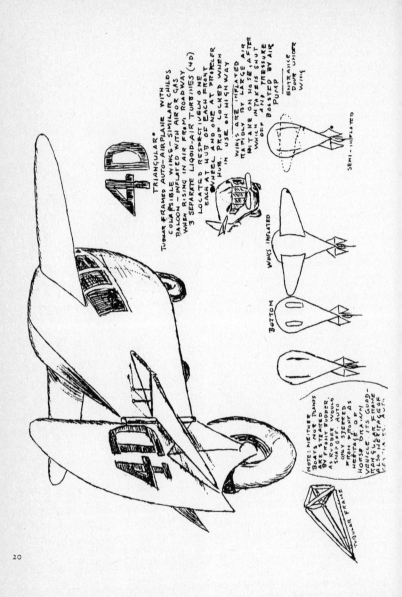

TRIANGULAR"
TUBULAR FRAMED AUTO-AIRPLANE WITH
COLLAPSIBLE WINGS—SIMILAR CHILDS
BALLON—INFLATED WITH AIR OR GAS
WHEN RISING IN AIR FROM ROADWAY
3 SEPARATE LIQUID-AIR TURBINES (4D)
LOCATED RESPECTIVELY ONE
EACH AT HUB OF EACH FRONT
WHEEL AND ONE AT PROPELLER
HUB. PROP LOCKED WHEN
IN USE ON HIGHWAY

WINGS ARE INFLATED
RAPIDLY BY LARGE AIR
INTAKE IN NOSE (AFTER
WHEN INTAKE IS SHUT
OFF AIR PRESSURE
BOOSTED BY AIR
PUMP

ENTRANCE
DOOR UNDER
WING

SEMI-INFLATED

WINGS INFLATED

BOTTOM

NOTE: NEITHER
BOATS NOR PLANES
ARE STREAMED
BY FRONT RUDDER,
AS RUDDER WOULD
SNAP OFF. AUTO
ONLY STEERED
FROM WTOUT AS
HERITAGE OF
HORSE DRAWN
VEHICLE DITS GUID-
ANCE OF CAR FRAME
ALSO HERITAGE OF
EARLIER AUTO

TUBULAR FRAME

IV. Dymaxion-Transport

Transport-Design spielt eine zentrale Rolle in Fullers Design-Theorie wie in seiner Entwurfspraxis. Von den ersten Dymaxion-Skizzen an bis hin zu den planetarischen Phantasien sind Fullers Pläne von einem typisch amerikanischen Mobilitätsideal geprägt, das, zusammen mit seinem Zwillingspart – der Autonomie des Siedlers –, aus der Ideologie der Westwanderung und allgemeiner des liberalen Konkurrenzkapitalismus stammt. Mobilität ist für Fuller ein technisches Problem und kein gesellschaftspolitisches: Sobald die technische Lösung vorhanden sei, folge die gesellschaftliche nach.

4D- und Dymaxion-Häuser sollten unabhängig von konventionellen Verkehrsnetzen, sogar unabhängig von der Energieversorgung, funktionsfähig sein. Die bevorzugten Standorte – wie sie im Welt-Stadt-Plan markiert sind – liegen in unerschlossenen Zonen, auf den weißen Flecken des Globus, sozusagen im gesellschaftlichen Jenseits.

20: Als adäquates Transportmittel für derart «autonomes» Wohnen war ein Flug-Fahr-Zeug geplant, in dem alle technischen Errungenschaften des Flugzeugbaus vereinigt sein sollten: aerodynamische Form, Stahlrohrrahmen, Dreiecksfahrwerk mit zwei Vorderrädern und einem lenkbaren Hinterrad sowie Düsenantrieb.

«Weder Schiffe noch Flugzeuge werden mit einem Frontruder gesteuert, es würde abbrechen. Nur Autos werden von vorn gelenkt; das ist das Erbe der Pferdekutschen, von denen auch der rechteckige Rahmen übernommen wurde.»

21–23: Gegenüberstellung von Kutschen-Typ und 4D-Typ.

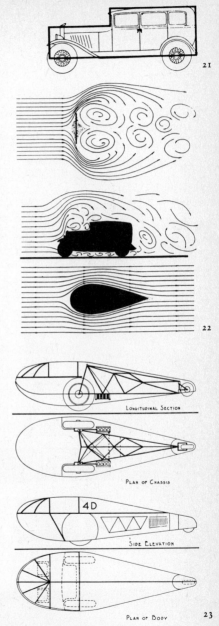

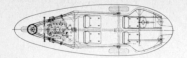

24

24–28: Mit dem ersten Testprojekt des 4D-Transports begann Fuller 1932. Ein anonym gebliebener Gönner stellte in der Zeit schlimmster Geld- und Kreditknappheit Mittel zur Verfügung. Fuller mietete das Fabrikgebäude der bankrotten Locomobile Company in Bridgeport, Connecticut, und stellte ein Team von 27 hochqualifizierten Mechanikern und Ingenieuren zusammen, die während der Wirtschaftskrise arbeitslos waren.

Leitender Ingenieur war der bekannte Schiffs- und Flugzeugkonstrukteur Starling Burgess, der parallel zum Dymaxion-Auto in einer nahe gelegenen Werft eine Yacht für den Segelsport baute. Die sich aufdrängenden Analogien paßten Fuller ins Konzept.

Das Dymaxion-Auto, von dem 1932–34 drei Prototypen hergestellt wurden, stellt im Grunde die Adaption eines Flugzeugrumpfes samt Fahrwerk für den idealisierten Straßenverkehr dar.

Charakteristische Konstruktionsmerkmale: Heckmotor mit Kraftübertragung auf zwei frontale Antriebsräder, ein steuerbares Hinterrad, aerodynamische Karosserie, Chassis aus Chrom-Molybdän-Stahl mit Aluminiumboden, zweifacher A-Rahmen. Mit einem serienmäßigen 90-PS-Ford-V8-Motor konnte das Fahrzeug eine Spitzengeschwindigkeit von ca. 200 km/h erreichen.

Die Modelle dienten vor allem Schauwerbezwecken: Dymaxion-Auto Nr. 1 half der Gulf-Ölgesellschaft bei einer nationalen Verkaufsförderungskampagne; Auto Nr. 2 sollte von einem Club englischer Automobilisten angekauft werden, verunglückte aber; Nr. 3 wurde 1934 auf der Chicagoer Weltausstellung gezeigt.

Fullers Projekt «omnidirektionaler Trans-

25

26

27

28

port» hatte sich auf eine spektakuläre Autokonstruktion reduziert. Sie verwies symbolisch auf die Schrittmacherrolle des Flugzeugbaus und der Luftfahrt, scheiterte jedoch am Widerspruch zwischen logistischem Transportideal und gesellschaftlichen Verkehrsverhältnissen; an einem individualisierten Massenverkehr mit enormer Verkehrsdichte und erhöhter Unfallgefahr, dessen treibende Kraft eine *absatzorientierte* Automobilindustrie ist, für die modische Aufmachung mehr zählt als Erhöhung des Gebrauchswerts.

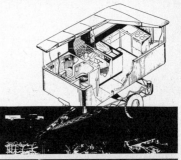

29

29–31: Aus der Mobilitätsidee einerseits, die Fuller ähnlich wie Frank Lloyd Wright als Essenz gesellschaftlicher Freiheit verstand, und andererseits dem Konzept der Zusammenfassung von sämtlichen sanitären Installationen, Versorgungs- und Wirtschaftsvorrichtungen in kompakten Einheiten resultierte auch der Entwurf des Autoanhängers «Mechanical Wing». Diese Einheit – ein vom Hause wie vom Fahrgestell unabhängiger elektromechanischer Versorgungtrakt – enthielt: 1. Dymaxion-Bad mit Abfallbeseitigungs- und Verpackungsanlage, 2. Energiezelle mit Dieselmotor, Kompressor, Dynamo etc., 3. Kücheneinheit. Für den Transport war ein zweirädriger A-Rahmen vorgesehen, eine Chassis-Konstruktion, die später für Bootsanhänger populär wurde.

30

Bei späteren Entwurfsaufgaben für Studenten spielt das Containerisieren, das «dichteste Packen» von Gegenständen, eine große Rolle; es handelt sich um eine typische Entwurfsübung innerhalb einer «Strategie des verallgemeinerten Falles», die Fuller bei der Vermittlung seiner Designmethode anwendet.

Wohnen soll nicht an ein Haus gebunden sein: die standortunabhängige Hülle und die netzunabhängige Versorgung sind das Ziel des Designers, der in der Astronautenkapsel das Modell der künftigen Wohnung erblickt.

31

V. Dymaxion Deployment-Einheit

Angeregt durch die zylindrischen Well-blechkornspeicher der Butler Manufacturing Company, entwarf Fuller die Dymaxion Deployment Unit (DDU). «Das ist eine sehr effiziente Konstruktionseinheit für ein kleines, vorfabriziertes Haus, das man jetzt für die industrielle Massenproduktion vorbereiten kann. Der Kornspeicher hat genug Platz für die Unterbringung einer Kleinfamilie. Die Kosten für eine feuersichere Konstruktion würden weniger als 1 Dollar per Quadratfuß [0,093 Quadratmeter] Grundfläche betragen.»

Die ersten Entwürfe entstanden 1940. Fuller legte die Pläne der Butler Manufacturing Company vor mit der Absicht, Prototypen für die Massenproduktion von Wohnhäusern zu entwickeln bzw. von militärischen Notunterkünften. Infolge der Vorrangigkeit der Waffenproduktion und der Lieferungen von Stahl und Rüstungsgütern an England war eine Massenproduktion der Dymaxion Deployment Unit für zivile Zwecke ausgeschlossen.

Resultat: DDUs wurden erst 1944 produziert für den Einsatz als Radarbaracken und Notunterkünfte der Streitkräfte.

35: Amerikanisches Luftwaffenpersonal vor einer Gruppe DDUs am Persischen Golf.

36, 37: Ausgehend von den Grundlagen der Dymaxion-Konzeption werden die Charakteristika des geplanten Objekts und die Designkriterien aufgelistet: maximale Grundfläche pro Längeneinheit der Außenwand; maximaler Rauminhalt mit minimalem Materialaufwand; atmosphärische Kontrolle durch Verwendung thermo- und aerodynamischer Techniken.

32–34: Die Konstruktion ist selbsttragend: Außenwand und Tragwerk bilden eine Einheit. Das konische, zum Außenrand hin gewölbte Dach mit seinen versteifenden Rippen wird auf der Baustelle zuerst montiert, über einen im Zentrum errichteten Mast in die gewünschte Höhe gezogen, so daß die Seitenwände leicht angebracht werden können. Dieses Montageprinzip, wonach *vom Dach abwärts*, also von oben nach unten, gebaut wird, ist allen Dymaxion-Hausprojekten gemeinsam.

Der konvexe Rundbau war für Fuller ein thermodynamisches Studienobjekt; wenn man Öffnungen an der Dachspitze und an der unteren Seitenkante ließ, produzierte ein interner Luftstrom ein von der Außentemperatur abweichendes Binnenklima, etwa wie ein Golfstrom. Bei äußerer Hitze reflektiert der Dachschild die Strahlen und erwärmt die umliegende Luft, die sich ausdehnt und säulenförmig um den Bau aufsteigt. Das so geschaffene Vakuum am Boden saugt Luft aus den unteren Öffnungen, während von der Dachluke ein absteigender Strom kühle Luft zur Bodenmitte führt. Bei äußerer Kälte und innerer Erwärmung verläuft die Zirkulation umgekehrt. Zur Regulierung dieser Thermalkreisläufe werden Rund- und Kuppelbauten mit Dachventilatoren und Lüftungsschlitzen versehen. Die Dymaxion Design-Strategie erstreckt sich über die Planung und Konstruktion des Objektes hinaus auf: das Verhältnis der äußeren und inneren Umweltbedingungen; verfügbare Ressourcen; Produktionsmittel; die Serienproduktion aller Bauelemente; Verpackung in kompakten Einheiten und Transport; Montage und Errichtung einschließlich der Hilfsmittel und Werkzeuge; Bedienung und Benutzung des Gebäudes; Service und Ersatzteilversorgung; Demontage ohne Beschädigung; Transport- und Lagerfähigkeit für anderweitige Verwendung bzw. Ersatz durch verbesserte Konstruktion. Die umfassende gesellschaftliche Rationalität, die solche Planung voraussetzt, ist unter den Bedingungen kapitalistischer Produktionsweise nur in *einem* gesellschaftlichen Sektor als gebrochene Teilrationalität herrschend: im Industrie-Militär-Komplex.

PLANNING PRINCIPLES THAT INSURE HEALTHFUL LIVING ENVIRONMENT

LIVING CONDITIONS FOR DEFENSE WORKERS THAT ADD TO HUMAN EFFICIENCY

BASIC UNIT

CIRCULAR SHAPE PROVIDES:

- MAXIMUM FLOOR AREA PER UNIT OF WALL LENGTH
- MAXIMUM CUBAGE WITH LEAST MATERIAL
- ATMOSPHERIC CONTROL BY THERMODYNAMIC AND AIRODYNAMIC TECHNIQUES

SPECIFICATION:

- STRUCTURE: INTEGRAL WITH COVER SECTIONS
- FINISH: SHOP BAKED ZINC OXIDE ON GALVANIZED STEEL
- WEIGHT: 3200 POUNDS COMPLETE
- INSULATION ⌐ FIRE-PROOFED FIBRE BLANKET
- NATURAL LIGHT: 60 EFFECTIVE SQ. FT.
- VENTILATION: 31 SQ. FT.

FAMILY UNIT

GROUP UNIT

36

PLANNED PERFORMANCE INDICATED BY BASIC UNIT CHARACTERISTICS

A HOUSING PROGRAM PROVIDING VOLUME OUTPUT OF ADEQUATE DWELLINGS

1 MASS PRODUCTION

2 PACKAGE DISTRIBUTION

3 QUICK ERECTION

4 LOW COST

5 FLEXIBLE ORIENTATION

6 FIRE RESISTANCE

7 CONCUSSION RESISTANCE

8 AIR PROTECTION

9 DEMOUNTABILITY

37

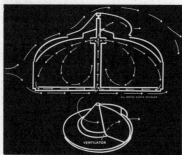

38

39

40

41

VI. Dymaxion-Wohnmaschine

Der ehrgeizige Plan der Entwicklung eines neuen Industriezweiges, der *Habitatindustrie,* die vom Bauhauptgewerbe bis zur Kommunikations- und Energiewirtschaft alles umfaßt, was Menschen zum Wohnen brauchen, war zwar schon immer Bestandteil der Dymaxion-Konzeption, Realisierungschancen bestanden freilich nicht. Das schien sich 1944, als in den USA die Rüstungsproduktion auf Hochtouren lief, zu ändern. Fuller, der im Board of Economic Warfare an ökonomischen Trendanalysen arbeitete, war auf den voraussichtlich rapiden Rückgang der Kriegsproduktion, insbesondere im Flugzeugbau, aufmerksam geworden. Kurzfristig ergab sich aber ein akuter Arbeitskräftemangel, der durch extreme Wohnungsknappheit in den Zentren der Luftfahrtindustrie verschärft wurde. So hatte sich die Bevölkerung in Wichita, Kansas, im Laufe des Jahres 1943 durch den Arbeitskräftebedarf der Beech Aircraft Company von 100 000 auf etwa 200 000 erhöht, also verdoppelt, ohne daß entsprechend mehr Wohnungen bereitgestellt worden wären. Diese Umstände schienen günstig, um das Projekt einer teilweisen Umstellung der Flugzeugproduktion auf Fertigteilproduktion für Wohnbauten einzuleiten. Nach Verhandlungen mit Gewerkschaftsspitzen und der Firmenleitung der Beech Aircraft und nach entsprechender Billigung durch War Production Board, War Manpower Commission und Air Force gab man Fuller die Möglichkeit, das Projekt unter der Belegschaft zu propagieren, den Beschaffungsapparat des Unternehmens und einen Teil der Produktionsanlagen für die Fertigung von Prototypen zu nutzen, wobei die Entwicklungsarbeit mit den qualifizierten Mechanikern und Ingenieuren des Betriebes durchgeführt wurde.
Um die günstige sozialpolitische Wirkung des Projektes auf Arbeitsfrieden und Arbeitskräftemigration zu verstärken und zu verlängern, orderte die US Air Force innerhalb der höchsten Prioritätskategorie für Materialien und Arbeitskräfte zwei Exemplare des Wichita-Hauses für den sofortigen Einsatz im Pazifik.
40: Die ersten Entwürfe und Modellexperimente gingen von den inneren und äußeren aero- und thermodynamischen Verhältnissen und Prozessen aus, denen ein flacher Rundbau einerseits ausgesetzt ist und die er andererseits erzeugt. Beim Bau und Test der DDUs hatte sich herausgestellt, daß eine konvexe, käseglockenförmige Hülle thermodynamische

Strömungen erzeugt, die eine natürliche Umwälzanlage darstellen und, verbunden mit Radiatoren und Ventilatoren, eine komplette Klimaanlage ergeben.

42: Ein Bodenring aus Aluminium umschließt die radialen, konisch zum Mittelpunkt laufenden Leichtmetallstreben. Sie bilden die Bodenplatte. Im Zentrum wird der tragende Mast errichtet, von dem über drei konzentrische Ringe eine Zugverspannung aus Stahldrahtseilen zu den zwölf Bodenankern führt.

43: Die ganze Konstruktion ähnelt einem halbierten Drahtspeichenrad. Auf die gebogenen Rippen werden die biegsamen Dachplatten aus Spezialaluminium montiert. 44: Nachdem die komplette Dachkuppel über den Zentralmast hochgezogen worden ist, können die unteren Außenwände, die Fenster aus Plexiglas und schließlich der Ventilator montiert werden. 45: Das komplette Haus, dessen Gewicht ca. 6000 Pounds (ca. 2700 Kilogramm) beträgt. Der Zylinder neben der Gangway fungiert als Behälter sämtlicher Bauteile, die auf diese Weise als kompakte Einheit versandt werden können. Kein Element ist schwerer als 10 Pounds (4,53 Kilogramm), so daß es beim Bau mit einer Hand gehalten, mit der anderen befestigt werden kann.

39: Die große Montagehalle der Beech Aircraft-Werke: im Hintergrund die Flugzeugproduktion, vorn der Produktionsabschnitt für die Bauteile der Wichita-Wohnmaschine.

Trotz der 3700 Kaufanträge, die 1946 für die Wichita-Wohnmaschine vorlagen, und der positiven öffentlichen Resonanz konnte die Serienproduktion für das Haus nicht aufgenommen werden. Produktionstechnisch war die Serienfertigung der 200 Teile im Vergleich zu den 2500 eines normalen Flugzeugtyps kein Problem; aber das «Tooling-Up», die Herstellung von Werkzeugen und die Einrichtung von Werkzeugmaschinen, hätte Kapitalinvestitionen von ca. 2 Millionen Dollar erforderlich gemacht.

Die Flugzeugindustrie hatte sich 1946 bereits anders orientiert: Sie produzierte so lange für den zivilen Sektor, bis die Aufrüstung des kalten Krieges für eine neue Konjunktur sorgte.

42

43

44

45

46

VII. Energetisch-synergetische Geometrie

1944, noch während der Arbeiten an der Dymaxion-Wohnmaschine, beginnt Fuller mit systematischen Untersuchungen zur strukturellen Geometrie.

Das Scheitern des Wichita-Projektes schließt die etwa zwanzigjährige Phase der Dymaxion-Projekte ab und leitet die Grundlagenforschung ein, die zu den geodätischen Strukturen führt. In den zehn Jahren bis zum ersten Bauauftrag einer geodätischen Kuppel 1954 hält Ful-

ler eine Reihe von Kursen an verschiedenen amerikanischen Universitäten ab, arbeitet seine energetisch-synergetische Geometrie aus und baut mit Studentengruppen geodätische und tensegre Strukturen.

46: Fuller vor Modellen geodätischer Kuppeln im Black Mountain College, 1947. Fuller versuchte, seine partikularen Erfahrungen in der Berechnung und Abbildung der in räumlichen Strukturen wirkenden Kräfte, der «Energiemuster», in einen systematischen Zusammenhang zu bringen. Das Resultat nennt er «energetisch-synergetische Geometrie». Das

96	65,018	25,996	6	8,490	18,510	20	3	4	1	
	91,004				27,000					TRUE RATIONAL VOLUMES WHERE TETRAHEDRON IS UNITY
								1:2	1:1	LOCALLY SYMMETRICAL, OMNI-TRIANGULATED
	AREA : VOLUME RATIO	1 : 4.63								
										LOCALLY MIXED SYM-ASYM, OMNI-TRIANGULATED
										LOCALLY ASYMMETRICAL, OMNI-TRIANGULATED
•		•	•	•			•			SPACE FILLERS
						•	••	•		COMPLEMENTARY SPACE FILLERS

VECTOR EDGE ENENICONTAHEDRON	VECTOR EDGE TRIACONTAHEDRON	VECTOR EDGE TETRAXIDECAHEDRON	VECTOR EDGE DODECAHEDRON	VECTOR EDGE RHOMBIC DODECAHEDRON	VECTOR DIAGONAL RHOMBIC DODECAHEDRON	VECTOR EDGE CUBE	VECTOR EDGE ICOSAHEDRON	VECTOR EQUILIBRIUM	ALTERNATING + TO - TETRA VECTOR DIAGONAL	VECTOR EDGE OCTA	VECTOR EDGE TETRA	SYSTEM
92 + 180 = 270 + 2	32 + 60 = 90 + 2	32 + 60 = 90 +2	32 + 60 = 90 + 2	14 + 24 = 36 + 2	14 + 24 = 36 + 2	14 + 24 = 36 + 2	12 + 20 = 30 + 2	12 + 20 = 30 + 2		8 + 12 = 18 + 2	6 + 8 = 12 + 2	4 + 4 = 6 + 2	EULER FORMULA V + F = E + 2
90 + 180 = 270 - 90	30 + 60 = 90	30 + 60 = 90	30 + 60 = 90	12 + 24 = 36	12 + 24 = 36	12 + 24 = 36	10 + 20 = 30	10 + 20 = 30	0 + (12 + 24 = 36)	6 + 12 = 18	4 + 8 = 12	2 + 4 = 6	FULLER SYNERGETIC TREATMENT EXTRACTS 2 VERTICES FOR NEUTRAL AXIS V - 8, 8 - 2, V + F - E
÷ 5	÷ 5	÷ 5	÷ 5	÷ 2	÷ 2	÷ 2	÷ 2	5	5	3	2	1	FULLER SYNERGETIC TREATMENT DIVIDES BY FUNDAMENTAL TWONESS

COPYRIGHT 1965 – R. BUCKMINSTER FULLER

47

Verhältnis von Energie und Synergie will er als komplementäres bestimmt wissen, analog dem von Differentiation und Integration im mathematischen Kalkül. Energetische Studien isolieren oder differenzieren lokale Funktionen aus; synergetische Studien richten sich – nach Fuller – auf das Erfassen und Organisieren komplexer Wirkungsmuster der Natur.

Die Untersuchungen topologischer Systeme beginnen mit dem «dichtesten Packen» von Kugeln. Dabei geht dieser Anordnung folgende Überlegung voraus: Jede Kugel repräsentiert ein Kraftfeld, dessen Kräfte sich im Gleichgewicht befinden. Ein ideales Modell natürlicher Kräftekonfigurationen – des Mikrokosmos wie des Makrokosmos – sollte sich durch dichtestes Packen von Kugeln gleicher Größe ergeben.

Geht man von einem Kugelzentrum aus, um das weitere Kugeln in konzentrischen Schalen oder Schichten gepackt werden, so bildet sich keine Superkugel, sondern ein Kubo-Oktaeder, ein Körper mit 14 Flächen und 12 Scheiteln, die auf einer umschriebenen Sphäre liegen. Fuller nennt es Vektor-Equilibrium.

145

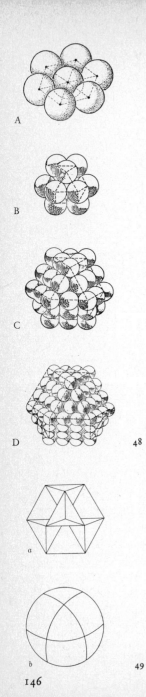

A

B

C

D

48

a

b

49

48: Zweidimensionale dichteste Kugel-
packung um einen Kern liefert ein hexa-
gonales Modell in der Fläche (A); bei
dreidimensionaler Packung umgeben 12
Kugeln den Kern in der ersten Schicht (B),
42 umgeben den Kern in der zweiten
Schicht (C) und 92 in der dritten (D). Die
Anzahl der Kugeln aller Schichten beträgt:
10 × (Radius bzw. Anzahl der Schichten)^2
+ 2. Die Konstante 2 repräsentiert jeweils zwei diametrale Pole, die Achse,
um die sich das System dreht.

Das vierzehnflächige Polyeder, dessen
Scheitel gleichen Abstand voneinander
wie von dem Mittelpunkt haben, repräsentiert ein Kräftegleichgewicht, wenn
Kanten und Radien als Vektoren aufgefaßt werden. In diesem isotropen Modell haben sämtliche Vektoren die gleiche Länge, und die Summe der radialen
Vektoren ist gleich der Summe der peri-
pheren Vektoren. Wegen der Darstellung
eines solchen Kräftegleichgewichts hat das
geometrische Modell besondere Bedeutung
für die strukturelle Abbildung des Aufbaus der Materie wie für die Konstruktion von Hochleistungstragwerken, in denen – wie beim Vektor-Equilibrium –
Oktaeder und Tetraeder alternieren.
Alexander Graham Bell hatte bereits solche Gitter konstruiert; Fuller entwirft sie
für seine geodätischen Kuppeln und
nennt sie *Oktets*.

Das einfachste, nicht weiter reduzierbare
Polyeder, das Tetraeder, wird als fundamentaler Baustein jeder räumlichen Struktur angenommen. Jede Konstruktion,
aber auch jede Kräfteveränderung, kann
man demnach als tetraedoxale Transformation beschreiben. Deshalb nimmt Fuller an, das Tetraeder sei die fundamentale «Energiestruktur des Universums».

50: Von allen regelmäßigen Vielecken
umschließt das Tetraeder mit seinen vier
Dreiecksflächen das kleinste Volumen bei
größter Oberfläche; umgekehrt verhält
es sich bei der Kugel, ihre Oberfläche erreicht ein Minimum bei maximalem
Rauminhalt. Diese komplementären Eigenschaften der geometrischen Körper
Tetraeder und Kugel und das komplementäre Verhalten der entsprechenden
physikalischen Körper bei Belastungen –
Tetraeder bieten stärksten Widerstand
gegen Druck von außen, Kugeln gegen
Druck von innen – ließen eine Vereini-
gung beider in einem räumlichen, trian-
gulierten Kräftenetzwerk logisch zwingend erscheinen.

Man kann dazu, vom irreduziblen Tetraeder ausgehend, eine topologische Serie entwickeln, die wieder durch dichtestes Packen von Kugeln entsteht, wobei
diesmal *kein Kern* vorhanden ist: Te-

traeder (B), Oktaeder (C), Ikosaeder (D).
Das Ikosaeder ist ein regelmäßiges Polyeder mit zwanzig Flächen und zwölf
Scheiteln, die Kanten haben gleiche Länge, ihre Winkel sind gleich. Das Ikosaeder ist dem Vektor-Equilibrium verwandt: gleiche Scheitelanzahl, gleiche
Anzahl der schalenbildenden Kugeln;
beide geben ein Modell symmetrischer
Regelmäßigkeiten ab.

Projiziert man das Ikosaeder auf die es
umschreibende Kugel, dann zeichnen sich
die Kanten auf der sphärischen Oberfläche als Großkreissegmente ab, deren Gesamtheit ein geodätisches Netz ergibt (E).
Die Dichte dieses Netzes kann durch
modulare Unterteilung beliebig erhöht
werden. Die Endpunkte der durch Teilung entstandenen Bogensegmente werden durch *Geraden* verbunden, die ihre
Sehnen sind. Auf diese Weise nähert man
sich durch Quantelung der sphärischen
Gestalt an, ohne kontinuierlich ge-
krümmte Linien und Flächen einführen
zu müssen und ohne die irrationale Zahl
π zu beanspruchen. Die modulare Bogenteilung und Sehnenverbindung legt die
Frequenz einer Struktur fest. Je höher
die Frequenz, je mehr Scheitel auf der
umschriebenen Sphäre liegen, desto sta-
biler ist das ganze System. Das dichteste
Packen von Kugeln um einen zentralen
Kern hatte zum Vektor-Equilibrium geführt. Wenn dieses Zentrum im Modell
entfernt wird – was nach Fullers Ansicht
verstärkter Kompression bei energetischen
Transformationsprozessen entspricht und
eine Analogie zum Quantensprung darstellen würde –, formieren sich die übrigen, in Schichten gelagerten Kugeln zu einem Ikosaeder. Vektor-Equilibrium und
Ikosaeder stellen also zwei Stadien eines
materiellen oder – wie Fuller sagt – energetischen Transformationsprozesses dar,
der, bei weiterem Entfernen von Kugeln
im Innern bzw. entsprechender Kompression, über das Oktaeder zum Tetraeder
zurückführt. Vektor-Equilibrium, Ikosaeder, Oktaeder und Tetraeder stellen sich
als verschiedene Entwicklungsstadien der
gleichen Kräftekonfiguration heraus.

Das Kubo-Oktaeder alias Vektor-Equilibrium nimmt eine Schlüsselstellung bei
der Abbildung von materiellen Transformationsprozessen ein und ist zugleich
Ausgangspunkt der Konstruktion. Fuller
hat dafür eine Metapher, er nennt das
Vektor-Equilibrium den «Zentralbahnhof
des mathematisch-physikalischen Koor-
dinatensystems, das offensichtlich das
Koordinatensystem ist, das die Natur
selber anwendet, um die Myriaden von
Transaktionen auf höchst ökonomische
Weise zu erledigen».

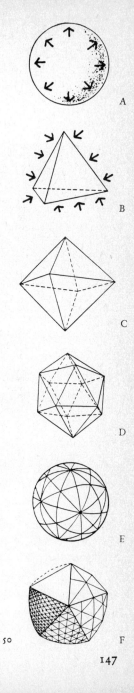

A

B

C

D

E

50

F

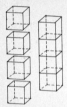 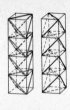 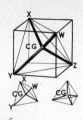 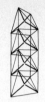

51 A   B   C   D   E

VIII. Tensegritätsstrukturen

«Tensegrität» ist ebenso wie «Dymaxion» ein Fullerscher Neologismus; er setzt sich zusammen aus a) «Tension», also Zug, Spannung, und b) «Integrität», soviel wie Gesamtheit, Ganzheit.

Eine tensegre Struktur haben alle die konstruktiven Systeme, deren Gleichgewicht durch diskontinuierliche Druckkräfte und kontinuierliche Zugkräfte aufrechterhalten wird. Das Konstruktionsprinzip, das im Laufe der Dymaxion-Entwicklung von Fuller vervollkommnet wird, geht aus einem – allerdings idealistischen – Verständnis vom *dialektischen Charakter der Bewegungsformen der Materie* hervor.

Schub- und Zugkräfte, Druck- und Zugspannungen werden zum Beispiel durch entsprechende druckbeanspruchte Stäbe und zugbeanspruchte Seile polarisiert und im System als Komplementäre zu einer Einheit verbunden. In den tensegren Konstruktionen sind die druckbeanspruchten Bauteile voneinander getrennt, die Glieder sind relativ kurze Streben oder Versteifungen, die einander nicht berühren, die aber durch die kontinuierliche Zugverspannung zu einem stabilen System verbunden sind.

51: Konstruktionen einer linearen Tensegritätsstruktur: von zwei Stapeln Würfel (A) enthält einer die positiven, der andere die negativen Tetraeder (B), deren Schwerpunkt CG mit den vier Eckpunkten des Tetraeders durch Streben verbunden wird. (D) Verbindung zweier Tetraeder mit den Zentren CG¹ und CG² durch ein Verspannungsseil, wobei die Streben freibewegliche Schenkel auf zentralen Kugelgelenken sind, die durch vertikale Verspannung sich nicht weiter voneinander entfernen. (E) Lineare tensegre Einheit, wie sie als Mast verschiedentlich realisiert worden ist. 54: Tensegrer Mast, University of Oregon, 1953.
53: Fuller mit seinem ersten Modell eines Tensegritätsmastes, 1949. 52: Tensegritätstetraeder, entwickelt an der University of Michigan, 1952.

52

53

54

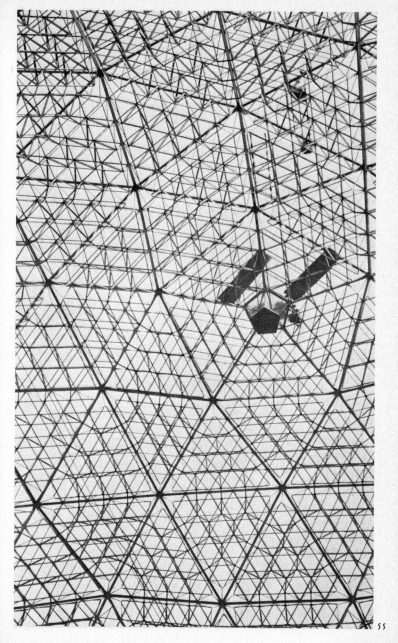

IX. Oktet-Gitter

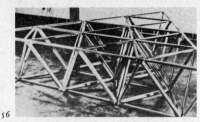

Das Kubo-Oktaeder, das Fuller Vektor-Equilibrium nennt, setzt sich alternierend aus acht Tetraedern und sechs halbierten Oktaedern zusammen, wobei die Kanten sowohl untereinander als auch dem Radius gleich sind. Ein Komplex derart zusammengefügter Struktureinheiten bildet eine Matrix alternierender Oktaeder und Tetraeder, die Fuller «Oktet» nennt.

56–59: Oktaeder- und Tetraeder-Bauelemente für Oktet-Konstruktionen.

Ein Tragwerk, das aus Oktaeder-Tetraeder-Verbundeinheiten besteht, zeichnet sich durch gleichmäßige und nach allen Richtungen geleitete Belastungsverteilung aus, bei der kein Glied des Gitters die Funktion eines anderen verdoppelt. Daher widersteht das Oktet-Gitter extremen Belastungen bei geringem Eigengewicht, die Festigkeit im Verhältnis zum Gewicht nimmt mit wachsender Größe des Gitters zu. So ist es möglich, beliebig große Grundflächen mit einem geodätischen Tragwerk zu überkuppeln.

55, 60: Extrem leichte Oktet-Gitter als Stabtragwerke für die Überkuppelung des Rundbaus der Ford Motor Company. Das Tragwerk dieser ersten, als kommerzieller Auftrag ausgeführten, geodätischen Kuppel wog insgesamt nur achteinhalb Tonnen, demgegenüber hätte eine konventionelle Stahlkuppelkonstruktion das fast Zwanzigfache gewogen. Für eine solche Last wäre der Unterbau zu schwach gewesen.

Die Überkuppelung des Ford-Verwaltungsgebäudes in Dearborn war die erste kommerzielle Auswertung der vorausgegangenen Grundlagenarbeit an geodätischen Strukturmodellen. Ford hatte 1952 für den Bau der Kuppel (1953) eine Lizenz erworben. Die Bauteile waren mit den Produktionsanlagen der Ford Motor Company gefertigt worden. Fuller glaubte, nach seinen kommerziellen Mißerfolgen mit den Dymaxion-Projekten nunmehr die Genugtuung zu haben, daß sich letztendlich die «Industrie persönlich» doch an ihn, Buckminster Fuller, wenden müsse, um in den Gebrauch und den Genuß rationeller Konstruktionen zu kommen. Daß von ihm geschaffene Symbol in diesem Kontext als Repräsentationsbau des US-Monopolkapitals (und später des Militärs, des US-Außenhandels und schließlich des Staates insgesamt) einen Bedeutungswandel erfuhr, blieb ihm gleichgültig.

59

60

151

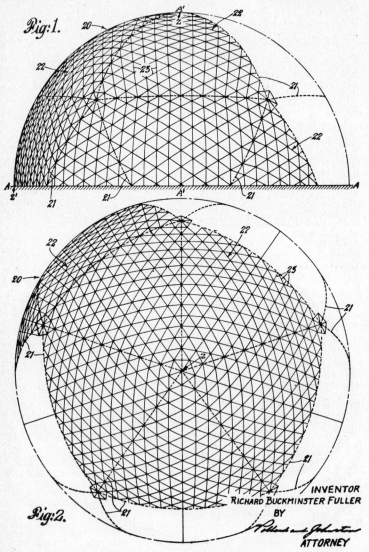

Fig:1.

Fig:2.

INVENTOR
RICHARD BUCKMINSTER FULLER
BY

ATTORNEY

61

152

X. Geodätische Kuppeln

Bei der Entwicklung der Wichita-Wohnmaschine stellte sich heraus, daß mit wachsender Spannweite eines runden, gewölbten Tragmast-Verspannungs-Baukomplexes das Gesamtgewicht der Masteinheit reduziert werden konnte. Man vergleiche dazu die Tragmasten vom 4D-Haus bis zur Wichita-Wohnmaschine. Bei weiterer Verminderung des Tragmastdurchmessers würde die Funktion des druckbeanspruchten Mastkomplexes mit der der Außenwand oder -schale zusammenfallen.

Diese «Phase der Kongruenz», in der die Tragmastfunktion aufgehoben ist und der Mast selber fortfällt, ist bei den geodätischen Kuppeln erreicht: hier erfüllt die Innenseite bzw. die innere Wand der Hülle oder Schale die tragende Funktion des Mastkomplexes; sie befindet sich unter Kompression, ist also druckbeansprucht. Die Außenseite der Hülle bzw. die äußere Wand steht unter Zugspannung und bildet das Netzwerk einer zusammenhängenden Zugverspannung.

Die geodätischen Kuppeln lassen sich mit Fesselballons vergleichen: der Druck des eingeschlossenen Gases entspricht den inneren Druckgliedern oder Streben, die Ballonhülle der äußeren Zugverspannung. Auch flexible Hüllen aus Gummi oder Plastik erweisen sich bei Vergrößerung als porös. Man muß sie daher als relativ dichte Netze ansehen, die bei innerem Druck unter tensionaler Spannung stehen.

Bei den tensegren Strukturen, die ohne mechanische Knotenpunkte auskommen, wie sie aus Kugelgelenken gebildet werden, in denen die Streben hexagonaler und pentagonaler Einheiten zusammenlaufen, kann man die Trennung von Kompressions- und Tensionselementen deutlich sehen und demonstrieren; das ist jedoch nicht bei allen Kuppelkonstruktionen der Fall.

61, 62: Aus der Patentschrift Fullers, die am 12. 12. 1951 eingereicht wurde; die Patentierung der als «Gebäudekonstruktion» ausgewiesenen Methode, mit geodätischen Kuppeln «Raum einzuschließen», wurde am 29. 6. 1954 vollzogen. Aus der wiedergegebenen Patentakte ist gut die Herleitung aus der Ikosaederstruktur nachzuvollziehen, deren Kanten durch Projektion auf die einschlie-

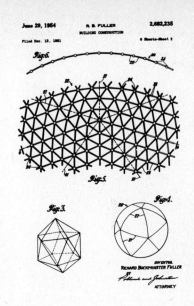

June 29, 1954   R. B. FULLER   2,682,235
BUILDING CONSTRUCTION
Filed Dec. 12, 1951   6 Sheets-Sheet 2

INVENTOR
RICHARD BUCKMINSTER FULLER
ATTORNEY

62

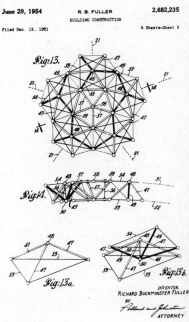

June 29, 1954   R. B. FULLER   2,682,235
BUILDING CONSTRUCTION
Filed Dec. 12. 1951   6 Sheets-Sheet 5

INVENTOR
RICHARD BUCKMINSTER FULLER
BY
ATTORNEY

63

64
65

66
67

ßende Kugeloberfläche Großkreisbogenabschnitte bilden, die sich zu einem regelmäßigen trigonometrischen Muster verbinden (Fig. 3, 4, 1, 2). Durch die modulare Bogensegmentierung wird die Frequenz der Struktur bestimmt. Die Sehnen der unterteilten Bogen bestimmen Länge und Lage der Streben, die zusammengefügt ein Dreiecksgitter ergeben (Fig. 5, 6).

63: zeigt die räumliche Struktur des druck- und zugbeanspruchten Tragwerks und das angewandte Tensegritätsprinzip der komplementären positiven und negativen Tetraeder.

64–66: Die erste Großraumkuppel aus Röhren, die mit einer Innenhaut bespannt wurde. Der Bau wurde von Fullers privater Stiftung, der *Fuller Research Foundation*, die als Forschungs- und Entwicklungsbüro fungierte, vorgenommen. In der hier beteiligten kanadischen Filiale waren ehemalige Fuller-Studenten beschäftigt, die für Planung und Überwachung des Baues sorgten. Montreal, Dezember 1950.

67: Geodätische Zeltkuppel für das Arctic Institute, Labrador, 1951. Die einfache Struktur läßt unmittelbar die Zweierfrequenz erkennen, die aus der einfachen Bogenteilung des sphärischen Ikosaeders herrührt. Die Plane ist in hyperbolischparaboloider Form gespannt, womit ein Flattern verhindert wird.

68: Die erste mit Kunststoffplatten bedeckte Kuppel, hergestellt von einer Studentengruppe der University of Oregon, März 1953.

68: «Geodesic Restaurant» im Besitz des Architekten G. Peterson in Woods Hole, Massachusetts, gebaut 1953/54. Die Streben sind aus Holz, die Klarsichtverkleidung aus Mylar-Kunststoffscheiben. Ein frühes Beispiel der naturromantischen Walden-Nachfolge der Dome-Fans.

69: Swimming-pool-Überkuppelung mit einer Fünf-Achtel-Sphäre, Aspen, Colorado, 1954.

70: Die erste mit Kunststoffplatten bedeckte Kuppel, hergestellt von einer Studentengruppe der University of Oregon, März 1953.

71: Einer der ersten geodätischen Großraumpavillons, gebaut für das Mid-Continent Jubilee, St. Louis, 1956.

72: Planetariumskuppel aus Aluminium der Spitz Company, Prototyp später gefertigter Planetarien, auf einem Testgelände der US Air Force Academy in Raleigh, North Carolina, 1957.

154

68

69
70

71
72

73

74

75

76

XI. Verpackung – Lift – Transport geodätischer Kuppeln

Zu Beginn der fünfziger Jahre werden Versuchsprojekte zur Produktion faltbarer, leicht verpackbarer und transportierbarer Kuppeln entwickelt. Die Kuppeln sollen aus der Luft mit Fallschirmen oder Hubschraubern unzugänglichen Geländen und Bauplätzen angeliefert werden können. Diese logistische Präferenz kommt – wie es sich bereits bei früheren Unternehmungen herausgestellt hatte – in erster Linie militärischen Verwendungszwecken entgegen.

73–76: Eins dieser Projekte ist die «Samenhülsenkonstruktion», die 1954/55 an der Washington University in St. Louis, Missouri, entwickelt wurde. Es handelt sich um eine zusammenfaltbare bzw. selbstaufrichtende Kuppel aus 30 nach innen gefalteten Dreifüßen, deren Glieder in Kugelgelenken zusammenlaufen. Das Aufrichten erfolgt durch ausfahrende Kolben, die in preßluftgefüllten Zylindern als radiale Stäbe an den Scheitelpunkten sitzen und beim Ausfahren die äußeren Seilzüge spannen. Das Tensegritätsprinzip ist hierbei in dynamisierter Form für eine halbautomatische Konstruktion angewandt worden.

Fullers Effizienzkriterien: die Optimierung des Leistungsgewichts, der Festigkeit und Belastbarkeit des Tragwerks, die Großserienvorfabrikation der Bauelemente, die Planung kompakter Verpack- oder Faltbarkeit und die Ermöglichung des Lufttransports ganzer Strukturen sowie ihrer Montage und Demontage am Ort in kürzester Zeit und mit dem geringsten Aufwand, sie machen zusammengenommen die «Umweltkontrollen», wie Fuller seine sämtlichen Konstruktionen nennt, zu einem brauchbaren Instrument innerhalb eines komplexen militärisch-logistischen Systems; hier entspricht das *Mobilitätsideal* des Designers ganz handfesten Erfordernissen der *Mobilisierung*, der Truppenbewegung, des infrastrukturellen Nachschubs, der Beförderung von Materialien und Mannschaften an entlegene Orte, ihrer Versorgung und Unterbringung auf Zeit. Fullers Pioniergeist, dessen außerordentliche Inspiration Fuller selbst auf die Eindrücke und Erfahrungen seiner Marinezeit zurückführt, erweist sich gesellschaftlich als Funktion militärischer Pioniereinheiten imperialer Streitkräfte. Vgl. dazu: «Einflüsse auf meine Arbeit», Seite 101.

77: Am 1. Februar 1954 veranstalten die Marines einen ersten Testflug mit einer Fuller-Kuppel bei Orphan's Hill in North

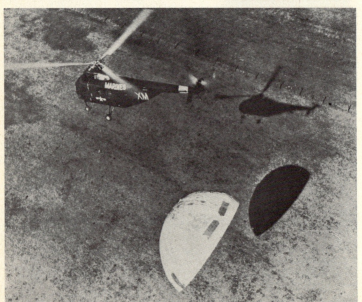

Carolina. Fuller beobachtet, wie ein Hubschrauber des Marine Corps eine geodätische Kuppel aus Holz und Plastik vom Boden abhebt.

78–81: Das US Marine Corps nahm den Transport geodätischer Kuppeln durch Helikopter und später auch die Montage und Errichtung der Kuppeln durch einfache Mannschaften in besondere Testprogramme auf. Das Marine Corps begann damit, die Verwendung von Kuppelleichttragwerken bei verschiedenen Luftfahrtschauen und Manövern einzubauen; so wurden von einem Flugzeugträger Kuppeln an Land geflogen, die beim Errichten von Brückenköpfen an der Küste als Unterstellhallen für Luftfahrzeuge Schutz bieten sollten.

82: Nach den ersten erfolgreichen Testflügen, die den Beweis der hohen Bruchfestigkeit erbrachten und zeigten, daß eine Transportgeschwindigkeit von mehr als 50 Knoten eingehalten werden konnte, wurden Versuche mit Unterstellhallen gemacht, die von den untergestellten Hubschraubern selber mitgenommen und abtransportiert werden können.

83–85: Ein Jahr lang wurde der Aufbau von Kuppeln durch *green crews* der Marines erprobt, die beim Zusammenbauen auf eine durchschnittliche Montagezeit von 135 Minuten kamen. 86: Die Widerstandsfähigkeit der gespannten Innenhaut wurde im Windkanal einer fest im Boden verankerten Propellermaschine geprüft, wobei sich kein Flattern zeigen durfte. 87: Die verpackten Bauelemente einer Standardausrüstung der Marines für Unterstell- und Unterbringungszwecke.

83

84

85

86
87

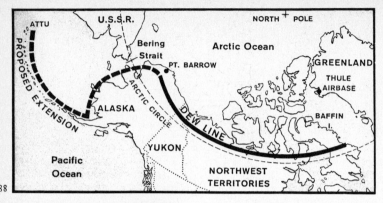

89

90

91

XII. Radarkuppeln (Radomes)

Für das erste amerikanische Frühwarnsystem gegen Überraschungsangriffe, die Defence Early Warning Line der US Air Force, die eine Kette von Radarstationen bildet, entwickelte Fuller 1954/55 geeignete Kuppeln zur Überdachung der Radargeräte. 91: Die DEW-Linie, fast 5000 Kilometer lang, ist Bestandteil eines militärischen Abwehrgürtels zwischen Polarkreis und 60 Grad nördlicher Breite, in dem Militärstützpunkte und Luftbasen der US-Streitkräfte zusammengezogen sind, die den entsprechenden Abwehrstellungen der Sowjetunion gegenüberstehen. Dieser Militärgürtel um den Nordpol ist Produkt und Ausdruck des kalten Krieges.

Die geodätischen Radarkuppeln mußten besonderen Anforderungen genügen: die extremen, wechselhaften Witterungsverhältnisse machen äußerste Stabilität der Raumhüllen notwendig. Die Radomes widerstehen Stürmen mit einer Geschwindigkeit bis zu ca. 300 km/h. Um die Ablenkung bzw. Reflexion der Radarimpulse durch Metalle zu vermeiden, wurden die Bauelemente aus Polyesterfiberglas hergestellt. Die Radarkuppeln sollten für den Lufttransport geeignet sein; ihr Aufbau mußte im Laufe der Zeitspanne abgewickelt werden, für die eine Wettervorhersage gemacht werden kann, also innerhalb von 20 Stunden.

93: Die erste Radarkuppel wurde 1955 von Fullers Geodesic Company geliefert und für Testzwecke auf dem Mount Washington errichtet. 93: Eine Plastikkuppel wird mit einem Kran auf das Dach der Lincoln Laboratories gehoben. 94: Radarstation der DEW-Linie mit überkuppelter Radaranlage, von der Western Electric Company installiert.

XIII. Kuppeln aus Papp-Elemente

Seit 1951 hatte Fuller mit Studentengruppen an Pappkartonelementen für Kuppelbauten und faltbaren Kuppelsegmenten gearbeitet. Die Arbeitsprogramme, aus denen verschiedene Modelle hervorgingen, wurden im Hinblick auf eine billige Serienfertigung von strapazierfähigen Papp-Elementen entwickelt. Zu dieser Zeit wurde wasserbeständiges Kraftpapier ausschließlich im Laboratorium hergestellt, nicht aber in der Industrieproduktion.

Bei der Entwicklung von Prototypen für das US Marine Corps wurden polyesterbeschichtete Kartonteile verwandt.

92, 93: Vorfabrizierte Papp-Elemente, hergestellt von der Container Corporation of America für das Marine Corps, Stützpunkt Quantico, Virginia, 1954.

94, 95: Zwei dieser Pappkuppeln wurden 1954 nach Mailand geschickt, wo sie als amerikanischer Beitrag der zehnten Triennale ausgestellt wurden und den großen Preis erhielten.

92

93

94
95

XIV. Einfamiliendom

96

97

Die Kuppeln, die als Demonstrationsobjekte, Ausstellungs- und Schaustücke der Öffentlichkeit vorgeführt wurden, weisen häufig durch ihre Ausstattung auf die eigentliche, zivile Zweckbestimmung hin: auf die Nutzung von Kuppeln als Wohnhaus, genauer, als Einfamilienhaus.

Ebenso wie bei der Planung der Dymaxion Deployment Units gibt es keinen prinzipiellen Widerspruch zwischen militärischer und ziviler Nutzung. Die Wohnhauskonzeption verhält sich stets zur militärischen Unterkunftskonzeption wie die Kür zur Pflicht in sportlichen Disziplinen. Daher haben die Einfamilienhausentwürfe denn auch durchgängig den Charakter eines Offiziersfamiliendomizils, während die gewöhnliche Version Mannschaftsunterkünfte darstellt.

So fertigten denn Fullers Studenten, die er hier wie anderswo als billige bzw. unbezahlte Arbeitskräfte an seinen Aufträgen partizipieren ließ, sogar Modelle für Wohnzwecke im Auftrag der US Air Force an: Skybreak Dwelling 1949 (96). Bei der Konzeption geht man von der «Verflüchtigung», der «Ephemeralisation» des Hauses, insbesondere seiner

98

«soliden» Wände und Material-
massen aus. Eine fast unsichtbare
Hülle bleibt übrig, die sowohl
Wohnung als auch Garten einschließt. Dergestalt nähert sich
das Modell dem Ideal der «ephe-
meren Umweltkontrolle» an.

Den Resultaten nach schwankt
das Planungskonzept zwischen
den Idealtypen des Zeltes, der romantischen Gartenlaube und des
Lichtdoms. Alle drei Wege differenzieren sich später aus: das erste Konzept verdankt sich den
Erfordernissen militärischer Mobilisierung, den zweiten Weg geht
die bürgerliche und kleinbürger-
liche Fluchtbewegung, von Thoreaus Walden-Einsiedelei bis zu
den Commune Domes in den Deserts, der dritte repräsentiert den
gesellschaftlichen Überbau in Pavillons, kulturellen und wirtschaftlichen Repräsentationsbauten bis hin zu Missionskirchen
und dem Religiösen Zentrum.

97: Das Modell dieses Wohndoms
wurde 1949 am Black Mountain
College, North Carolina, gebaut.
98: Studentisches Projekt unter
Fullers Leitung am MIT für das
Museum of Modern Art, wo es
1952 ausgestellt wurde.
99–101: Grundriß, Innen- und
Außenansicht von Fullers «Home
Dome», seinem Eigenheim in
Carbondale, Illinois.

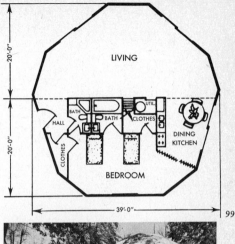

99

100

101.

XV. Großaufträge und US-Weltexport

In großem Maßstab war besser von der geodätischen Kuppelkonstruktion Gebrauch zu machen: die unbegrenzte Spannweite, die sich mit wachsendem Durchmesser verringernden Kosten umbauten Raums, eine zu Oberfläche und Volumen relativ große Grundfläche (was die Verwendung von Kuppeln für Wohnungsbauzwecke erschwert), die Funktionsneutralität und die strikte Trennung von Hülle (als Rohbau) und Innenausbauten, diese charakteristischen Eigenschaften der Fuller-Kuppeln prädestinieren ihren Einsatz als Großraumhallen, Pavillons und schließlich als Repräsentationsbauten.

102–104: Der Kaiser Aluminium-Konzern war nach Ford einer der ersten Lizenznehmer des Fuller-Patents. Kaiser produzierte seine erste Aluminiumkuppel 1957 für ein werkseigenes Auditorium in der Nähe von Honolulu, Hawaii. Die Montage der Fertigteile dauerte nur 22 Stunden. Die Kuppel hat einen Durchmesser von 145 Fuß (44 Meter) und faßt knapp 2000 Personen.

105: Eine der Firmen, die Fuller speziell zur Verwertung seines Patents gegründet hat, die Synergetics Inc., arbeitete den

Entwurf einer Großraumkuppel aus, die die Union Tank Car Company in Baton Rouge, Louisiana, als Ausbesserungswerk baute. Die Stahlplattenkuppel, die 1958 errichtet wurde, hat ein Gewicht von 1200 Tonnen; der Durchmesser beträgt 384 Fuß (117 Meter), die Höhe 128 Fuß (36,5 Meter); der umschlossene Raum ist 23mal so groß wie der der Petersdomkuppel. Damit war sie das bis dahin größte freitragende Gebäude der Welt.

106: Von der North American Aviation Company wurde 1959 die Überkuppelung des Hauptsitzes der American Society for Metals in Cleveland, Ohio, vorgenommen. Die Kuppel hat lediglich die symbolische Funktion eines Denkmals. Zu einem US-Symbol schlechthin sind Fullers Kuppeln schließlich durch eine Reihe von Ausstellungspavillons geworden, die die amerikanischen Exponate auf einigen internationalen Handelsmessen und Weltausstellungen beherbergten und die als Repräsentationsbauten der Vereinigten Staaten fungierten.

105

106

108: Das Handelsministerium bediente sich erstmalig der Dienste eines Kuppelpavillons 1956 für die Handelsmesse in Kabul, Afghanistan. Über die Montage- und Mobilitätsvorteile der Kuppeln hinaus schätzte man in Regierungs- und Unternehmerkreisen den Propagandawert des Fortschrittssymbols; der Messedom sollte Gästen und Gastländern die Dynamik der amerikanischen Industrie zeigen. 107: Fuller vor einer goldglänzenden Messekuppel in Moskau 1959, die von Kaiser Aluminium hergestellt worden war. 111: Einen vorläufig krönenden Abschluß fand diese Entwicklung sowohl des Fullerschen Schaffens wie auch der US-Repräsentation in dem Expo-Dom der Weltausstellung in Montreal, 1967.

109: Aber nicht nur als Ausstellungspavillons folgten die Fuller-Kuppeln den Wegen des Imperialismus, es folgten ebenfalls Modelle für Behausungs- und Sanierungsprogramme in unterentwickelt gehaltene Länder. Ein Muster aus Wellaluminium für die industrielle Massenfertigung als wohlmeinender Vorschlag zur Behebung der Wohnungsnot unter den Zulus in Südafrika.

110: Einsatz geodätischer Kuppeln im Koreakrieg als Quartiere von Unteroffizieren der US Air Force.

107

108

109

110

111

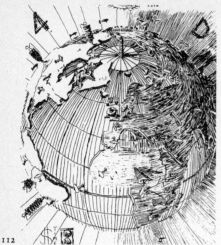

XVI. Karten und Projektionen

Fullers *Eine-Welt-Stadt-Plan* (112) von 1927, dem Jahr des Lindbergh-Fluges über den Atlantik, zeigt eine Antizipation des globalen Luftverkehrs auf einem Routennetz, das erst sehr viel später im internationalen Linienverkehr üblich wurde.

Die Kartographie, also die Abbildungsweise der Erdoberfläche, ist selber ein Produkt des Verkehrs, aus dessen je spezifischen Orientierungsbedürfnissen sie entsteht. Für die Schiffahrt, die bis ins 20. Jahrhundert dominante Form des Weltverkehrs, sind Kartenprojektionen, in denen die Breitenparallelen geradlinig dargestellt werden, zweckmäßig, da für die Schiffsrouten Wege des gleichen Kurses bevorzugt werden. Diese sogenannten Loxodromen schneiden die Meridiane unter demselben Winkel; sie erscheinen auf den Mercator-Karten als gerade Linien. Im Gegensatz zur Schiffahrt, deren loxodromische Wege in den für sie wichtigen Breiten meist nicht viel länger sind als die Großkreiswege, stellt die Luftnavigation, die nicht durch Eisgefahr der Polnähe eingeschränkt wird, auf Großkreisrouten fast immer die ökonomischste Verbindung zwischen zwei Orten auf der Erde her. Mit dem Übergang vom Schiffstransport zum Luftverkehr verändert sich tatsächlich das Weltbild in Orientierung, Projektion und Perspektive. Die Umwälzungen in der Transport- und Kommunikationsindustrie, die Anlaß zur geistigen Umorientierung geben, sind ihrerseits das Resultat von Veränderungen der materiellen Produktion, die auf einen immer rascheren und

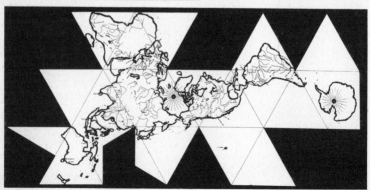

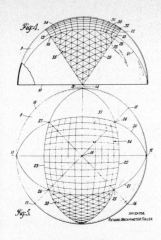

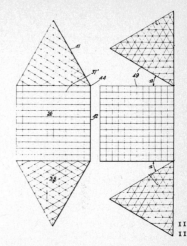

weitläufigeren Austausch von Waren, Menschen und Nachrichten drängt.

Dieser materiellen Veränderung des Weltverkehrs will Fuller in seiner *Dymaxion World Map* (114, 119) Rechnung tragen. Im Gegensatz zu den üblichen Schattenprojektionen der Weltkarten entwickelt Fuller eine topologische Übertragungsmethode mit Hilfe eines räumlich triangularen Systems (115, 116). Die Orte auf der sphärischen Erdoberfläche werden auf die modular unterteilten Flächen eines von der Kugel umschriebenen Polyeders übertragen, dessen flach ausgeklappte Oberfläche die Dymaxion-Weltkarte ergibt (113). Die Karte ist daher zugleich ein Do-it-yourself-Faltglobus. Die erste, 1946 patentierte Fassung besitzt die Form eines Kubo-Oktaeders, der als Vektor-Equilibrium für Fullers Ausarbeitung der energetisch-synergetischen Geometrie das geometrische Modell energetischer Transformationen abgibt (119).

Damit kehren wir zum Ursprung der geodätischen Kuppeln zurück; die Geodäsie, die Lehre von der Erdvermessung, ist in der Tat der Ausgangspunkt der Entwicklung allgemeiner Konstruktionsprinzipien für den Entwurf einer Vielzahl von Varianten geodätischer Kuppeln.

Die Dymaxion-Weltkarte zeigt nicht nur eine signifikante Reduktion von Verzerrungen durch die Polyederprojektion, die in anderer Form schon seit Ende des 18. Jahrhunderts bekannt ist, sondern auch eine dem entwickelten Welthandel und seinen Verkehrsformen entsprechende *Umorientierung*: die klassische West-Ost-Ausrichtung der Überseeschiffahrt wird durch die Entstehung des interkontinentalen Luftverkehrs umgewälzt, so daß die polbezogene Navigation auf Großkreisen in der logistischen Planung wie ihren kartographischen Hilfsmitteln an Bedeutung gewinnt. Diese Zentrierung von Transport und Kommunikation um den Nordpol ist freilich ein Resultat der imperialen Aggressionspolitik und einer durch zwei Weltkriege forcierten Militärtechnologie. Diese Entwicklung erreichte ihren vorläufigen Kulminationspunkt während des kalten Krieges der fünfziger und sechziger Jahre mit dem Ausbau von Interkontinentalraketenstützpunkten, Frühwarnsystemen und einem gigantischen logistisch-ballistischen Destruktionspotential, das in einem Gürtel zwischen Polarkreis und 60 Grad nördlicher Breite um den Nordpol zusammengezogen ist (118). Die Ausrichtung von Verkehrswegen und ballistischen Bahnen auf den Nordpol und den Umschlag vom Übersee- zum Überpol-Konzept konnte Fuller auf Grund seiner militärtechnischen Kenntnisse und seines strategischen Interesses frühzeitig prognostizieren. Dies belegt eine Vorstudie zur Dymaxion-Weltkarte von 1936 (117), in der die Kontinente als eine um den Pol gelagerte Einheit dargestellt werden. Diese Anordnung wird bis zur letzten Version der Karte, einer Ikosaederprojektion von 1956, beibehalten. Der Nordpol steht im Zentrum als Weltverkehrsknotenpunkt, über den der Interkontinentalverkehr zwischen dem Asien-Europa-Afrika-Komplex und dem Amerika-Komplex abgewickelt wird. Die West-Ost-Verbindungen über den Atlantik und Pazifik verlie-

117

118

ren an Bedeutung. In der Karte spiegelt sich auch die politische Lage einer zweigeteilten Welt wider, die durch das Kräfteverhältnis zwischen zwei entgegengesetzten Lagern gekennzeichnet ist.

Die historischen Etappen des Weltverkehrs, die zu einer je spezifischen weltpolitischen «Ansichtskarte» als Schnittmustervariante führen, sind in der Mappenversion von 1946 (120) aufgeführt. Auch hier werden die Verkehrswege bzw. die sie eröffnenden Kommunikationsmittel zum Charakteristikum einer Epoche verabsolutiert (1. Segelschiffahrt, 2. Dampfschiffahrt, 3. Luftschiffahrt, 4. stratosphärisch-strategische Ballistik und Raumfahrt), ohne daß die Triebkräfte der so gekennzeichneten militärisch-strategischen Weltlage kenntlich gemacht oder erläutert würden.

Fullers Geographie des Weltverkehrs, die eine politische Geographie ist, folgt in der Unterstellung eines naturwüchsigen Seemacht–Landmacht-Gegensatzes den geopolitischen Imperiallehren des britischen Geographen Halford J. Mackinder und des amerikanischen Admirals Alfred Thayer Mahan, die in ihren Seemächte-Doktrinen wenigstens die kommerziellen Ursachen der von ihnen untersuchten und entwickelten Expansionsstrategien nie völlig unterschlugen. Die Schriften dieser Imperialstrategen waren bis zum Zweiten Weltkrieg Pflichtlektüre auf den Militär- und Marineakademien. Fuller hat den realen Kern imperialer Globalstrategien durch seinen Mythos von den *Großen Piraten* noch weiter verflüchtigt (vgl. S. 13).

Insofern bleiben die kartographischen Entwürfe und die sich später daran anknüpfenden Weltübersichtsdiagramme und Statistiken immer in den engen Grenzen ihrer Voraussetzungen, unter denen sie entstanden: die Information, die sie liefern, und die Erklärungskraft, die ihnen beikommt, sind Instruktionshilfen für ein militärstrategisch zu schulendes Personal, das sich – wie Fuller einst selber als Schüler der Marineakademie – den logistischen Kalkül einer Imperialmacht zu eigen machen muß.

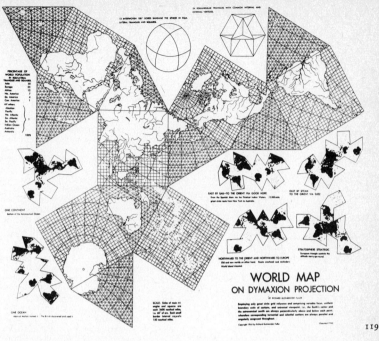

12 INTERWOVEN 180° GORES BANDAGE THE SPHERE IN BI-LATERAL TRIANGLES AND SQUARES.

24 EQUIANGULAR TRIANGLES WITH COMMON INTERNAL AND EXTERNAL VERTEXES.

PERCENTAGE OF WORLD POPULATION IN EQUILATERAL TRIANGLES AND SQUARES	
Asia	50
Europe	25
Africa	12
No. America	7
Cen. America	1
All others	
Aleutian	
Pacific	
No. Atlantic	
So. Atlantic	1
So. Pacific	
Indian Ocean	
Australia	
Antarctic	
	100%

ONE CONTINENT
Bottom of the Aeronautical Ocean

ONE OCEAN
Admiral Mahan named it. The British discovered and used it.

EAST BY SAIL—TO THE ORIENT VIA GOOD HOPE
From the Spanish Main via the Piratical Indian Waters. 12,000-mile great circle route from New York to Australia.

EAST BY STEAM
TO THE ORIENT VIA SUEZ

NORTHWARD TO THE ORIENT AND NORTHWARD TO EUROPE
Old and new worlds on either hand. Russia overhead and McKinder's World Island trisected.

STRATOSPHERE STRATEGIC
European triangle controls the altitude merry-go-round.

WORLD MAP
ON DYMAXION PROJECTION

BY RICHARD BUCKMINSTER FULLER

Employing only great circle grid reference and comprising variable focus, uniform boundary scale of section, and universal viewpoint, i.e., the Earth's center and the astronomical zenith are always perpendicularly above and below each point, wherefore corresponding terrestrial and celestial sections are always parallel and angularly congruent throughout.

Copyright 1944 by Richard Buckminster Fuller   Patented 1944

SCALE: Sides of main triangles and squares are each 3600 nautical miles, i.e. 60° of arc. Each small border interval equals 150 nautical miles.

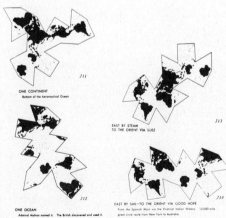

ONE CONTINENT
Bottom of the Aeronautical Ocean

J11

EAST BY STEAM
TO THE ORIENT VIA SUEZ

J13

NORTHWARD TO THE ORIENT AND NORTHWARD TO EUROPE
Old and new worlds on either hand. Russia overhead and McKinder's World Island trisected.

J15

ONE OCEAN
Admiral Mahan named it. The British discovered and used it.

J12

EAST BY SAIL—TO THE ORIENT VIA GOOD HOPE
From the Spanish Main via the Piratical Indian Waters. 12,000-mile great circle route from New York to Australia.

J14

J16

STRATOSPHERE STRATEGIC
European triangle controls the altitude merry-go-round.

J10   The 1944 edition of Fuller's Air Ocean World Map which displayed for the first time on one surface all the world's geographical data without visible distortion of the relative shapes or sizes, and without any breaks in any continental contours.

The pieces could be mounted together as a Vector Equilibrium, or assembled in a variety of ways, each emphasizing unique world geographic relationships.

J11-J16   Closeups of special sectional arrangements of the Air Ocean World Map.

121

XVII. Geoskop, Weltspiel, Weltplanung

Die Dymaxion-Weltkarte als Instruktionshilfe zur Veranschaulichung globaler Entwicklungstrends (des Verkehrs, der Erschließung natürlicher Ressourcen, der demographischen Bewegungen etc.) gibt das Modell ab für spätere Versuche, die Veranschaulichung integrierter Daten und Fakten durch ein räumliches Sichtmodell zu bewerkstelligen. Dieses Sichtmodell nimmt im Laufe seiner Projektierung – einhergehend mit Fullers Kosmologisierung des Designs – eine immer monumentalere Gestalt an. 121: Das Geoskop, das in Fullers Beitrag «Weltplanung» für den Kongreß der Internationalen Architektenunion 1963 in diesem Band detail-liert beschrieben wird, ist ein solches, bisher nicht realisiertes Projekt (vgl. Seite 94 ff).

Der «One World»-Mythus, der um 1940 in den USA propagiert wurde und mit dem der Anspruch auf die politische Führungsrolle der Vereinigten Staaten begründet wurde, mit der späteren Ableitung eines hegemonialen Interventionismus, bedurfte eines plastischen Symbols. Etwa zur gleichen Zeit, 1943, als Fullers Dymaxion-Karte im Magazin *Life* veröffentlicht wurde, lieferte der ehemalige Bauhaus-Designer Herbert Bayer Modelle einer «globalen Geographie», u. a. einen an der Decke hängenden Hohlglobus von 4,50 Meter Durchmesser, der dem im Innern stehenden Betrachter ein globales Rundumpanorama bot (123). Diese Arbeiten wurden auf der Ausstellung «Luftwege zum Frieden» im Museum of Modern Art gezeigt. Das globale Engagement der USA – damals noch gegen den Hitlerfaschismus gerichtet – wurde auf vielfältige Weise popularisiert. Bayer entwarf später für das Luftwaffenmuseum in Dayton, Ohio, ein «Cosmorama» und ein «Raum-Theater» in sphärischer Form, das wie Fullers Geoskop Daten und Fakten des «Raumfahrtzeitalters» zur Anschauung bringen sollte. Fuller wollte sein Projekt eines dynamischen Globaldisplays institutionalisieren, er hat dazu Bauten entworfen und Anlässe zur Realisierung des Projekts gesucht. Ebenso verhielt es sich mit dem Projekt «World Game»: das Weltspiel, das dem Frieden

122

dienen soll, stellt eine strategische Simulation globaler Prozesse dar, die für Laien gedacht ist. 122: Modell für eine Art Weltspiel-Stadion, das für die Zehnjahresfeier der Southern Illinois University entworfen wurde. Die Zuschauer-Mitspieler nehmen auf den Rampen Platz und bedienen die dort installierten Abruf- und Sichtkontrollanlagen, wobei sie die auf einem überdimensionalen Dymaxion-Kartendisplay, das in den Boden eingelassen ist, sich abzeichnenden Lichtsignale verfolgen.

John McHale, Mitinitiator und langjähriger Mitarbeiter Fullers, versichert, daß die Anlage Ähnlichkeit mit Kontroll- und Simulationszentren der Luftwaffe und der NASA hätte (124), aber einen anderen Zweck erfüllen sollte. Trotz der friedlichen Zweckbestimmung, trotz des scheinbaren Fehlens eines Gegners bleibt das «World Game» in den Grenzen strategischer Spiele, womit es die Popularisierung der Planspiele militärischer Stäbe fördern könnte. Der Besucher bzw. Teilnehmer des Weltspiels darf sich hier einmal wie ein Pentagon-Stratege vor dem Weltkartenbildschirm und den Kontrollkonsolen vorkommen, um seine alltäglichen Kontrollfunktionen im Arbeitsprozeß mit dem nötigen Globalsteuerungsgefühl auszuüben.

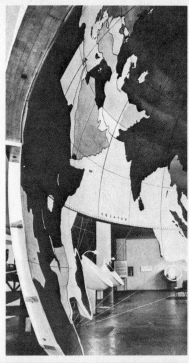

123

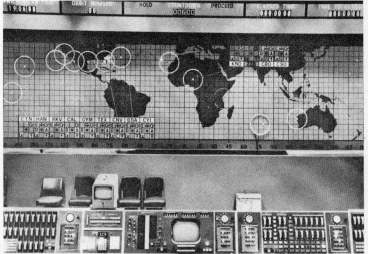

124

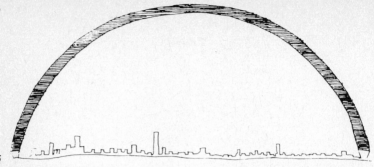

XIX. Gigantische Projekte

In Fullers letzter Schaffensperiode häufen sich ebenso simple wie utopische Großprojekte. Gemeinsam ist ihnen – entsprechend dem anspruchsvollen Programm der Fullerschen Design-Wissenschaft, planetarische Planung zu werden – eine Rückkehr zu den geometrischen Elementarkörpern und eine fast gigantomanische Projektierung, die alles in den Schatten stellt, was futuristische und neo-utopistische Designerkollegen sich ausgedacht und zu Papier gebracht haben.

Dem Dilemma der Ballungszentren kapitalistischer Länder soll ein Projektvorschlag zur City-Überkuppelung abhelfen. 125, 126: Eine über drei Kilometer im Durchmesser große Halbkugelkuppel aus einem geodätischen Leichttragwerk mit transparenter Außenhaut soll wie eine Käseglocke über das Zentrum von Manhattan gestülpt werden. Unwetter und Schneemassen werden abgeschirmt. In dem äußeren geodätischen Tragwerk können Wohnzellen installiert werden, die eine zweite Wohnebene über der Grundfläche schaffen. Tragwerke und Wohnzellen erscheinen vom Boden aus so klein, daß die Kuppel einen immer noch ausreichenden Lichtdurchlaß gewährt. Ein Ziel des Kuppelprojektes, nämlich der wachsenden Luft- und Umweltverschmutzung Herr zu werden, könnte allerdings nur durch eine Stillegung des innerstädtischen Kraftfahrzeugverkehrs erreicht werden.

Die Tatsache, daß drei Viertel der Erdoberfläche von Wasser bedeckt sind, lenkt Fullers Interesse auf die Großprojektierung «schwimmender Städte». 128: Ein solches maritimes Siedlungsprojekt stellt die Tetra-City dar, die in der Bildcollage in der San Francisco Bay lokalisiert wird. Die tetraederförmige Superstruktur des Leichtmetalltragwerks besäße eine solche Festigkeit und relative Leichtigkeit, daß das Gebäude auf einem hohlräumigen

127

128

Luftkammerfundament aus Stahlbeton auf dem Wasser schwimmen könnte. Eine schwimmende Stadt hätte – je nach Typ – zwischen 15 000 und 300 000 Wohneinheiten, die sämtlich als Appartementwohnungen mit Balkon an einer der drei Außenflächen liegen. Beim größten Modell für ca. 1 Million Einwohner haben die Außenkanten eine Länge von ca. drei Kilometern.

127: Eine Version sieht im Innern des Tetraeders einen Park auf der Grundfläche vor, der Sonnenlicht durch Lichtschächte in jeder fünfzigsten Etage empfangen würde. Für eine andere Version ist ein Hafen im Innern geplant. Die technischen und finanziellen Voraussetzungen einer Produktion von Schwimmstädten sind nicht nur von Fullers Mitarbeiterstab kalkuliert worden, sondern auch vom US-Amt für Wohnungsbau und Stadtentwicklung überprüft und zur Feststellung der Seetüchtigkeit an das Bureau of Ships der Navy weitergereicht worden. Hiernach halten sich die Produktionskosten im Rahmen der zweitniedrigsten amtlichen Klassifikationsstufe, und die Konstruktion wird für seetüchtig gehalten. Interesse wurde von mehreren großen Küsten- und Hafenstädten angemeldet; eine staatliche Förderung des Projekts, die ursprünglich unter der Johnson-Regierung in Aussicht genommen worden war, scheiterte u. a. an der konservativen Haltung der Nixon-Administration.

Trotz der utopischen Dimensionierung des Projekts korrespondiert der Entwurf mit zwei wichtigen objektiven Entwicklungen: 1. Die hohe Besiedelungs- und Bebauungsdichte großer Küsten- und Hafenstädte wie zum Beispiel Tokio, Hongkong oder Kapstadt zwingt zur Erschließung neuer Bebauungsflächen, so daß nicht nur das einseitig erschließbare Hinterland, sondern auch nach der Meeresseite hin vorgelagerte künstliche Inseln für die Stadtentwicklung relevant werden. 2. Die Intensivierung und Industrialisierung der Meeresproduktion wird auf lange Sicht schwimmender Inseln bedürfen, die sowohl Standort einer solchen Industrie als auch Wohnort der dort beschäftigten Arbeitskräfte sein werden.

Solche Anhaltspunkte für Veränderungen der gesellschaftlichen Produktion gehen zwar als Parameter in Fullers Trendanalysen ein und sind so auch Bestandteil seiner «antizipatorischen Design-Wissenschaft», seine Projekte jedoch, wie sie in Skizzen, Modellen und Beschreibungen vorliegen, erscheinen fast durchweg im Lichte und Kontext einer immer schon befreiten Gesellschaft; der Schein rückt sie vorneweg in das Reich der Freiheit oder – sobald Spuren des Notwendigen, der materiellen Produktion, nicht ganz auszulöschen sind – wenigstens ins Reich der Freizeit.

Ein Projekt wie Tetra-City ist wie viele frühere Fuller-Projekte utopistisch, weil es als Plan mehr vorgibt, als eine Realisierung unter fortbestehenden Produktionsverhältnissen je einlösen könnte, und weil ein Einlösen dieses Versprechens die praktische Veränderung der Produktionsverhältnisse zur Voraussetzung hätte. Um am Beispiel zu bleiben, eingelöst werden kann: der Bau eines schwimmenden Wohnsilos mit Service-Einrichtungen und Verkehrsanschlüssen. Der Bauplan kann dann durchgeführt werden, wenn sich ein Bauherr bzw. Investoren gefunden haben, die in dem Projekt ein rentierliches Anlageobjekt sehen. Fortbestehen würde: die Notwendigkeit für die überwiegende Mehrheit der Bewohner, ihre Arbeitskraft zu verkaufen, um mit Hilfe ihres Lohnes sich und ihre Arbeitskraft zu erhalten; ferner gäbe es weiterhin die bewährten Käufer dieser Arbeitskräfte, eine verschwendende Minorität, die Kapital bzw. Produktionsmittel ihr eigen nennt, wozu nunmehr auch die Tetra-City des Investors Soundso rechnen würde und darüber hinaus das umliegende Wasser mit seinen Fischfarmen sowie der beackerte Meeresgrund. Hinzu käme allerhand Maschinerie zur Züchtung und Bebauung, zur Verarbeitung und zum Transport. Auf den bis dahin «freien Weltmeeren» würde genau jene lokale Inbesitznahme einreißen, die der Kosmopolit Fuller als Borniertheit der Landbewohner denunziert und der er die Komprehensivität der seefahrenden Weltmenschen entgegenstellt. Wenn aber Tetra-City freies Gemeineigentum sein soll, wie es Luft und Wasser bald nicht mehr sind, wie es Wald und Land in früheren Epochen waren, auf welche Weise soll dann der Plan ins Werk gesetzt werden? Auf solche trivialen Fragen kann man von Fuller keine Antwort bekommen. Nur soviel läßt er uns wissen: Wenn die Weltmeere mit derlei schwimmenden Inseln bestückt sein werden, dann entwickelt sich ein allseitiger, freier Verkehr zwischen den Menschen und den Wohninseln. Was mag damit gemeint sein? Richtig: Der Individualverkehr bricht sich auch auf den Meeren Bahn; jeder, der bis dahin sein Auto über Land fuhr und es in der Stadt teuer

zu stehen bekam, soll sich nun eine Segel-
yacht kaufen!

Wie wir an Fullers Dymaxion-Projekten
und auch an der eindimensionalen Nutzung der geodätischen Kuppeln gesehen
haben, scheiden sich Utopismus und Rea-
lismus an dem Punkt, wo die Produk-
tions- und Eigentumsverhältnisse einer
Gesellschaftsordnung als Rahmenbedin-
gung der Planung, Konstruktion und Realisation von Projekten als veränderlich
erkennbar werden, veränderlich durch
Praxis, nicht ohne, aber nicht allein
durch Technik. Sobald diese Verhältnisse
ignoriert werden, bleibt die Projektreali-
sierung so lange aus, als sich nicht eine
Interessenidentität zwischen dem Projekt-
temacher und der Kapitalverwertung einstellt.

Eine gewisse Sonderstellung nehmen lediglich solche Projekte ein, die unmittelbar eine militärisch-strategische Funktion
erfüllen oder direkt staatlicher Repräsen-
tation dienen, also Bestandteil des staat-
lichen Überbaus werden. Bei dieser Klasse von Projekten, zu der viele Entwürfe
Fullers gehören, kann das Planungsziel
und der Nutzungszweck eines Projekts
wohl im Widerspruch zu den Verwer-
tungsinteressen einzelner Kapitale oder
Kapitalfraktionen stehen, zum Beispiel
der Haus- und Grundbesitzer, des Bau-
handwerks usw., nicht aber in diametra-
lem Gegensatz zu den allgemeinen Ver-
wertungsinteressen des Gesamtkapitals
und den Grundsätzen eines auf diesen
Interessen sich gründenden Staates.

130: Weitaus phantastischer als City-
Überkuppelungen und schwimmende
Städte sind Fullers Pläne für schwebende
geodätische Kugeln, die als künstliche
Erdtrabanten innerhalb der Atmosphäre
neue Siedlungsräume schaffen sollen. Wie
bei allen Projekten Fullers liegt auch
hier eine technisch-rationale Überlegung
der Raumphantasie zugrunde: Das Gewicht sphärischer geodätischer Hüllen aus
Leichtmetallgitter verringert sich relativ
zum Gewicht der eingeschlossenen Luft
mit zunehmendem Kugeldurchmesser.
Wenn Sonnenstrahlen durch dieses offene
Gitterwerk einfallen und ein Teil an der
Innenseite des Gitters reflektiert wird,
kommt eine teilweise Bündelung dieser
Lichtstrahlen wie durch einen Hohlspie-
gel zustande, wodurch sich die Luft im
Innern der Kugel ein wenig erwärmt,
ausdehnt und ausströmt. Wenn das Gewicht dieser ausströmenden Luftmenge
größer ist als die des Gitters, steigt die
Kugel wie eine Wolke auf. Ein Durchmesser von weniger als 1 Kilometer würde ausreichen, um bei einem Gewichtsver-
hältnis von 1000 : 1 diesen Wolkenauf-
stiegseffekt durch Lufterwärmung um
1 Grad zu erzielen. Würde man solche
geodätische Kugeln mit einer Kunststoff-
außenhaut ausstatten, mit der das Ein-
strömen kalter Luft verhindert bzw.
kontrolliert wird, so hätte man frei-
schwebende Trabanten, die wie Wolken
mit Tausenden von Passagieren um die
Erde wandern oder an den Berggipfeln
verankert werden könnten.

Daß die Realisierung solcher Luftschlösser nicht aktuell ist, sondern eher in den
Sternen steht, gibt sogar Fuller zu, wenn
er untertreibend prognostiziert: es werde

noch einige Jahrzehnte dauern, bis solche Projekte ausgeführt würden. Über den technisch-rationellen Kern der Sache hinaus, der nicht unterschlagen werden darf, wenn man nicht vorschnellem Abtun, billiger Kritik und Besserwisserei Vorschub leisten will, reiht sich ein solches Projekt prototypisch in eine lange historische Kette utopisch-monumentaler Architekturentwürfe, in der die utopischen Projekte der bürgerlichen Revolutionsarchitekten einen Reflex auf Newtons Gravitationstheorie und den Untergang des Feudalismus darstellen und in der Fullers geodätische Kuppeln und Kugeln Einsteins Relativitätstheorie wie den sich anbahnenden Untergang des Bürgertums – teilweise ungewollt – widerspiegeln.

Die gesellschaftliche Utopie frei kommunizierender Individuen, die frei von materieller Not durch freiwillige Assoziation zu sich kommen und eine Gesellschaftsordnung für sich bilden, scheint – allerdings in bezeichnender Verkürzung als Bild einer mobilen Gesellschaft, mobil um der Mobilität willen – bereits an den 4D-Entwürfen durch; sie knüpft sich an das Dymaxion-Programm und die geodätischen Kuppeln, und sie verkommt regelmäßig zur Inkorporation des amerikanischen Traums: Selbst im Klischee einer total automobilisierten Gesellschaft von Trailernomaden steckt noch ein Rest liberaler Utopie und libertärer Opposition gegen das expansive Regiment des Monopolkapitals, das seinerseits solch apolitische Mobilitätsideologie gebrauchen kann. Fuller hat sich strikt an diese Ideologie gehalten, in seinen Schriften und in seiner Entwurfsarbeit. Der Einsicht in die Notwendigkeit sozioökonomischer Umwälzungen und der praktischen Mitwirkung an dieser Veränderung hat er sich verweigert. Seine Projekte variieren ein gesellschaftliches Thema; das darin verborgene Problem wird durch diese Variationen nur indirekt und ohne Lösungsperspektive sichtbar.

Teil 3
Joachim Krausse
Fortschritt auf der Flucht

Design-Initiative und Jugendbewegung

Design-Initiative und Jugendbewegung
«Neues Leben» unter Kuppeln

Nicht unmittelbar zum Werk Buckminster Fullers, wohl aber zu seiner Wirkung und zu der Rezeption seiner Lehre gehören die vielfältigen Versuche jugendlicher Gruppen, die «Design-Initiative» zu ergreifen und selber geodätische Kuppeln zu bauen. Die selbstgebauten Kuppeln oder Domes werden als Unterkünfte und Heimstätten auf dem Lande, in Wäldern und Tälern von ihren Erbauern benutzt; sie haben sich aus den großen Städten zurückgezogen, um in kleinen, loseren Gruppen von Gleichgesinnten ein «befreiteres» Dasein zu führen. Obwohl die Domes als Behausungstyp in Konkurrenz zu Blockhütten, Zelten und *mobile homes* (Caravans, ausrangierte Busse, Lastwagen, Wohnanhänger) stehen, die ebenfalls von Jugendkommunen bewohnt werden, haben sich die kleinen Kuppelbauten im Laufe von kaum fünf Jahren so weit durchgesetzt, daß sie einen festen Bestandteil des «Neuen Lebens» am Rande der Gesellschaft bilden.

Klassische Siedlerhütte

Goodwin-Cole Company
1315 Alhambra Boulevard
Sacramento, California 95816

or WHOLE EARTH CATALOG

Indianischer Tipi

Dafür gibt es verschiedene Gründe: Die relativ kleinen Bauelemente, kurze Stäbe für das Skelett und dreieckige Platten für die Außenverkleidung, aus Materialien wie Holz, Plastik, Leichtmetall usw. lassen sich bequem an entlegene Orte transportieren und ohne größere Hilfsmittel auf der Baustelle zusammenfügen. Die Domes können ohne Fundamentierungsmühen auf in die Erde gerammten Pfählen und einem darauf befestigten Holzboden errichtet werden.

Auch sehr kleine Waldlichtungen und Berghänge eignen sich als Bauplatz.

Das Konstruktionsprinzip ist einfach und kann von Laien ausführlich an einem selbstgebastelten Modell studiert werden, wonach Dimensionierung und Maße festgelegt und die Teile zugeschnitten werden. Der Bau kann bis auf Installationen (!) mit mäßigem handwerklichem Geschick und in sehr kurzer Zeit durch-

Hippiekommune mit
geodätischem Modell

Domestruktur,
Bauanleitung

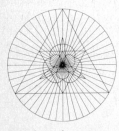

Dreiecktransformationen

The Mother Earth News
$5 /year (6 issues)

geführt werden. Etwas schwieriger ist der Einbau von Türen und Fenstern, das Abdichten der Fugen und die Isolation. In Schönwettergegenden, vor allem in Kalifornien, schießen die Domes natürlich am schnellsten aus dem Boden.

Über die praktischen Vorzüge hinaus gibt es eine Reihe von ideologischen Gründen, die zu der Beliebtheit der Domes bei den stadtflüchtigen Kommunen und Einsiedlern führten. Der runde Kuppelbau wird als alternatives Modell zu den kubisch-rechteckigen Häusern und Wohnungen der großstädtischen Architektur verstanden, das Dreiecksgitternetz der Domes als Alternative zum gängigen Fassadenraster der Hochhäuser und dem Planquadrat der Stadtanlage. Quadrat und Quader gelten den Oppositionellen als Symbol der Lebensfeindlichkeit, der erstarrten Zivilisation ohne Zukunft. *Square* ist ein Schimpfwort für den bornierten Städter und den angepaßten, konservativen Bürger, dessen Kultur man haßt und dessen Lebensstil durch das «Neue Leben» auf dem Lande, den *deserts* und am liebsten in einer romantisch gedachten «Wildnis» abgelöst wird. *Dome* hat demgegenüber einen guten Klang. Die Ideologie des *outdoorsman*, des Außenseiters, assoziiert den sphärischen Raum des Kosmos, ein modernes Bild vom Himmelsgewölbe, die Kugelform der Planeten, besonders der Erde, das weibliche Prinzip der Integration, den Mutter-Erde-Mythos, der seiner neuesten Verkleidung – dem Umweltschutz – innewohnt, das utopische Kugelsymbol, die Versöhnung von Natur und Technik, die Übereinstimmung von Makrokosmos und Mikrokosmos, das Ideal einer «organischen» Architektur und nicht zuletzt den Inbegriff des Sakralbaus, den Dom.

Feldpriester und Missionare hatten schon vor gut einem Jahrzehnt unter Fullerschen Umweltkontrollen gewirkt. Nun gibt es mehr und mehr religiöse und meditative Zentren unter geodätischer Kuppelhaube, neuerdings das

Ananda

Panoramafenster nach dem Lauf der Wintersonne

Paul Scheerbart: ‹Glasarchitektur›. Berlin 1914. Neuausgabe: München 1971.

Expansion: Von der Holzhütte zum Kosmos. «Kristall-Raum» als Hüttenanbau in Berkeley

Religiöse Zentrum in East St. Louis, Illinois, entworfen von Fuller und Partner Sadao. Swami Kriyananda lehrt und predigt in der Meditationszufluchtstätte der Ananda Spiritual Community, genannt «die Farm».

Der romantischen Sehnsucht nach Naturverbundenheit kommt der Umstand entgegen, daß die Oberfläche der Domes aus transparenten Häuten oder Platten bestehen kann, daß beliebig viele Fenster an beliebigen Stellen eingelassen werden können, so daß man Oberlicht nach Wahl erhält. Das erzeugt bei den Bewohnern das Gefühl, «noch halb im Freien» zu sein. Das Frühstück ist wie ein Picknick im Grünen, und aus dem Bett kann man die Sterne sehen. Die Künstler bekommen ihr Nordlicht, der Gläubige kann gen Osten schauen. Auch kann ein Panoramafenster nach dem Lauf der Wintersonne ausgerichtet werden.

Solche Lichtreize einer neuen Architektur samt ihrer Affinität zu kosmischer Religion und unpolitischem Pazifismus hatte der deutsche Dichter Paul Scheerbart um die Jahrhundertwende in seinen Visionen einer «Glasarchitektur» präzise vorweggenommen. Es sind vor allem die ästhetischen Eigenschaften, die die sensibilisierten Gemüter der depravierten Intelligenz faszinieren. Ihrer Flucht in die Esoterik hat sich das Modell der geodätischen Kuppel als Symbol der ganzen Bewegung empfohlen. Swami K.: «Der Dome ist Ausdruck unseres neuen Zugangs zum Universum. Er ist in Übereinstimmung mit dem wissenschaftlichen Konzept, demzufolge der Raum selber gekrümmt ist. In seiner Rundheit repräsentiert er unseren modernen Wunsch nach kontinuierlicher mentaler Expansion, mit der wir ins Universum hinausgelangen, statt uns gegen dessen immense Größe abwehrend zu verschanzen» (‹Domebook II›, S. 96).

Ein anderer Apostel, der geheime Analogien zwischen dem Kubo-Oktaeder, das Fuller Vektor-Equilibrium nennt, und Jesus mit seiner zwölfköpfigen Jüngerschar konstruiert, kommt zu dem Ergebnis, daß das Ikosaeder Symbol unserer heutigen Zeit sein müsse, da sich ein Vektor-Equilibrium, dessen Kern (Jesus) entfernt wird, in ein Ikosaeder umwandle. So mangelt es nicht an allen möglichen Spekulationen über die mystische Bedeutung der Domes und die Symbolik der Geodesics; um die gesellschaftlichen Bedingungen ihrer Produktion und ihrer Nutzung kümmert sich niemand außer ihrem Lizenzverträge abschließenden Urheber. Die Mitglieder der Dome-Gemeinde geben Musterbeispiele für die Kultivierung falschen Bewußtseins: wo die Imperialmacht und ihre Raumfahrtindustrie expandieren, da glauben sie, im Griff nach den Planeten ein Erzeugnis verstärkten und geläuterten Glaubens vor sich zu haben; wo die organisierte Denktätigkeit der Kopfarbeiter vom Warencharakter geprägt ist, da erscheinen ihre Produkte als unbefleckte Konzeptionen mystischer Spiritualität; schließlich: wo der aggressive Zugriff des Kapitals für eine schleichende Verödung und Verwilderung der großen Städte sorgt, sucht man in den *deserts* und auf dem Lande Stätten unverfälschter Wildnis. Man hat also den Verlust von Realitätssinn für eine Bewußtseinserweiterung genommen. (Solche Verkehrungen sind von der Drogen-Bewegung her bekannt.)

Das gemeinschaftliche Bauen von Modellen gehörte zur Unterrichtspraxis Fullerscher Seminare. Diese Form projektorientierter Gruppenarbeit wurde von Fuller zuerst am Black Mountain College entwickelt, wo er mit gleichgesinnten Studenten die Anwendung seiner geometrischen Untersuchungen auf den Bau geodätischer Kuppeln ausprobierte (vgl. S. 154).

Das Black Mountain College war Ende der vierziger/Anfang der fünfziger Jahre ein Umschlagplatz für den künstlerischen Avantgardismus in den USA. Fuller war aber nicht wie seine Künstlerkollegen mit der Grundlegung neuer Stilrichtungen und Kunstformen (Fluxus, Action Painting, konkrete Poesie, neue Musik,

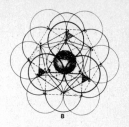

Vektor-Equilibrium: Kugellagerung in Schalen um einen Kern

Alphawave kit— **$26**

Dome auf Hollywoods Hügeln

Fuller mit Studentengruppe, Black Mountain College, North Carolina, 1949

185

Fuller und Studenten
mit geodätischem Modell,
Black Mountain College,
1948

experimentelles Theater etc.) beschäftigt, sondern mit Vorstudien für Aufträge von Militär und Industrie, die er bereits in der Tasche hatte oder deren Abschluß bevorstand.

Ein Ankurbeln der studentischen Design-Initiative gehört seitdem zum Erziehungsprogramm der Fullerschen Design-Wissenschaft. Ihm selber kam dabei die unentgeltliche Entwicklungsarbeit der Studenten zugute. Er war in der Lage, verschiedene Projekte an verschiedenen Hochschulen gleichzeitig zu betreuen, zu überwachen und sich auf Akquisition von Aufträgen, Verhandlungen mit Kontraktoren und Patentierung der Konstruktionen zu konzentrieren. Die beachtliche Produktivität Fullers und sein später Unternehmererfolg beruhen nicht zuletzt auf der produktiven Arbeit seiner Studenten. Die qualifiziertesten wurden später Mitarbeiter seiner diversen Firmen, oder sie betreuten als Tutoren, Assistenten und Lehrkräfte weitere Studentengruppen an anderen Schulen. Das führte wiederum zur Verbreitung des Dome-Konzepts unter neuen Studentengenerationen und in den meisten Fällen zu einer mündlichen Vervielfältigung Fullerscher Theorien. So wurden die ehemaligen Studenten zu Multiplikatoren seiner Ideologie, und da Fuller im Besitz des Patentschlüssels war, zu Propagandisten seiner Markenware. Fullers Außenseiterbiographie begünstigte eine Identifikation seiner Zuhörer mit ihm, wobei er sich im Laufe der Studentenbewegung immer offensichtlicher zum reifen, aber jung und naiv gebliebenen Drop-out stilisierte, der schließlich doch zu Erfolg und Ansehen gekommen war. Trotz unauflösbarer Widersprüche seiner Design-Philosophie, in der krudes Technokratentum mit libertärem Anarchismus vermählt wird, in der Imperiallogistik und christlicher Pazifismus verschmolzen und Fordismus mit Naturmystik durch Kreuzung unter einen Hut gebracht werden, trotz solcher Widersprüchlichkeit ist Fuller zu einer Autorität der antiautoritären Studentenbewegung geworden. Das

Henry Ford: ‹Mein Leben
und Werk›. Leipzig o. J.

liegt vielleicht einfach daran, daß er über die «große Verweigerung» Herbert Marcuses hinaus, die kaum eine praktische Alternative zum Monopolkapitalismus der USA wies, ein kleines, anschauliches und hübsches Modell anzubieten hatte, das sich jeder in seiner Freizeit nachbauen konnte. Dieses Basteln schien mehr mit *Praxis* zu tun zu haben und dennoch vereinbar mit dem Verweigerungsgedanken. Das darin enthaltene Versprechen, ohne politische Praxis zur individuellen Emanzipation zu gelangen, hat auf die schwankende Intelligenz wie ein schleichendes Rauschgift gewirkt: sie hat sich in mancherlei Richtung auf die Flucht vor der Wirklichkeit gemacht.

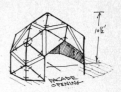

Assembly Diagram

Historische Vorbilder

Auf die Urgroßväter der Stadtflüchtigen gehen die Ideen zurück, denen zufolge ein freieres Leben nur jenseits der europäisch-städtischen Zivilisation zur Entfaltung kommen kann.

Die amerikanische Frühgeschichte ist reich an Beispielen mehr oder weniger verunglückter Siedlerexperimente. Religiöse Sekten, deren Mitglieder gemeinschaftlich aus Deutschland, England und Frankreich eingewandert waren, versuchten, in der neuen Welt ihr Zusammenleben nach ihren Glaubensregeln einzurichten. Und zu den Moravians, Shakers, Rappisten, Amanas und Hutteriten kamen noch utopische Sozialisten hinzu, die in ihren Kommunen, die mustergültige Produktionseinheit und Lebensgemeinschaft in einem sein sollten, die künftige sozialistische Gesellschaftsordnung vorwegnehmen und exemplifizieren wollten. Allen diesen Kommunen ist gemeinsam, daß sie gegen die privatkapitalistische Ordnung ihrer gesellschaftlichen Umwelt opponierten und das Gemeineigentum ihrer Mitglieder anstrebten.

Trotz beachtlicher Leistungen und einzelner Erfolge auf dem Gebiet der sozialen Versorgung, der Kindererziehung, der partiellen Aufhebung der Arbeitsteilung, der gemeinschaft-

Vgl. Morris Hillquit: ‹Der *utopische Sozialismus und die kommunistischen Versuche in den Vereinigten Staaten Nordamerikas*›. In: ‹Vorläufer des neueren Sozialismus›. Bd. IV, 2. Teil. Stuttgart, Berlin [2]1922. Und: L. und O. M. Ungers: ‹Kommunen in der Neuen Welt *1740–1972*›. Köln 1972.

lichen Organisation der Produktion wurde ihre wirtschaftliche Lage durch den sich entwikkelnden Industriekapitalismus immer hoffnungsloser. In freiwilliger Isolation von der Gesellschaft, abgeschnitten von Informationen über neue Produktionsmethoden und überrollt von der Akkumulationsdynamik großer Kapitale, waren die Kommunen außerstande, auf die gesellschaftliche Entwicklung selber Einfluß zu nehmen.

Ein anderer Versuch hat noch direkteren Bezug zu der hier anstehenden Problematik der jugendlichen Dome-Bewegung. Wie ein Motto des neuen Exodus hört sich eine Phrase an, die

Dt. Neuausgabe: ‹Walden oder Leben in den Wäldern›. Zürich 1971.

über hundert Jahre alt ist: «Eine Generation verläßt die Unternehmungen der andern wie gestrandete Schiffe.» Ihr Autor ist der Dichter David Henry Thoreau, der 1845 auszog, um in der Nähe seines Wohnortes Concord im Wald eine Blockhütte zu bauen und dort «von seiner Hände Arbeit» zu leben. Diese «Handarbeit» war im wesentlichen das literarische Sujet, aus dem sich Thoreaus Kopf ein individualanarchistisches Programm machte. Es erschien 1854 als Buch unter dem Titel ‹Walden or Life in the Woods›. Thoreau wollte die Naturverbundenheit des «einfachen Lebens» gegen die gesellschaftlichen Bindungen ausspielen, die ihm sein Experiment allerdings erst erlaubten. Das Grundstück *stellte* sein Freund

und Gönner, der Philosoph Ralph Waldo Emerson, *zur Verfügung,* die Werkzeuge zu seinem Bau hatte er *entliehen,* um der Bretter willen hatte er eine alte Hütte von einem Nachbarn *gekauft.* Dennoch machte er seinen Mitmenschen vor, er habe *ganz auf sich gestellt ganz von vorn angefangen.* Thoreaus Siedlerexperiment sollte erweisen, wie frei sich die Persönlichkeit entfalten kann, wenn sie sich nur von aller sozialen und ökonomischen Ordnung freimacht, um allein mit sich und der Natur wahre Freiheit und mehr noch: wahre Poesie (!) zu erzielen.

«Der Mensch sollte mit ebensoviel Fug und

The BLAKE place some time after 1805 ..

With the help of Noah, Izaac Blake had created a workable homestead. The Indian Trail became a roadway .. the brook became a source of power to grind corn that grew where once a forest stood .. the shelter became home to an early American boy ..

A SUGGESTED GARDEN PLAN

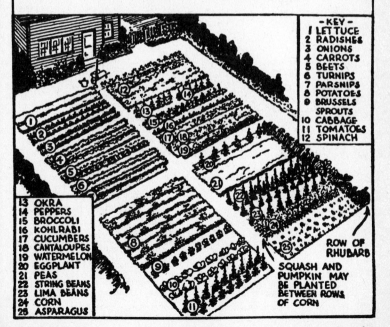

- KEY -

1 LETTUCE
2 RADISHES
3 ONIONS
4 CARROTS
5 BEETS
6 TURNIPS
7 PARSNIPS
8 POTATOES
9 BRUSSELS SPROUTS
10 CABBAGE
11 TOMATOES
12 SPINACH

13 OKRA
14 PEPPERS
15 BROCCOLI
16 KOHLRABI
17 CUCUMBERS
18 CANTALOUPES
19 WATERMELON
20 EGGPLANT
21 PEAS
22 STRING BEANS
23 LIMA BEANS
24 CORN
25 ASPARAGUS

ROW OF RHUBARB

SQUASH AND PUMPKIN MAY BE PLANTED BETWEEN ROWS OF CORN

the pod

Recht sein Haus zusammenbauen wie der Vogel sein Nest. Wer weiß, ob nicht, wenn die Menschen mit eigener Hand ihr Haus bauten und sich mit den Ihrigen auf einfache und ehrliche Weise mit Nahrung versorgten, die poetischen Fähigkeiten allgemein entwickelt würden?» Da die Robinsonade die wohl ungeeignetste Form eines gesellschaftlichen Experiments ist, kann daraus nur ein Vorwand für eine prätentiöse Unabhängigkeitserklärung des individualistischen Freidenkertums werden.

«Wir gehören dem Gemeinwesen. Nicht nur der Schneider ist ein Teil des Menschen, sondern auch der Pfarrer, der Kaufmann und der Bauer. Wo soll diese Arbeitsteilung aufhören? Kein Zweifel, ein anderer kann für mich denken; es ist aber doch nicht wünschenswert, daß er es tut und mein selbständiges Denken ausgeschlossen wird.» Um sich dieses höchste Gut zu bewahren, muß der Intellektuelle nicht nur selber seinen Austritt aus der Gesellschaft vollziehen, sondern – wie Thoreau – durch baldigen Wiedereintritt von den wunderbaren Resultaten der Verweigerung künden.

Hundert Jahre später fand der Verhaltensforscher B. F. Skinner heraus, daß Thoreaus ‹Walden› den Fehler hätte, nur für *einen* Menschen zu funktionieren. «Die Probleme der Gesellschaft jedoch verlangen mehr als Individualismus», befand er und wollte Thoreaus Lebensregeln noch einige hinzufügen, um die Sache richtig zu machen. Deshalb konstruiert er in seiner Utopie ‹Walden II› eine moderne, verhaltensgesteuerte Kommune, die ebenfalls in stiller Abgeschiedenheit und freiwilliger Isolation angesiedelt ist. Es handelt sich um eine nach «wissenschaftlichen Grundsätzen» organisierte Mustersiedlung eines Gemeinwesens, in dem alle Widersprüche durch Steuerungs- und Regelungstechniken des Managements ausgeklammert werden. Die Außenbeziehungen obliegen einer Public-Relations-Abteilung, die inneren unterliegen einem Verhaltenskodex, auf den jedes Mitglied eingeschworen wird

B. F. Skinner: ‹Walden Two›. New York 1948. Dt. Ausgabe: ‹Futurum Zwei›. Hamburg 1970.

und der die Maximen anzuwendender Human-Relations-Techniken enthält. Den Initiator und Gründer läßt Skinner sagen: «Wir wenden keinen Zwang an! Alles, was wir anwenden, ist eine sinnvolle Steuerung der Verhaltensweisen.» Und mit Notwendigkeit kommt bei Skinners Scheinutopie ein Abklatsch der raffinierten IBM-Betriebsorganisation heraus. Was Skinner daran den «Thoreauschen Zug» nennt, charakterisiert trefflich die eigentlich *unternehmerische* Einstellung des reformerischen Geschäftsmannes: «Warum Kampf und Widerstand gegen die Regierung? Warum sie ändern wollen, warum sich nicht, soweit es geht, von ihr lösen?»

Vgl. Gerd Peters: ‹Modernes Management›. In: *Blätter für deutsche und internationale Politik*. Heft 8 u. 9, 1971.
Und: William H. Rodgers: ‹Die IBM-Saga. Ein Unternehmen verändert die Welt›. Hamburg 1971.

Skinner mutet solche unternehmerische Sozialtechnologie und deren *human engineering* als Allheilmittel denen zu, von deren Lage er weiß, wie sehr sie durch den Zwiespalt von ökonomischer Realität und der Notwendigkeit ihrer gesellschaftlichen Veränderung bestimmt werden wird: «Ich mußte an die Millionen junger Menschen denken, die in diesem Augenblick ihren Platz in einer sozialen und ökonomischen Welt suchten, an die sie nicht glaubten. Was für ein Zwiespalt zwischen Ideal und Wirklichkeit, zwischen ihrem guten Willen und dem Kampf ums Dasein [!], in dem sie sich zu behaupten hatten! Warum sollten sie sich nicht eine Welt nach ihren eigenen Vorstellungen aufbauen dürfen?» Auf welches idealistische Außenseitertum sie der «Thoreausche Zug» ihrer Vorstellungen beim Aufbau ihrer kleinen Siedlungen in der Abgeschiedenheit bringen konnte, soll im folgenden betrachtet werden.

Drop-City

Prototyp einer ländlichen Zufluchtstätte für eine rund zwanzigköpfige Gruppe ist die Hippiesiedlung Drop-City. Sie liegt nahe der kleinen Stadt Trinidad im Süden von Colorado. Das Grundstück war eine ehemalige Ziegenweide und konnte billig erstanden werden. 1965 fingen Mitglieder der Kommune an, Kup-

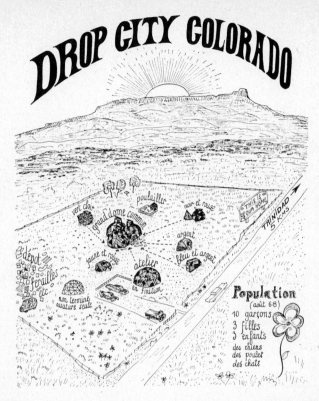

DROP CITY COLORADO

poulailler
vert clair
noir et rouge
grand dôme commun
THIS IS OUR HOME
TRINIDAD 5 KMS
argent
jaune et rouge
bleu et argent
dépot
feraîlles
etc
atelier
en finition
non terminé
ossature seule

Population
(août 68)
10 garçons
3 filles
3 enfants
des chiens
des poules
des chats

peln zu bauen. Sie entwickelten eine Methode, billig an geeignete Baumaterialien heranzukommen: Aus den Dächern von verschrotteten Autos schnitten sie sich mit der Axt dreieckige Stahlblechplatten zu, deren Kanten gelocht, umgebogen und mit der anliegenden Plattenkante innen verschraubt wurden. Die so montierten Dachplatten ergeben bunte Kuppelbauten. Die kleineren Gebäude und Hütten, die dem privaten Rückzug der Gruppenmitglieder, der Kleintierhaltung, der Unterbringung von Besuch oder als Lagerraum dienen, sind um ein Gemeinschaftszentrum angeordnet, das als dreiteiliger Kuppel-Cluster gebaut ist. Es befinden sich darin: Küche, Bad, Atelier, Wirtschaftsraum und eine große, mit Sitzgruppen ausgestattete Gemeinschaftshalle.

Hühnerhütte

Die Gruppe, die sich hier ansiedelte, besteht wie fast alle späteren Landkommunen aus Künstlern und Intellektuellen, die des Lebens in den großen Städten überdrüssig geworden waren. Drop-City hat als Künstlerkolonie, etwa wie Worpswede in Deutschland, vielen anderen Ansiedlungen Modell gestanden.

Ihren Lebensunterhalt verdienen die Bewohner nicht durch Landwirtschaft – sie halten nur etwas Federvieh –, sondern durch Herstellung von Posters, Kleinkunst, durch Gelegenheitsarbeiten einzelner Mitglieder und durch die Propagierung ihrer «Idee» in Publikationen und Vorträgen.

Gemeinschaftszentrum Drop-City

Institutionalisierung

Mit dem Anwachsen der Fluchtbewegung aus den großen amerikanischen Städten, die große Teile der studentischen Jugend, der wissenschaftlich-technischen und künstlerischen Intelligenz erfaßt hat und die sich in vielfältigen Formen äußert – von der Drogenszene über religiöses Sektierertum bis hin zur makrobiotischen Ernährungsweise und endlich der unvermeidlichen Siedlerbewegung –, haben sich binnen kurzer Zeit Institutionen herausgebildet, ohne die offensichtlich nicht einmal spontane,

Haupt-Katalog

1922

Schutz-   Marke

„Nirwana"
Verlag für Lebensreform
Berlin SW. 48, Wilhelmstr. 37/38.
Preis Mk. 5,—
(Selbstkostenpreis Mk. 8,35)

Quelle: Janos Frecot, Johann Friedrich Gust, Diethart Kerbs: FIDUS 1868–1948. München 1972.

Guide to Organic Foods Shopping
and Organic Living
Jerome Goldstein and M.C. Goldman, editors
1970; 116pp.

$1.00 postpaid

from:
Rodale Press, Inc.
Emmaus, Pennsylvania 18049

or WHOLE EARTH CATALOG

*Australian wind-driven electric plants, wind chargers.
Quirks has a wide variety of wind generator equipment and
appliances. They need detailed information on your wind
situation and power needs before they can quote a price
for you. Write to:* Quirk's Victory Light Co.
33, Fairweather St.
Bellevue Hill
N.S.W. 2023
Australia

*Three-blade, wind-driven power
plant fitted with Automatic
Variable-pitch Propeller. Two
models available.*

Kompostanlage
zur Gasgewinnung
mit Latrine

libertäre Gruppen den Auszug aus der Gesellschaft bewerkstelligen können. Diese Institutionen wurden schnell zum festen Bestandteil des «Movement». Es hat nicht nur eine kleine, abseitige Geschäftswelt hervorgebracht, zu der Buchläden, *organic food stores*, makrobiotische Restaurants, Zeitschriftenverlage, Trödler und Reformhäuser gehören, sondern es umfaßt auch Release-, Gesundheits- und Meditationszentren sowie *free schools*, *free universities* und Umweltschutzvereine. Das alles sollen Gründungen zum Zwecke einer «Gegenkultur» sein, die die Neuauflage des Lebensreformgedankens beinhaltet.

Kennzeichnend für solche Einrichtungen, die mit persönlichen Ambitionen, großem Idealismus, ein wenig Kapital und ziemlicher ökonomischer Naivität gegründet und betrieben werden, ist die Tatsache, daß ein vermeintlicher Ausstieg aus der bestehenden Gesellschaftsordnung und der Neubeginn in Landkommunen schon in der Gründerzeit all die ökonomischen Strukturen reproduziert, die Ursache der «großen Verweigerung» und der Drop-out-Bewegung sind.

Da die Siedlerinteressenten meist über geringe Mittel verfügen, langt ihr Kapital höchstens zum Kauf kleiner, sehr entlegener Grundstükke, so daß sie viel Zeit, Energie und wiederum Geld aufbringen müssen, um an das Verkehrs- und Energienetz, an Wasserversorgung, Kanalisation und Handel Anschluß zu finden. Oder sie machen den Versuch, möglichst autark zu werden. Windmühlen zur Energiegewinnung sind zu bauen, Brunnen auszuheben, um mit Wasser versorgt zu sein, Kloaken und Komposthaufen für die biologisch-dynamische Düngung anzulegen, damit alles auf dem eigenen Mist wachsen kann, wenn es mit der landwirtschaftlichen Produktion ernst wird.

Das jedoch macht neue Investitionen nötig. Einige Siedler versuchen, die Mittel für landwirtschaftliche Geräte, Saatgut etc. durch Vorratswirtschaft und Verkauf der Mehrproduktion an *organics* durch eigene kleine Läden in der nächstgelegenen Stadt zu erwirtschaften, was zusätzlicher Arbeitskräfte bedarf und Haltung von Lieferwagen nötig macht.

Vielen vergeht die Lust an solch veritablem Farmer-, Handwerker- oder Einzelhändlerdasein schon nach kurzer Zeit, wenn sie feststellen, daß sich alle Formen von Arbeitszwang, Arbeitsteilung, Akkumulationsnot, Investitionen, Kreditaufnahme, Abzahlungsgeschäften etc. etc. wieder einstellen, Zwänge, denen man eben noch zu entfliehen gedachte. Spätestens aber, wenn die große Konkurrenz auf dem Markt spürbar wird, sei es auf einem Wochenmarkt für Kunsthandwerk und Spezereien, sei es auf dem Lebensmittelmarkt, und wenn die großen Idealisten als kleine Unternehmer feststellen, daß sie nicht lange die einzigen sind, die solche Waren herstellen und verkaufen, spätestens dann wird ihnen klar, daß sie mit ihrer Form des Ausstiegs und Neubeginns wieder da landen – und diesmal in völligem Anachronismus und Widerspruch zur voll entwickelten großen Industrie –, wo ihre Großväter sich schon in ziemlich verzweifelter Lage sahen: als kleine «Selbständige», die bis über die Ohren verschuldet sind.

Anleitung zum Außenseitertum

Drop-outs, die von der Idee, sich auf dem Lande, in Tälern und Wäldern anzusiedeln, besessen sind, besorgen sich Informationen über das Wie und Was. Das hat zu einer erstaunlichen Nachfrage auf dem Publikationsmarkt geführt. Es herrscht Konjunktur für Wie-man-es-macht-Bücher und Was-man-braucht-Kataloge. Tips, Gebrauchsanleitungen, Baupläne als Siedler- und Lebenshilfe erschienen zuerst in kleinen Zirkelgazetten. Später gab es einschlägige Handbücher und Inspirationsschriften, die den Drop-outs Wege zum einfachen Leben weisen sollten, Naturverbundenheit und neue Religiosität predigten. Sie lieferten auch Baupläne zum Do-it-yourself-Dasein unter geodä-

197

20 FT HEXAGON PLYWOOD FLOOR

The plywood floor is simpler—much less nailing, and very little cutting. We used "2-4-1": 1 1/8" tongue and groove plywood with exterior glue. It can span 4 ft between joists and is the only flooring needed. This is the floor that Jay and Kathleen used in their 20' pillow dome.

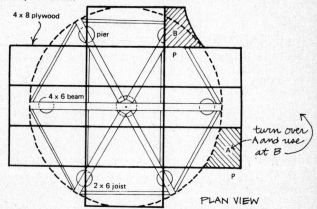

4 x 8 plywood

pier

B

P

4 x 6 beam

turn over
A and use
at B

A

P

2 x 6 joist

P

PLAN VIEW

In the framing of this floor, a long (20') girder was first installed, from low point pier to center post to opposite pier.

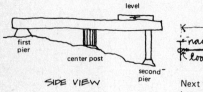

level

first
pier

center post

second
pier

SIDE VIEW

dome radius

nail

nail

loop

wire

loop

SIDE VIEW

Next the third and other three piers were located with two pieces of baling wire with loops like this.

and located by this method:

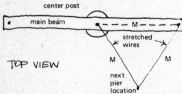

center post

main beam

M

stretched
wires

M

M

TOP VIEW

next
pier
location

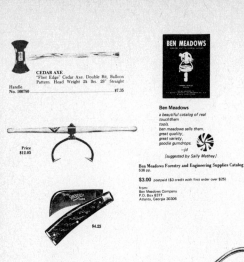

CEDAR AXE
"Flint Edge" Cedar Axe. Double Bit, Balloon Pattern. Head Weight 2¼ lbs. 28" Straight Handle
No. 160780 .... $7.35

Price
$12.05

$4.25

Ben Meadows

a beautiful catalog of real
touch them
tools.
ben meadows sells them.
great quality,
great variety,
goodie gumdrops.
—jd
[suggested by Sally Mathay]

Ben Meadows Forestry and Engineering Supplies Catalog
536 pp.

$3.00 postpaid ($3 credit with first order over $25)

from:
Ben Meadows Company
P.O. Box 8377
Atlanta, Georgia 30306

$27.50

ELLIPSE CURVE IN PERSPECTIVE
A combination of useful ellipse curves and radii points for pattern and illustrative layout work.
No. 040506 — Ellipse Curve $3.00

COMPACT TUBULAR STEEL UTILITY SAW TRUE TEMPER

Compact tubular steel frame, chrome plated. For camping, nursery, farm and general home use. Light, easy to handle. Exclusive cushion grip. Easy tension take-up prevents blade twist and gives full blade exposure. Tempered blade is easily replaceable.
No. 150272 — 15" blade $2.50
No. 150273 — Replacement blade .... .90

$4.95

RELIABLE
SET NO. 020064
$15.25

ALTIMETER
Fine quality movement. 12,-000 foot level. Size 1¾" diameter. Chrome case. Each in attractive leatherette case. Made in Germany.
No. 102106 .... $32.50

HAT WITH LEATHERETTE BAND

Cat. No.	Price	Color
131200		Aluminum
131202		Red
131204	$4.30	Blue
131206		Green
131208		Bronze
131210		Gold

Handyman Jack

Basically the Handyman Jack is a super heavy duty bumper jack but it bears no resemblance to the inadequate things that Detroit supplies with their inadequate automobiles. It weighs 28 pounds, has a capacity of 3 tons, is four feet tall, and has a lift of three feet. The jack is guaranteed for 18 months, and complete repair parts are available should they ever be required.

I've used mine for lifting my truck, stretching shrunken plastic water pipe, and a number of odd lifting and spreading jobs, and wouldn't part with it for anything.

WARNING: Beware of handle, or EAT TEETH.

[Suggested and reviewed by Douglas Canning]

$25.00 (30 lbs.)

Harrah Manufacturing Company
46 West Spring Street
Bloomfield, Indiana 47424

Tractor Supply Company

OK, so you've got this new community in Niobrara County, Wyoming, half way between Dull Center and Bright. You've got 20 people, 5 assorted dogs, a hen (but no rooster), and 12 cats, several of which are pregnant. You've also got: 1 glacier tent, 1 yurt, a Red VW Microbus camper with a noisy rear end, a 15 speed racing bike, and a 1947 John Deere "A" tractor.

There being no roads within 40 km., the Poppin' Johnny is the only transportation in or out. (I told you to get a horse.) Except "It" just broke a rear axle (I told you not to try those 20 ft. jumps) and it's a long, long, way to your Friendly Local John Deere Dealer. Who probably doesn't have the parts in stock anyway. And 1) won't come get your tractor; 2) doesn't want to sell you a repair manual.

There is only one general mail order house that I know of that deals in tractor parts: TRACTOR SUPPLY COMPANY.

[Reviewed by Curtis Cole]

Catalog
free

from:
Tractor Supply Company
4747 North Ravenswood
Chicago, Illinois 60640

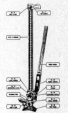

tischen Kuppeldächern. Einen ideologischen
Leitfaden und gleichzeitig eine Art Testament
seiner Kosmologie faßte der Guru Bucky Fuller in der populären Form einer Anleitung ab,
der ‹Bedienungsanleitung für das Raumschiff
Erde›.

Ein Instruktionsorgan der Dome-Freunde ist das
‹Domebook›, von dem bisher zwei großfor-
matige, bebilderte Ausgaben erschienen sind.

Es enthält im wesentlichen Erfahrungsaus-
tausch in Wort und Bild von bastelnden Jugend-
gruppen, Siedlern, Großfamilien, Sektierern
und Eremiten. Sie geben einander guten Rat

Dome bauender Siedler

über Konstruktion, Materialien und Baumethoden, wobei sie eine gehörige Portion Naturmystik, Zahlensymbolik, Indianerromantik
und aufgewärmte Ideologie vom *frontier life*
der westwärts wandernden Siedlerahnen ver-
mitteln und pflegen.

Der wachsende Bedarf an Ausrüstung, Werkzeugen, Spielzeug und Überlebensmitteln für den
outdoorsman führte zur Eröffnung eines Ver-

«Outdoorsman»

sandhauses samt Verlag, dessen ‹Whole Earth
Catalog› es mit einem Neckermann-Katalog
aufnehmen kann. Das Versandhaus hatte sich
aus einer fahrenden Verkaufsstelle entwickelt;
die Initiatoren waren als Marketender mit einem Lastwagen durch die Lande gefahren, um

bei Gelegenheit von Hearings, Campus-Festen,
bei Kommunen und Siedlern hauptsächlich
esoterisches Schrifttum abzusetzen.

In Menlo Park, Kalifornien, unweit der Stan-
ford University, von San Francisco und Berkeley gut erreichbar, hat der Whole Earth Truck
Store sich niedergelassen und den Hauptsitz
als Laden mit Lager etabliert. Hier wird der

‹Whole Earth Catalog› von einer stark fluk-
tuierenden Gruppe zusammengestellt, in einer
Erstauflage von 200 000 Stück produziert und
versandt. Das Unternehmen ist ein Zweig des
Portola Institute Inc., einer privaten Stiftung,
die reformerische und experimentelle Erzie-
hungsprojekte fördert und in die Wege leitet,
soweit sich dafür Geldgeber finden. Wo sich

Whole Earth
Catalogue-Gruppe

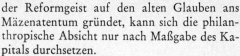

Katalog von L. L. Bean

der Reformgeist auf den alten Glauben ans Mäzenatentum gründet, kann sich die philanthropische Absicht nur nach Maßgabe des Kapitals durchsetzen.

Der ‹Whole Earth Catalog› ist nach dem Vorbild des L. L. Bean-Katalogs gemacht, der Freilandausrüstung annonciert. Demgegenüber ist der periodisch erscheinende ‹Whole Earth Catalog› eine Mischung aus Versandhauskatalog und Rezensionsmagazin. Er verzeichnet in seiner letzten Ausgabe auf 448 Seiten Bücher, Zeitschriften, Karten, Kataloge und alle möglichen Gerätschaften vom Verbandskasten bis zur Windmühle, deren Annonce größtenteils anderen Spezialkatalogen, Handbüchern und Prospekten entnommen ist. In jedem Falle wird die Bezugsquelle mitgeteilt. Der Katalog ist systematisch angelegt und gliedert sich in die Abteilungen:

ganze Systeme (*wohle systems*)
Landbebauung (*land use*)
Dach überm Kopf (*shelter*)
Industrie (*industry*)
Handwerk (*craft*)
Gemeinschaft (*community*)
Nomadentum (*nomadics*)
Lernen (*learning*).

Angeführt wird das Sortiment von den Schriften Fullers, von dessen Ideen die Gründer des Unternehmens inspiriert worden sind. Aus der Fülle angezeigten Schrifttums ragt ein Bestseller hervor, der den programmatischen Titel trägt ‹How to Live on Nothing›, ‹Wie man mit nichts lebt›. Diese Frage interessiert zweifellos breite Kreise, und die vermeintliche Antwort läßt man sich etwas kosten.

Darüber hinaus fehlt offensichtlich ernster zu nehmendes Schrifttum der politischen Ökonomie; keine Ankündigung, kein Wort über wissenschaftlichen Sozialismus, nichts über dessen Klassiker, nichts über die sozialistischen Länder, aber auch das imperialistische System scheint keiner Beschäftigung wert. So läßt sich die aufgeblasene Einseitigkeit mit dem Panora-

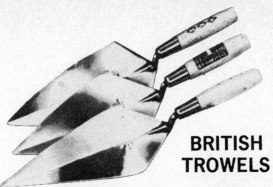

BRITISH
TROWELS

● **BRADES-TYZACK BRITISH TROWELS**—Finest imported British steel, cleanly forged and heat treated to make the smoothest handlin trowel you've ever owned. Sho t post and low English "hang" mak these the trowels preferred by he most skilled masons.

11″ Wide Heel (approx 5¾″) London Trowel............**01 106 M7**...**$5.75**
11″ Narrow London Trowel.
　　　　　　01 103 M7....**$5.75**
12″ Narrow London Trowel.
　　　　　　01 104 M7...**$5.95**
13″ Narrow London Trowel.
　　　　　　01 105 M7....**$6.10**
11″ Philadelphia Pattern Trowel.
　　　　　　01 110 M7....**$5.75**

$34.95

● **BRICK & TILE BARROW**—Carries up to 120 bricks. Made of rugged, seasoned hardwood for long service. The ribbed dash is adjustable. Steel wheel guard adds rigidity to this heavy-duty barrow; wide-spread legs make it tip-proof, even fully loaded. 2-ply pneumatic tire. Bearings are self-lubricating. Weight, about 72 lbs. F.O.B. Kansas City or Harrisburg, Pa.
　　　　11 570 E2....**$34.95**

● **MORTAR HOE**—Two hole, 5½′ handle, 10″ Blade
　　　　07 228 H7....**$8.80**

Titelblatt der Erstausgabe
von Karl Marx
«Das Kapital»

Gewächshaus mit Dome

Zur Entwicklung Vogelers
vom Lebensformer zum So-
zialisten vgl. die Neuausgabe seiner Schriften: Heinrich
Vogeler: Das Neue Leben,
Ausgewählte Schriften zur
proletarischen Revolution
und Kunst. Hrsg. und ein-
gel. von Dieter Pfortge,
Darmstadt und Neuwied
1973.

ma des Weltganzen verwechseln.

Dabei handelt es sich hierbei um wegweisende
Instruktion von Gruppen, die sich erklärter-
maßen als Teil einer großen, ja weltweiten Op-
positionsbewegung verstehen. Der Standpunkt
ist allerdings schwer auszumachen: einmal definiert er sich planetarisch, extraterrestrisch, und
der Blickwinkel erfaßt großspurig und «ganzheitlich» die Galaxien, andermal haftet er klein-
kariert an der Scholle, und der Horizont endet
am eigenen Gemüsebeet.

Das Material wird hier deshalb so wichtig genommen, weil es geeignet ist, einen Teil der
jugendlichen Intelligenz, die unter sich zuspit-
zenden Widersprüchen des Kapitalismus nach
Zielen und Wegen einer sinnvollen Opposition
sucht, in die Irre zu führen. Der eine – bekannte – Irr- und Fluchtweg war der in den Dro-
genkonsum, der zweite, scheinbar positive, ist
der der «grünen Revolution». Auf dem Programm stehen: Stadtflucht und Abfallkultur,
kosmisches Bewußtsein und neue Unmittelbar-
keit, Bodenreform und neuer Lebensstil in Kleidung, Wohnung, Kommunikation, gewaltloser
Widerstand, dem die Gewalt nichts anhaben
soll, Stammeskultur und «Gegenökonomie»:
wie man mit nichts lebt!

Abgesehen von modischen Neuerungen im De-
tail ist alles das schon so alt wie der Industriekapitalismus; die Bewegung der Boden- und
Lebensreform, die vom Ende des vorigen Jahrhunderts an besonders in Deutschland und
Amerika grassierte, hatte nicht nur eine vage
Lebensharmonie der «gebildeten Schichten»
gepredigt, sondern auch zur erfolgreichen Des-
orientierung der Übergangsschichten aus dem
Kleinbürgertum beigetragen, das im Zuge der
Monopolisierung Konkurs anmelden mußte,
wenn es sich nicht mit den bürgerlichen Ge-
schäftspartnern vergleichen konnte. Das ursprünglich antikapitalistische Motiv führte nur
in wenigen Fällen, wie bei dem Worpsweder
Maler Heinrich Vogeler, zur sozialistischen
Praxis, der Hauptstrom der Lebensreformbe-

wegung mündete direkt, wie bei Vogelers Zeitgenossen und Kollegen Fidus alias Hogo Höppener, in die Bahnen des Faschismus.

Ohne dieses historische Lehrstück zu strapazieren, kann man in der fatalen politischen Naivität und ökonomischen Ignoranz, die fast ausnahmslos auch für die diversen Gruppen charakteristisch ist, die sich zum Movement zählen, Parallelen zur Lebensreformbewegung nicht übersehen. Ohne ein antikapitalistisches Motiv, das den realen Produktionsverhältnissen einer vom Monopolkapital geformten Gesellschaft entspringt, ist weder die alte Reformerei der bündischen Jugend, der Vegetarier, FKK-Freunde, Theosophen und Anthroposophen noch der gegenwärtige Anlauf zur Erneuerung des *life style* zu erklären. Dennoch hat es immer wieder seit Thoreau Versuche gegeben, solche im Ansatz oppositionelle Bewegungen auf einen *generation gap,* einen Generationskonflikt, zu reduzieren.

Vgl. die exemplarische Studie zur Entwicklung der Lebensreformbewegung in Deutschland: Janos Frecot, Johann Friedrich Gust, Diethart Kerbs: FIDUS 1868–1948. Zur ästhetischen Praxis bürgerlicher Fluchtbewegungen. München 1972

Die Zukunft der Urgesellschaft

Trotz vielfältiger Momente einer libertären, radikaldemokratischen Gesinnung, die in der Tradition des amerikanischen Liberalismus wurzelt und die Anknüpfungspunkte in der Bürgerrechtsbewegung, den politischen Kämpfen ethnischer Minoritäten, der Kriegsdienstverweigerungskampagne und dem Protest gegen den Vietnamkrieg vorfindet, wird von interessierter Seite gerade der apolitische Charakter der Gruppen, ihrer Aktionen und Programme gefördert oder doch mit Erleichterung registriert. Nicht nur das obskure Schrifttum, das wieder aus der Versenkung auftaucht, und dasjenige, was einige Wortführer dem hinzufügen, lenkt von gesellschaftlichen Einsichten und politischem Handeln ab: die Praxis der Gefolgschaft, die sich als gänzlich ungebunden versteht, weist restaurative und regressive Merkmale auf, die sich in akuten Krisen zu einer reaktionären Haltung verdichten können. Die Begeisterung für vorindustrielle Produktions-

Hunger-Demonstration in Berkeley

Wie sich Dienstleistungsideologie mit der Mythologie der Stammesgesellschaft verwechselt, macht Marshall McLuhan vor: «Mit den drastischen Veränderungen der Umwelt vom mechanischen Ritual zur elektronischen Romantik steht nicht nur die Wandlung im Einklang, durch die jeder Bürger wieder zum Soldaten wird – wie im alten Rom oder im Wilden Westen –, sondern viele andere Wandlungen. Es ist nicht nur unser Erziehungssystem, das nicht gegen die elektronische Geschwindigkeit ankommt. Die Börsen der Welt sind so hilflos und werden in wenigen Jahren unter dem Druck des Computers verschwinden. [!] ... Innerhalb von zehn Jahren wird man New York abbrechen, und der normale Bürger wird zum Leben auf dem Lande zurückgekehrt sein. Es wird keine Straßen und keine Räder mehr geben, sondern nur noch schwerelosen Transport. Totale Dezentralisierung ist ein paradoxes Merkmal des Austauschprozesses von *software*-Information für *hardware*-Maschinerien.» Marshall McLuhan, Quentin Fiore: ‹Krieg und Frieden im globalen Dorf›. Düsseldorf und Wien 1971, S. 204 f. McLuhans Unglaubwürdigkeit rührt vor allem daher, daß er selber Bücher schreibt und nicht etwa Flöte oder Moog-Synthesizer in einer Beatband spielt. Er müßte nach seiner Theorie als Kriegstreiber eingestuft werden, aber er ist nur ein unverbesserlicher Literat, der von der erhöhten Zirkulationsfrequenz des Kapitals verunsichert ist.

methoden, für Handwerkszeuge und Handarbeit geht einher mit einer neuen Industriefeindlichkeit, die nur die Kommunikationsindustrie und die Elektronik als industrielle Produktionszweige gelten lassen will. Hier hat der McLuhanismus, als dessen einer Urheber auch Buckminster Fuller zu gelten hat, sich ausgewirkt: die neuen Industriezweige scheinen nicht nur den Gesetzen der Selbstverwertung von Kapital entrückt, sondern als Gouvernanten einer allemal schon voll automatisierten Warenproduktion Vehikel der freizusetzenden Stammeskultur zu sein, deren Propagandisten im Selbstgestrickten und im Mythos eine Masche der Identitätsfindung erblicken.

Aber noch in der modischen Begeisterung für altertümliche Produktionsmittel zeigt sich ein oppositioneller Reflex auf die forcierte Monopolisierung in der kapitalistischen Produktion. Der Fleiß, mit dem Informationsmaterial über landwirtschaftliche Geräte, Wasserpumpen, Webstühle, Töpferscheiben, Handwerkszeuge allgemein und besonders über Energiewandler wie Motoren, Dynamos, Mühlen, Fotozellen usw. besorgt und studiert wird, kann aus dem weitverbreiteten Bedürfnis nach Kenntnis von Produktionsmethoden erklärt werden, die auch jenseits monopolistischer Kontrolle und Koordination und jenseits industrieller Großserienfertigung Anwendung finden können. Da aber Produktionsmittel, die nicht in der monopolisierten Großindustrie profitabel eingesetzt werden können, relativ unterentwickelt sind, greifen die praktisch veranlagten Drop-outs auf die Technologie der Kolonialzeit zurück und die Ästheten auf Werkzeuge der Naturvölker. In diesem – mal mehr pragmatischen, mal mehr romantischen – Rückgriff auf die historisch übermittelte Produktionserfahrung, die sich anzueignen das legitime Bedürfnis einer um solche Unterweisung betrogenen Jugend ist, und wenn es sein muß, auf eigene Faust, wird allerdings deutlich, wie wenig entfaltet die Kräfte und Mittel sind, die den Bedürfnissen der materiellen Produktion des Lebens direkt dienen. Ihr Entwicklungsstand schneidet nicht zufällig dürftig ab, wenn man ihn mit dem Niveau der wissenschaftlich und technisch hochentwickelten Werkzeugkomplexe und den automatischen Werkzeugmaschinen vergleicht, die der potentiellen Destruktion vorbehalten bleiben. Das geht allerdings auf das Konto einer Wirtschaftsweise, die der Entfaltung von Produktivität wie auch der Aneignung relevanter Produktionserfahrung Schranken gesetzt hat. Das unstillbare Bedürfnis nach praktischer Aneignung dieses Wissens ist allerdings ein hoffnungsvolles Zeichen inmitten mystischer Abwegigkeit; ein Zeichen, das die Aufhebung solcher Schranken, die durch die Klassenherrschaft errichtet wurden, bereits ankündigt.

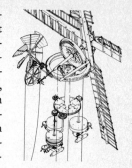

Klassische
Windmühlenmechanik

Signifikant ist die Revolte gegen die gesellschaftliche Arbeitsteilung überhaupt, die aus der Unfähigkeit resultiert, bestimmte Formen der Arbeitsteilung zu identifizieren und einer Kritik der Unterwerfung des gesellschaftlich Produzierten unter die private Aneignung zu folgen. Die Verachtung, mit der das Industrieproletariat von den Bewegern des Stammeskults bedacht wird, und die Borniertheit, mit der sämtliche Produktivkräfte der Gesellschaft auf «Intellektion» (Fuller) reduziert werden, sind Komplementäre einer Gesellschaftsfiktion, nach der die Hand nur noch am Do-it-yourself-Kit etwas zu fassen bekommt.

Dem exotischen Reiz einer vorindustriellen Produktion soll die halbe Menschheit geopfert werden. In einem weitverbreiteten Vier-Punkte-Programm zur derartigen Veränderung (der Welt) von Gary Snyder heißt es: «Situation: Heute gibt es zu viele Menschen auf der Welt, und das Bevölkerungsproblem wird immer ernster. Es ist möglicherweise ein Desaster nicht nur für die menschliche Rasse, sondern auch für die meisten anderen Formen des Lebens. Ziel: Das Ziel müßte die Hälfte der jetzigen Erdbevölkerung sein, oder weniger.» Und: «Es

Die beste Darstellung der historischen Produktivkräfte-Entwicklung gibt das Schulbuch (!): Wolfgang Jonas, Valentine Linsbauer, Helga Marx: ‹Die Produktivkräfte in der Geschichte› 1. Berlin (DDR) 1969.

Gary Snyder: ‹Four «Changes»›. In: ‹The Environmental Handbook›. Prepared for the First National Environmental Teach-In. New York 1970, S. 323–333.

Vgl. S. 21 in diesem Band.
Und: Joachim Krausse:
‹Abriß der liberal-technokratischen Linie›. In: R.
Buckminster Fuller: ‹Erziehungsindustrie. Prospekt
universaler Planung und Instruktion›. Berlin 1970.

liegt innerhalb unserer tiefsten Macht, nicht
nur unser ‹Selbst› zu verändern, sondern auch
unsere Kultur. Wenn der Mensch dazu bestimmt ist, weiterhin auf der Erde zu bleiben,
dann muß er die fünf Jahrtausende alte Tradition der Verstädterung und Zivilisation in eine
neue Kultur umwandeln, eine Kultur, die um-
weltsensitiv und harmonieorientiert ist, die den
Geist der Wildheit besitzt und ebenso wissenschaftlich wie spirituell ist. ‹Wildheit ist der
Zustand vollkommener Bewußtheit.› Das ist
der Grund, weshalb wir sie brauchen.» Aus
solchen kursierenden Ideen haben prompt einige Gemeindemitglieder den naheliegenden
Schluß gezogen, daß diese geforderte Dezimie-
rung der Menschheit auf die Hälfte ihres jetzigen Bestandes nur ein baldiger dritter Weltkrieg besorgen könnte und daß erst danach die
Überlebenden einem gesunden, naturverbun-
denen Jäger- und Sammlerdasein zuzuführen
wären. So sähe die Erfüllung von Morgen-
thau-Plänen für den Globus und die Zukunft
aus! Unverständlich bleibt jedoch, daß solche
Töne einem Anreger wie Fuller unbekannt
bleiben können, wo es ihm schon zur Routine
geworden ist, dem Malthusianismus die Toten-
glocke zu läuten.

Ästhetische Opposition als Stilpflege

Die Visionen vom Neuen Leben (*new life*) machen ebenso wie die Siedlungs-, Bau- und Le-
bensexperimente der kleinen isolierten *commu-
nities* deutlich, daß es sich bei der Bewegung
in erster Linie um den Versuch einer ästhetischen Opposition handelt. Sie drückt sich aus
in besonderen, meist esoterischen Formen der
Kommunikation. Sie sollen sich exotisch vom
Standard des gemeinen amerikanischen All-
tagslebens abheben. Die absolute Dominanz
der raffinierten Form über den vagen Inhalt
kann nicht verborgen bleiben, wenn man sich
die äußerst heterogenen Ziele allein derjeni-
gen Gruppierungen vergegenwärtigt, die unter
dem Dome-Dach sich versammeln oder das

Earth Flag (11 x 13 inches) $1.50 postpaid
(3 x 5 feet) $12.00 postpaid

Symbol des Erdballs – eine Apollo 12-Fotografie – auf ihre Fahne setzen: Techno-Anarchisten, Kleinfarmer, Syndikalisten, Umweltschützer, theosophische Reformer, Datenverarbeiter, Astrologen, Gruppendynamiker, rote Rocker, Swamis/Yogis/Gurus, Reformpädagogen, Strukturalisten, Abfallkulturler, Stammesgründer, Jesus-People, Kriegsdienstverweigerer, Genossenschaftler und die beachtliche Schar «individueller Mythologen» – fast alle sind von der anhaltenden Arbeitslosigkeit bedroht.

2. **TUNED IN HARMONY – SWISS SHEEP AND COW BELLS**
Very best Swiss bell metal. The kind of pleasure they give is what makes farm life really worthwhile. You can afford their small luxury. Set of three cow bells size 4", 5" and 6¼". Sheep bells are 2¾", 3" and 3-5/16". Complete with handsome leather straps. Sh. wt. 6 lbs and 4 lbs.
C132N-A Cow Bells. Set of 3 . . . . $44.00
C167N-D Sheep Bells. Set of 3 . . . . 16.50

Der neue Lebensstil ist vielen das Kostbarste. Einige haben die Befürchtung, dieser Stil könnte von der gewöhnlichen Gesellschaft aufgesogen, adaptiert und verwertet werden. In einem Leserbrief aus ‹Domebook II› heißt es: «Etwas auf Seite drei in ‹Domebook I› über ‹industrielle Produktion billiger Häuser› macht mich ganz krank, und ich muß an noch mehr Stadtrandsiedlungsverschmutzung denken und an Domes am Seeufer, Domes in den Wäldern und in Skisportgebieten – *wow*, sie sind hübscher als Spitzdächer, nicht wahr?! Mein lieber Mann, die sind so reizend und bauen sich einen Dome als Skihütte – hoffentlich passiert so was nie. Hoffentlich welkt die korrupte Industrie dahin und erfährt niemals etwas über Domes und darüber, daß der neu entstandene Lebensstil auftaucht als Drop-out des hochgestochenen New Yorker Extravaganz-Bau-Business. Ich hoffe wirklich, daß die Sache nicht wieder in die Hose geht. Mit Liebe, Chico Drake.»
Das sind die Sorgen, die sich die jungen Dome-Freunde um ihren «naturreinen» Lebensstil machen, um die Form, die Erscheinung, und nicht um den Kern der Sache. Ob der Leserbriefschreiber wußte, daß die erste Anwendung des Fullerschen Dome-Konzepts in der extravaganten Krönung des Ford-Verwaltungsgebäudes in Dearborn, Michigan, bestand?

Nomadentum und Industrie

Die Angst vor der Einbeziehung der scheinbar spezifischen Oppositionsformen in den Verwertungszusammenhang, vor der Subsumtion des Schmuckwerks wie der Kreativität ihrer Designer unter das Kapital, tritt als Industriefeindlichkeit und als Verachtung der Massen in Erscheinung, denen gegenüber der esoterische Lebensstil und seine Ästhetik vor Entweihung durch Massenkonsum geschützt werden muß. Das erklärt auch, warum Kuppeln und nicht etwa Wohnwagen und *mobile homes* der bevorzugte Unterkunftstyp sind. In den riesigen Wohnwagensiedlungen am Rande der Städte, die das eigentliche Ergebnis der industrialisierten Bauproduktion in den USA sind, ist die erste Welle der mobilen Massenbehausung steckengeblieben, je mehr der Massenabsatz florierte. Kein Wunder also, daß die modernen Nomaden sich etwas Ausgefalleneres suchen, um nicht von vornherein vom stationären Charakter der realen Verhältnisse desillusioniert zu werden.

Airstream Travel Trailer

1971	21′	$5400
1970	23′	$5400
1965	20′	$4500
1966	17′	$2800

Diese industriefeindlichen Auswirkungen der großen «Design-Initiative» bringen sogar den spiritus rector Fuller in seiner Eigenschaft als Unternehmer in Verlegenheit. Der positive Saint-Simonist in ihm muß sich gegen offensichtliche Irrationalismen der Fluchtbewegung verwahren. Befragt nach seiner Einschätzung der «Zurück-aufs-Land-Bewegung» der amerikanischen Jugend erklärt er: «Es gibt eine Tendenz in der Gesellschaft, zu glauben, daß alles, was man einmal macht, eine Sache für die Ewigkeit sei. Ja, die Menschen gehen weg aufs Land [...] Man kann das sehr intensiv und vollständig machen, und doch ändert sich das Leben, so daß man zu einer anderen Zeit etwas anderes macht. Man kommt sehr weit hinaus und bekommt Abstand zum Menschen, wenn man sich mitten auf dem Ozean als Hochseeyachtsportler befindet. Und dann ist man plötzlich ganz angespannt und wach im Zentrum von Los Angeles oder im Zentrum von

New York – und zwar aus sehr guten Gründen. Ich finde, unsere Gesellschaft vergrößert einfach die Reichweite und erhöht die Frequenz des Kommens und Gehens, und die Welt wird für jeden zum Hinterhof. Niemand verläßt sein Zuhause – es handelt sich bloß darum, daß jeder mehr Territorium abdeckt. Es gibt Zeiten, wenn wir zusammenkommen, um etwas zu machen, was wir, Sie und ich, jetzt in diesem Moment machen – einen metaphysischen Austausch, bei dem wir etwas miteinander verbinden, was absolut gewichtslos ist; und wenn wir wieder auseinandergehen und unsere physischen Experimente da draußen in dem Boot auf dem Ozean machen, und nicht viele Worte gewechselt werden, und wenn man phantastische Erfahrungen mit der Natur macht – so, auf diese Weise machen sich die jungen Leute auf den Weg und leben im Wald und bauen ganz unterschiedlich ihre Geodesics. Mag sein, daß sie da draußen sechs Monate leben, oder drei Jahre weg sind; dann kommt die Zeit, wo sie sich aufmachen und wieder zusammenkommen. Ich treffe die jungen Leute, die von solchen Orten hin und her wandern, und sie kommen dahin und dorthin, um mich zu hören. So kommt man zusammen wegen des Metaphysischen und geht auseinander wegen des Physischen. Das ist das Muster des Menschen.»

«Wenn wir damit reisen, kommen wir immer nach Hause, egal wo wir sind.»

Fuller weiß viel zu gut, daß diese Domes, Communes, Farms, diese Institute, Läden, Werkstätten usw. keine Einrichtung für die Dauer sind; und er weiß, daß sich diese jugendliche Handwerkelei schneller als gedacht vor die Konsequenzen des Scheiterns gestellt sieht; und er weiß, daß es ökonomische Gründe sind, die dieses Scheitern in fast jedem Falle erzwingen. Das aber erklärt er seinen jungen Freunden und Schülern nicht: sie könnten an der ganzen Lehre zweifeln. Er hält sich lieber – wie der ihn bewundernde Altmeister Frank Lloyd Wright – an das scheinbar unverbindliche Programm des modernen Nomadentums: alle Menschen kommen künftig mehr herum, vereinzelt machen sie

Ein reaktionäres Dezentralisierungs- und Siedlungsprogramm entwickelte Frank Lloyd Wright in seinem Buch ‹Usonien. When Democracy Builds›. Berlin 1950. (zweisprachig).

SHAKE DOME

A few days before we finished putting together this book, we received these pictures and letter from Jim Anderson, describing his cedar shake dome in Washington. Jim was able to achieve a round exterior surface by nailing bats on a relatively high frequency dome.

Split cedar shakes and boards are an art form with ancient roots in the Pacific Northwest. They were used by local Indians for their long houses. Shakes are organic, renewable, bio-degradable and funky. Each one is unique and they even smell fine.

This particular dome was "jointly" created by three manually illiterate former intellectuals (with a help from our friends).

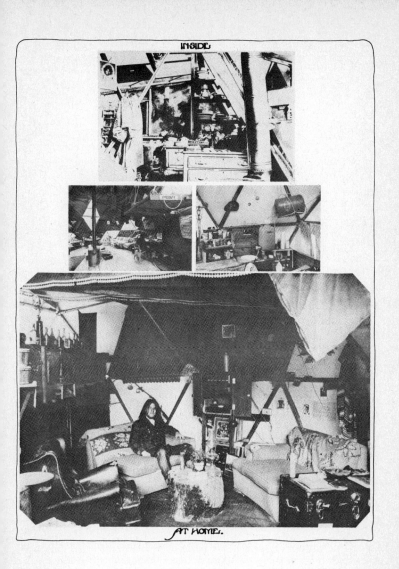

INSIDE

AT HOME.

Was Fullers Dienste kosten:
In einem vervielfältigten
Antwortschreiben von Ful-
lers Assistent John Dixon
werden die Honorarforde-
rungen für Vorträge, Gastvorlesungen und Seminare
an Hochschulen, die Fuller
einladen, aufgeführt:

		1956	1967
1 Tag,	$	500	2 000
1 Woche,	$	1100	6 000
2 Wochen,	$	1800	10 000
3 Wochen,	$	2500	12 000
4 Wochen,	$	3000	15 000

Zuzüglich zu diesen reinen
Honorarkosten kommen
Reisekosten und alle Aus-
gaben, die im Zusammen-
hang mit dem Projekt ent-
stehen. Fuller ist durch-
schnittlich 6 Monate im
Jahr unterwegs. Nach: R.
Buckminster Fuller: ‹Com-
prehensive Design Strategy.
World Design Science De-
cade 1965–1975›. Phase II
(1967), Document 5. Car-
bondale, Ill. 1967. S. 58 f.

in «archetypischen» Situationen ihre Erfahrungen, und sie finden sich zum Gedankenaustausch wieder zusammen.

Daß sich diese Migration nicht ganz so frei-
willig nach Lust und Laune ergibt, wie die
Apostel des freien Nomadentums uns glauben
machen wollen, zeigt gerade die Siedlerge-
schichte Amerikas besonders deutlich: überall,
wo es in der alten Welt nicht mehr genügend
zum Leben gab, wo Arbeitslosigkeit und Exi-
stenznot herrschten, wie in Irland und in vielen deutschen Kleinstaaten im vorigen Jahrhundert, da wanderten die Leute aus, damals
in die neue Welt Amerikas; heute zwingen die
ökonomischen Verhältnisse Türken, Griechen,
Jugoslawen, Italiener, Algerier, Marokkaner
und Spanier zur Emigration in die Industriezentren, wo sie Arbeit finden. Die Gastarbei-
ter und Emigranten kommen nicht aus Anato-
lien nach Berlin-Kreuzberg, um sich dort mit
Menschen zum Gedankenaustausch zu treffen,
deren Sprache sie kaum verstehen. Aber Fuller
denkt bei seinem Muster wohl mehr an den
internationalen Jet-Set, an Kongreßnomaden,
gefragte Autoritäten, Manager und Intelli-
genzler, die Gastvorlesungen zur Tournee zusammenstellen müssen, um die Nachfrage zu
befriedigen. Hier kann Fuller auf unausschöpf-
liche *Erfahrung* zurückgreifen: an Hunderten
von Universitäten hat er Gastvorlesungen gehalten, an unzähligen Kongressen, Symposien
und Seminaren hat er teilgenommen, sein Flug-
stundenkonto nähert sich dem eines Piloten, so
daß er von sich sagen kann: «Meine Erfahrung
ist jetzt weltweit.» In der Tat rührt diese weltweite Erfahrung nicht aus dem reinen Transport, nicht aus romantischem Nomadentum
und am wenigsten aus archaischer Bodenpflege
und selbstgezimmerten Buden, sondern aus der
«weltweiten» Organisation und ökonomischen
Struktur der Unternehmen und Institutionen,
mit denen Fuller und seine Dienstleistungsbü-
ros im Kontrakt standen. Die Dienste machen
räumlich-zeitliche Mobilität und geistige Flexi-

bilität notwendig. Das schon frühzeitig in der Jugend zu trainieren, mit einer Art Sport, der zunächst um seiner selbst willen betrieben wird, dessen Training aber für spätere Unternehmungen brauchbar ist, Unternehmungen, die keineswegs mehr Spiel oder Sport sind, sondern Geschäft, das hält Fuller der nomadisierenden, Domes bauenden Jungintelligenz zugute. Dabei erinnert Fuller an den Segelsport – er selber ist passionierter Segler, mit Enthusiasmus spricht er von seinen Lehrjahren bei der Marine –, wenn er vom Erziehungswert solch jugendbewegter Ausschwärmerei redet. Das Dome-Bauen, Siedeln und Ackern auf dem Lande hat für ihn, wie für die realistischeren Mentoren in Sachen individualistischer Erziehung, nur experimentellen, vorläufigen, übergangsmäßigen Charakter. «Die Landwirtschaft wird viel besser mechanisch betrieben, da gibt es keine Jobs für die Leute, deshalb ziehen sie vorübergehend in die Stadt.» Und wie weiland David Henry Thoreau, der erste Intellektuelle, der dieses Siedeln in der Abgeschiedenheit als Experiment der Natur- und Selbsterfahrung ansah und zum Programm individualistischer Erziehung erhob, kehren sie, die Stadt- und Zivilisationsflüchtigen, in die großen Städte und Industriezentren zurück und ziehen Bilanz: Was läßt sich mit den gesammelten Erfahrungen, mit dem neuen expandierten Bewußtsein, dem neuen Lebensstil anfangen?

«Wenn man mehr oder weniger in die Stadt gezwungen wird – das ist der einzige Ort, wo die totalen Bedürfnisse befriedigt werden könnten und wo ein Informationssystem vorhanden ist, wodurch man herausfindet, wohin man ziehen könnte und was demnächst geschehen muß [. . .]» Also: Wo finde ich Arbeit, Wohnung usw.? Also: Was habe ich an Arbeitskraft und Qualifikation im kapitalistischen System gesellschaftlicher Produktion einzusetzen? Manche Schüler und Mitarbeiter Fullers haben, wie ihr Vorläufer, der Lehrer Thoreau, Kenntnisse und Fertigkeiten anzubieten, die sie ge-

Havahart

Havahart
120 P. Water St.
Ossining, N.Y. 10562

Johnson's
Waverly 17, Kentucky 42462

Mustang Mfg. Co.
Box 10880
Houston, Texas 77018

Tomahawk Live Traps
Box 323
Tomahawk, Wisconsin 54487

«Das eine wenigstens lernte ich bei meinen Experimenten: wenn jemand vertrauensvoll in die Richtung seiner Träume vorwärtsschreitet und danach strebt, das Leben, das er sich einbildete, zu leben, so wird er Erfolge haben, von denen er sich in gewöhnlichen Stunden nichts träumen ließ [...] Hast du Luftschlösser gebaut, so braucht deine Arbeit nicht verloren zu sein. Eben dort sollten sie sein. Jetzt lege das Fundament darunter.» Thoreau, ‹Walden›, a. a. O., S. 314.

lernt haben: sie unterrichten in Colleges, Universitäten und Kunstschulen die Techniken des einfachen Lebens oder Überlebens, von dem sie sich gerade wieder freigemacht haben. Viele versuchen, ihren kultivierten Lebensstil als Kunstgewerbe zu vermarkten, ständig bedroht vom Absinken in das Lumpenproletariat und häufig angewiesen auf das staatliche Wohlfahrtsprogramm der Armenfürsorge. Und sehr wenige haben sich in den diversen Dienstleistungsunternehmen ihres Chefs Buckminster Fuller durch die in den Auftragsarbeiten für Monopolkonzerne, staatliche und private Forschungs- und Entwicklungsinstitute, vor allem für Marine, Luftwaffe, NASA und Regierungsstellen so viel *Produktionserfahrung* angeeignet, daß sie sich mit eigenen Dienstleistungsunternehmen, mit Architektur-, Ingenieur- und Konstruktionsbüros «selbständig» machen oder – wie der Mathematiker und Fuller-Mitarbeiter Joseph D. Clinton – direkt zu Projekten der NASA oder ähnlicher Institutionen hinzugezogen werden. Das Projekt, für das Clinton engagiert wurde, heißt «Strukturale Design-Konzepte für die Raumfahrt der Zukunft». Und hier kann es sein, daß der militärisch-strategische Wert solcher Projekte einen ganz ungewöhnlichen Freiraum für die Entfaltung von Kreativität und Innovation, also der *besonderen* Freisetzung von Produktivkraft, erforderlich macht, ohne daß der direkte Verwertungszwang eines Einzelkapitals die Produktivkräfte ständig neu sich unterwürfe und ihre Entfaltung von vornherein beschnitte. Da aber eine Entfaltung der Produktivkräfte unter gegebenen Verhältnissen im Widerspruch steht zur irrationalen Anarchie der kapitalistischen Produktionsweise, müssen die allgemeinen Restriktionen in Teilbereichen der strategischen Prioritätsindustrien, und zwar nur ihrer Forschungs- und Entwicklungsabteilungen, begrenzt und befristet aufgehoben werden.

Da eine solche, kontingentierte Aufhebung nichtsdestoweniger im Widerspruch zu der allgemeinen Unterwerfung der Produktivkräfte unter die Selbstverwertung des Kapitals steht, also tendenziell im Widerspruch zu der auf dieser Unterwerfung sich gründenden gesellschaftlichen Ordnung, ihrer Werte und Normen, werden für diese wenigen Produzenten alle Spielarten des *individuellen Nonkonformismus* mobilisiert, damit der Einfallsreichtum dieser Kopfarbeiter nach Kräften verausgabt und ausgeschöpft werden kann.

Diese Arbeitsbedingungen erscheinen als Denk- und Handlungsfreiheiten der Individuen; sie haben Ähnlichkeit mit den Verlaufsformen des Nonkonformismus und den Ausdrucksformen des neuen Lebensstils der Drop-outs, den Formen ihrer ästhetischen Opposition.

Das Paradoxe an diesem Tatbestand ist, daß der Frei- und Spielraum für vereinzelte, hochqualifizierte Produzenten oder für Kleingruppen, wie sie als Forschungsteams gebildet werden, um so größer ist, je mehr ihr Schaffen der Verbesserung und Vergrößerung des Destruktionspotentials dient. Die beiden Weltkriege haben Beispiele dafür gegeben, wie in Teilbereichen militärischer Forschung und Produktion (Nachrichtentechnik, Raketenbau, Flugsicherung, Kernforschung, Entwicklung der Kybernetik) ungeheure Produktivität freigesetzt werden konnte, weil diese Teilbereiche der unmittelbaren Unterwerfung unter ein Einzelkapital entzogen waren, allerdings nur, um gesamtgesellschaftlich das Interesse des Kapitals, repräsentiert durch seine stärkste Fraktion, um so wirksamer und in seinen Folgen um so zerstörerischer durchzusetzen.

Zu dieser partiellen Freisetzung von Produktivkraft, deren objektive Stimulation aus dringenden gesellschaftlichen Bedürfnissen hervorgeht, gehört auf der subjektiven Seite die Entfaltungsmöglichkeit der Produzenten. Die Forschungs- und Entwicklungsmotivation bezieht sich auf einen mehr oder weniger einsichtigen Sinnzusammenhang, wenn sie wissenschaftlich-technische Innovation auslösen soll.

Vgl. Norbert Wiener: ‹Mathematik – mein Leben›. Düsseldorf, Wien 1965.

Ein solcher Zusammenhang war kennzeichnend für die Leistungen englischer und amerikanischer Forschungs- und Entwicklungsarbeit im Industrie-Militär-Komplex während des Krieges. Die weitverbreitete Überzeugung einheimischer und emigrierter Wissenschaftler und Techniker, im Kampf der Alliierten gegen Hitlerdeutschland ihren Teil beitragen und ihre Fähigkeiten nach Kräften einsetzen zu müssen, um akute militärtechnologische Probleme mit wissenschaftlichen Methoden zu lösen, kann als eine wesentliche Voraussetzung für die während des Krieges sich vollziehende Ketteninnovation gelten, von der die industrielle Produktion der Nachkriegszeit auf eine – vom technologischen Gesichtspunkt her – qualitativ neue Ebene befördert wurde.

Bernal hat solche Bedingungen des Fortschritts verallgemeinert: «Das Problem besteht darin, dem einzelnen Wissenschaftler jene Bedingungen, Gelegenheiten und Anreize zu sichern, die ihn befähigen, sein Bestes zu geben. Die wissenschaftliche Arbeit ist gesellschaftlich; sie erfordert das Bewußtsein eines gemeinsamen Zieles auf jedem einzelnen Untersuchungsgebiet. Sie braucht auch die gegenseitige Anregung ihrer verschiedenen Gebiete, was eine gute Information und eine Abkehr von enger Spezialisierung voraussetzt.»

Inzwischen sind in den kapitalistischen Ländern Organisationstechniken entwickelt worden, mit deren Hilfe einzelne Hindernisse wissenschaftlich-technischer Rationalität entfernt werden konnten, ohne die Kontrollinstanzen der Monopole und des Staates zu gefährden oder ihre Funktion in Frage zu stellen. Die Ausnahmebedingungen des Krieges, unter denen zum Beispiel die festgefahrenen Kooperationsformen und die unfruchtbare Arbeitsteilung des bürgerlichen Wissenschaftsbetriebes über den Haufen geworfen und zugunsten mobilerer und flexiblerer Zusammenarbeit in interdisziplinären Projektgruppen gemäß den Erfordernissen militärischer Einsatzmöglichkeit

Anstieg staatlicher Ausgaben für Forschung und Entwicklung unter dem Einfluß des Krieges und der Aufrüstung:

Zivile Zwecke		
1937	1949	1962

	1937	1949	1962
USA	20	43	960
Großbritannien	3	17	159

Militärische Zwecke		
1937	1949	1962

	1937	1949	1962
USA	5	250	2800
Großbritannien	1,5	86	246

Vgl. Bernal, Wissenschaft. A. a. O., S. 1155.

abgelöst wurden, gaben der Reorganisation von Forschung, Entwicklung, Lehre und Produktion wichtige Impulse. Das freilich änderte nichts an der Formbestimmtheit der geistigen Tätigkeit als Lohnarbeit und nichts an der Verwertung ihrer Resultate durch den immer stärker auswuchernden Militär-Industrie-Komplex, der in den kapitalistischen Ländern den Löwenanteil aller Ausgaben für Forschung und Entwicklung an seine aggressiven Zwecke bindet. «Dort erreicht auch nur in Kriegszeiten die Planung einen hohen Stand, und nur dann werden die allseitigen Auswirkungen in Erwägung gezogen. Alle diese Aspekte werden in den wichtigsten wissenschaftlichen Entwicklungen offenbar [...]»

Ohne eine rationale Planung der Gesellschaft – und nicht etwa die bloße Rationalisierung von Unternehmen oder eine Optimierung der sie fördernden und sichernden Institutionen des Staates – wird dieser Teufelskreis von Innovation und ihrem destruktiven Einsatz immer wieder durchlaufen. Freisetzung von Produktivität kann auch in die Entfesselung von Kriegen gelenkt werden, wenn unter Entfaltung der Produktivkräfte nicht die freie Entfaltung *aller* Produzenten begriffen wird, die ihre freie Assoziation in einer sozialistischen Gesellschaft erkämpfen. Das macht die Einsicht und den Entschluß gerade auch der jungen Wissenschaftler, Techniker und Künstler erforderlich, sich zu diesem gemeinsamen Ziel zusammenzuschließen. Sofern sie das allgemeine Interesse als das der Gesellschaft wahrnehmen, verfolgen sie in der Tat ihr eigenes.

Teil 4
Anhang

R. Buckminster Fuller
Eine biographische Übersicht

Richard Buckminster Fuller wird am 12. Juli in Milton, Massachusetts, geboren. Er stammt aus einer angesehenen und traditionsreichen Familie, die seit 1632 in Neuengland ansässig ist. Thomas Fuller, ein Offizier der britischen Marine, gehörte zur ersten Kolonistengeneration und kam 1630 mit den Puritanern nach Neuengland. Seitdem steht die Familientradition in besonderer Beziehung zur politischen Entwicklung der Vereinigten Staaten; als Minister und Delegierte nehmen Fullers Vorfahren aktiv an der Verfassungsgebung, dem Kampf gegen die Sklaverei und am Bürgerkrieg teil.

1895

Buckminster Fullers Großtante, Margaret Fuller (1810–1850), begründet die amerikanische Frauenrechtsbewegung und gehört als Schriftstellerin den philosophisch-literarischen Zirkeln der Transzendentalisten an. Sie gibt das berühmte literarische Magazin *The Dial* heraus, in dem u. a. ihre Freunde Henry David Thoreau und Ralph Waldo Emerson publizieren.

Fuller geht auf der Milton Academy zur Schule.

1904–1913

Sein Vater Richard, der eine Import-Handelsgesellschaft in Boston betrieben hatte, stirbt.

1908

Er studiert – der Familientradition entsprechend – an der Harvard University; er wird zweimal hintereinander wegen Desinteresse und «Verantwortungslosigkeit» relegiert. Unter dem Eindruck, ein Dropout und Versager zu sein, erwirbt er von nun an als Autodidakt seine Kenntnisse.

1913–1915

Wird auf Beschluß des Familienrates in die Lehre nach Kanada geschickt, wo er in der Baumwollfabrik seines wohlhabenden Vetters an der Montage von Baumwollspinnereimaschinen teilnimmt. (Vgl. S. 103)

1914

Arbeitet sich in verschiedenen Zweigen des Fleischkonservenkonzerns Armour & Company vom Transportarbeiter bis zum Hilfskassierer hoch.

1915–1917

1917	Meldet sich als Freiwilliger zur US-Marine. Wird zunächst wegen starker Kurzsichtigkeit abgewiesen und erst zum Dienst zugelassen, als er das familieneigene Motorboot *Wego* der Marine zur Verfügung stellen kann, das mit kleiner Besatzung und unter Fullers Kommando als Patrouillenboot in der Küstenwacht von Maine eingesetzt wird. An seinem Geburtstag heiratet er Anne Hewlett, die Tochter eines bekannten Architekten.
1918–1919	Kadett der Marine-Akademie in Annapolis und Beförderung zum Leutnant; dient als Nachrichtenoffizier bei Einheiten der US-Atlantikflotte. Fuller wird Redakteur einer Marine-Zeitschrift. Nach dem Versailler Friedensvertrag Entlassung aus dem Dienst. (Vgl. S. 112)
1919–1922	Arbeitet wieder bei Armour & Company, diesmal als Exportmanager; wechselt über zur Kelley-Springfield Truck Company, wo er bis zur Liquidation der Firma Verkaufsleiter ist.
1922–1927	Steigt in die Bauwirtschaft ein und gründet mit seinem Schwiegervater, dem Künstler-Architekten J. M. Hewlett, die Baufirma Stockade Building System, die unter Auswertung eines Baustoffpatents von Hewlett die Produktion von Füllstoffen und leichten Bauelementen aufnimmt. Fuller überwacht als Direktor des Unternehmens eine Serie von kleinen und mittleren Bauprojekten, bis die Mehrheit der Gesellschafteranteile an ein Konsortium übergeht und Fuller seine Stellung verliert.
1927–1930	Nach einer schweren persönlichen Krise und nach der Geburt einer zweiten Tochter – die erste war mit vier Jahren an Kinderlähmung gestorben – zieht er sich zurück und konzentriert sich völlig auf einen Neubeginn seiner Arbeit; er entwickelt seine Dymaxion-Konzeption in Notizen, Zeichnungen und Plänen. Die 4D-Philosophie, die den späteren Dymaxion-Projekten zugrunde liegt, hält er in einem Papier mit dem Titel *4D, Timelock* fest, das er als vervielfältigtes Manuskript herausgibt. Die Pläne für das 4D-Haus werden für eine Patentschrift überarbeitet und eingereicht.

Der Name Dymaxion stammt von einem Werbetexter, der einige von Fullers häufigsten Schlüsselwörtern zusammenzog, um einen Markennamen für die 4D-Modelle zu finden. Modell und Markenzeichen sollten die Verkaufsförderung eines Chicagoer Kaufhauses unterstützen, das mit dem Vertrieb und Verkauf modern gestalteter Möbel aus Europa begonnen hatte. Fuller kritisiert später das *Bauhaus* und den *Internationalen Stil*. (Vgl. S. 121)

Fuller entfacht für seine eigenen Ideen und Projekte öffentliches Interesse durch geschickte Public Relations. Das Modell des 4D-Hauses wird privat und öffentlich, in Speiserestaurants, Clubs, Galerien, Ateliers, Instituten und Museen, bei Ausstellungen und Messen vorgestellt, es wird Architekten und Industriellen, Akademikern und Presseleuten gezeigt. Fuller gibt Empfänge, hält Vorträge, veranstaltet Ausstellungen und demonstriert sein Modell.

Er zieht mit seiner Familie nach New York City. In Greenwich Village sammeln sich viele Künstler und Intellektuelle, die durch die Weltwirtschaftskrise vollends mittellos geworden sind; er verkehrt in avantgardistischen Zirkeln und macht sich durch seine Kontakte zu Ingenieuren und Wissenschaftlern mit technokratischen Theorien vertraut. Notizen zur Industrialisierung des Bauens. Die Sympathien einiger Freunde für den Kommunismus stoßen bei ihm auf Ablehnung. **1930–1931**

Für die American Radiator's Pierce Foundation entwickelt er Pläne für eine industriell produzierbare Badezimmereinheit. **1931**

Läßt sich seine Lebensversicherung auszahlen und kauft die Architekturzeitschrift *T-Square Magazine,* die er unter dem Namen *Shelter Magazine* zur Veröffentlichung eigener Beiträge herausgibt; eine Artikelserie trägt den Titel *Universal Architecture.* Das Erscheinen der Zeitschrift wird nach der Wahl von Franklin D. Roosevelt zum Präsidenten der USA und der Einführung des New Deal eingestellt; die **1931–1932**

Publication hat ihren Zweck, der u. a. in der Unterstützung des neuen Kurses lag, erfüllt.

1933–1935   Ein Freund und Geschäftsmann, der trotz der Wirtschaftskrise solvent genug geblieben war, stellt Fuller mehrere tausend Dollar zur Verfügung; mit der Summe soll eins der Dymaxion-Projekte verwirklicht werden. Fuller mietet eine kleine leerstehende Automobilfabrik, heuert einen Stab von Ingenieuren und eine Gruppe von Mechanikern an und gründet die 4D Company, die später in Dymaxion Corporation umbenannt wird. Mit seinem Team entwickelt er Prototypen des Dymaxion-Autos (vgl. S. 138). Zweck der Firma ist die Konstruktion und Entwicklung von Prototypen sowie die kommerzielle Nutzung von Patenten.

1935–1938   Arbeitet für die Phelps Dodge Corporation als Assistent des Direktors der Forschungs- und Entwicklungsabteilung. In den neuerrichteten Laboratorien des Konzerns bei Laurel Hill, New York, wird vor allem Kriegsforschung getrieben. Fuller ist an der Ausarbeitung des Forschungsprogramms beteiligt und fertigt statistisch-historische Studien über Gewinnung und Verarbeitung von Edelmetallen an. Die daraus entwickelten Übersichtskarten und Prognosen werden später von der Zeitschrift *Fortune* und dem Bureau of Standards in Washington benutzt.

Innerhalb der Produktionsentwicklung von Phelps Dodge erarbeitet er das Konzept einer vorfabrizierbaren Sanitärzelle; das Dymaxion-Bad (vgl. S. 135) läßt er patentieren und diverse Prototypen herstellen.

1938–1940   Im Herausgeberstab der Zeitschrift *Fortune* als technischer Berater. Mitarbeit an einer Serie technischer Artikel zum Thema *The New U.S. Frontier*. Das Schlagwort New Frontier war von Henry A. Wallace, einem von Roosevelts engsten Mitarbeitern, in einem 1934 erschienenen Buch geprägt worden. Vorbereitung der Jubiläumsausgabe zum zehnjährigen Bestehen von *Fortune* mit dem Thema *USA* und dessen

Kernstück *US-Industrialisierung*, an dem Fuller arbeitet. Die Tendenz der von Henry Luce gegründeten Zeitschrift entspricht den aus der Weltwirtschaftskrise hervorgehenden Regulierungszielen des New Deal und einem scheinbar gegen das Finanzkapital gerichteten «Manager-Kapitalismus», dessen Ideologie die Eigentumsverhältnisse hinter Fragen der technischen Innovation, der Staatsintervention und der Unternehmensplanung zu verschleiern sucht.

Fuller berät ebenfalls das Magazin *Life*. Sein erstes Buch, *Nine Chains to the Moon*, wird veröffentlicht.

Ausarbeitung der Dymaxion-Weltkarte; eine Vorstudie erscheint 1940 in *Fortune*, die Frühfassung 1943 in *Life*. Die Polyederprojektion der Karte wird in einer Patentschrift niedergelegt. (Vgl. S. 169) Auftragsstudien für den Industriellen Henry Kaiser.   1940–1943

Als Vizepräsident und Chefingenieur der Dymaxion Company leitet er die Entwicklung vorfabrizierbarer Notunterkünfte, die auf der Grundlage von Kooperationsverträgen von der Butler Manufacturing Company hergestellt werden. Fuller läßt den Entwurf der Wellblechrundbauten patentieren und nennt sie Dymaxion Deployment Units. (Vgl. S. 140)   1941–1942

Als leitender Ingenieur ist er für das staatliche Board of Economic Warfare in Washington tätig, das später in die Foreign Economic Administration umgewandelt wird. Unter verschiedenen kriegswirtschaftlichen Studien befindet sich eine Untersuchung zur Industrialisierung Brasiliens, die auf der Grundlage einer Analyse von sowjetischen Fünfjahresplänen und der Entwicklungsarbeit amerikanischer Ingenieure in der UdSSR Möglichkeiten der Kapitalinvestition prüft. Daneben arbeitet er an geometrischen Untersuchungen bzw. Vorstudien zur energetischen Geometrie. (Vgl. S. 144 ff)   1942–1944

Planung und Entwicklung der Wichita-Wohnmaschine. Fuller spekuliert auf eine teilweise Umstellung der Kriegsproduktion und hofft,   1944–1947 die Flugzeugindustrie für eine Auslastung ihrer Produktionskapazitäten durch die Serienfertigung seiner Wohnmaschinen zu gewinnen. Prototypen werden in einem Sonderprogramm in den Beach Aircraft Werken in Wichita, Kansas, hergestellt. (Vgl. S. 143 f)

Die Dymaxion Dwelling Machine Company wird zum Zwecke der Patentierung, Lizenzvergabe, Koordination mit Regierungsstellen und Rüstungsindustrie sowie zum Aufbau des Vertriebs- und Verkaufsnetzes gegründet. Trotz wirksamer Public Relations und zahlreicher Subskriptionen wird die Serienproduktion nie aufgenommen.

1946	Gründung der Fuller Research Foundation mit Aufgaben im Bereich der Fuller-Dokumentation und der Projektförderung.
1947–1948	Nach dem Scheitern des Wichita-Unternehmens geht er wieder nach New York und arbeitet am Konzept seiner geodätischen Kuppeln; eine Serie von Modellen entsteht in Zusammenarbeit mit Studenten am Black Mountain College, North Carolina, am Institute of Design, Chicago, und anderen Hochschulen der USA.
1949–1953	Ausgedehnte Vortragsreisen in den Vereinigten Staaten. Fuller hält Vorlesungen und Seminare in Verbindung mit Projektkursen an Universitäten, Kunsthochschulen und Instituten; er spricht vor Architekten, Designern und Ingenieuren, vor Mathematikern und Kunsterziehern, Industriellen und Militärs. Unter dem Begriff der antizipatorischen Design-Wissenschaft subsumiert er gleichermaßen eine mathematisch-strukturelle Modelltheorie wie die positivistische Planungs- und Entwicklungsideologie, in der die Produktionsverhältnisse unterschlagen werden und die Entfaltung der Produktivkräfte auf eine «Werkzeug-Evolution» reduziert wird.
1953	Ausführung eines Auftrages der Ford Motor Company, das Verwaltungsgebäude in Dearborn zu überkuppeln. Erste kommerzielle An-

wendung des geodätischen Kuppelprinzips auf
Leichtmetalltragwerke. (Vgl. S. 150)

Die Baukonstruktion geodätischer Kuppeln   1954
wird patentiert. Das US Marine Corps und die
US Air Force testen und beschaffen geodätische
Kuppeln. Herstellung und Montage der Radomes für die DEW Line. (Vgl. S. 160)
Fuller erhält von nun an in wachsendem Maße
die verschiedensten Preise und Ehrenauszeich-
nungen u. a. vom American Institute of Archi-
tects, dem Marine Corps, der Michigan State
University usw.; auf der Mailänder Triennale
gewinnt er mit seinen Pappkuppeln den großen
Preis. Akademische Ehrentitel kommen in der
Folgezeit hinzu.

Gründung der Synergetics, Inc., zu der die Fir-   1955
ma Geodesics, Inc., hinzukommt. Geschäfts-
zweck beider Unternehmen ist die Patentaus-
wertung, Lizenzvergabe und Ausführung von
Dienstleistungsaufträgen der Großindustrie und
des Staates.

Staatlicher Ankauf von Kuppelbauten, die als   seit 1956
US-Ausstellungspavillons auf Industrie- und
Handelsmessen eingesetzt werden.

Geodätische Großraumkuppeln werden u. a.   1957–1959
für Kaiser Aluminium und Union Tank Car
Company gebaut. Bis Ende 1959 werden mehr
als hundert Lizenzen vergeben; die Grundlage
für die Vergabe von Lizenzen zur Herstellung
geodätischer Kuppeln bilden Fullers Patent-
rechte an der Konstruktion. Er erhält von den
Herstellern fünf Prozent vom Verkaufserlös.
Eine Kette von Vortragsreisen ins Ausland beginnt, er besucht Südafrika, Japan, Indien,
England usw. und wirkt als Gastdozent. Ausstellung im Museum of Modern Art in New
York. Das Buch *The Dymaxion World of Buckminster Fuller* von Robert Marks erscheint.

Wird an die Southern Illinois University beru-   1959–1963
fen und nimmt die Forschungs- und Lehrtätig-
keit am dortigen Department of Design auf.
Der ökonomische Erfolg wird komplettiert

durch die akademische Reputation. Von nun an werden ihm immer neue Doktortitel ehrenhalber verliehen. Als ihm die Harvard University 1962 die traditionsreiche Charles-Eliot-Norton-Gastprofessur für Poesie anträgt, ist für ihn der Bann des Außenseitertums gebrochen; von jetzt an soll die Bilderbuch-Biographie eines erfolgreichen, in die Bourgeoisie wieder aufgenommenen Dissenters und Dropouts Eindruck machen auf die Generation der Enkelkinder. Für eine erwachende Studentenschaft, die die Aussichtslosigkeit des US-Imperialismus zu erkennen beginnt, wird noch einmal der Mythos vom Selfmademan bemüht, den Fuller überzeugend verkörpern kann, um die Politisierung der Intelligenz aufzufangen. Fullers missionarischer Eifer paßt den Repräsentanten des Kapitals und des Staates doch ins Konzept. Seine Evangelisation wird reich belohnt.

1962–1967

Initiative für ein studentisches Zehnjahresprogramm der Design-Wissenschaft mit Unterstützung der Internationalen Architektenunion UIA. Er errichtete an der Southern Illinois University das Inventory of World Resources, Human Trends and Needs, ein Forschungs-, Planungs- und Koordinationszentrum, in dem die Fäden globaler Projektarbeiten zusammenlaufen sollen. Amtierender Direktor ist der Futurologe John McHale. Mit ihm zusammen gibt Fuller zwischen 1963 und 1967 sechs Bände unter dem Titel *World Design Science Decade 1965–1975* heraus; sie enthalten vor allem gesammelte Skripte, Vorlesungen bzw. Vorträge Fullers sowie statistisches Material, Karten, Diagramme für eine Bestandsaufnahme des Planeten, seiner Bevölkerung, seiner Rohstoff- und Energiequellen, ihrer industriellen Nutzung und Zirkulation etc.

Ältere und neue Schriften werden 1963 veröffentlicht. Ein Sammelband mehr oder weniger autobiographischer Schriften erscheint unter dem Titel *Ideas and Integrities;* im Universitätsverlag der Southern Illinois University wird *No More Secondhand God* und *Education Automation* (dt. *Erziehungsindustrie*) publiziert.

Titelgeschichte in der *Time* vom 8. Januar 1964. Artikelserie *Prospects of Humanity* (dt. Teilveröffentlichung *Die Aussichten der Menschheit 1965–1985*) erscheint im *Saturday Review Magazine*. Fernsehsendung im ersten Wissenschaftsprogramm der BBC. Teilnahme an der Dartmouth-Konferenz in Leningrad, einem Treffen zwischen «führenden Persönlichkeiten» der USA und der UdSSR. Teilnahme an den von C. A. Doxiadis initiierten Delos-Symposien auf Zypern. Fuller erhält eine Zusage von Erzbischof Makarios, für ein geplantes World Man Center unter Aufsicht der Weltakademie für Kunst und Wissenschaft Bauland zur Verfügung zu stellen. An der Southern Illinois University inauguriert er das World Game, ein computerisiertes Welt-Display, dessen Konzept durch verschiedene Projektvarianten modifiziert und später um Projektkurse und Workshops erweitert wird. (Vgl. S. 172)

Seit 1963 ist Fuller Berater der NASA. 1966 hält er Vortäge über Umwandlung und Nutzung des raumfahrttechnischen Fallout für eine industrialisierte Wohnungsbauproduktion vor Wissenschaftlern, Technikern und Managern in Cape Kennedy.

Er wird mit Planung und Entwurf des US-Pavillons für die Weltausstellung Expo 67 in Montreal, Canada, beauftragt. Motto: *Creative America*. Bau einer geodätischen Kuppel als Dreiviertelsphäre mit einem Durchmesser von 250 Fuß und einer Höhe von 200 Fuß. Sie ist mit Kunststoffplatten verkleidet, deren Lichtdurchlaß reguliert werden kann. Durch den Expo-Dome werden Fuller und seine geodätischen Kuppeln weltbekannt. | 1966–1967

In den meisten amerikanischen und englischen «Untergrund-Zeitschriften» werden Fuller-Interviews abgedruckt; Studentengruppen und Jugendkommunen beginnen mit dem Eigenbau | seit 1967

geodätischer Kuppeln und ziehen aufs Land.
(Vgl. S. 180–220)

seit 1969

Pilot-Projektstudien zu World Game an der
New Yorker Studio School of Painting and
Sculpture mit einer interdisziplinären Studen-
tengruppe. World Game Seminare werden von
Fuller und seinen Mitarbeitern vorbereitet und
in verschiedenen Städten der USA abgehalten.
Projektarbeit mit obdachlosen Jugendlichen
und Slumbewohnern in New York und St.
Louis.

1969–1970

Fuller wird für den Friedensnobelpreis vorge-
schlagen. Es erscheinen die Bücher: *Operating
Manual for Spaceship Earth* (dt. in diesem
Band), die Textsammlung *Utopia or Oblivion*
und wenig später der in London edierte *Buckminster Fuller Reader*.

1972

Bau und Einweihung des überkonfessionellen
Religiösen Zentrums in Edvardsville bei St.
Louis, Missouri. Das Gebäude besteht aus einem Betonsockel mit einer geodätischen Kuppel, in deren Plastikverkleidung die Konturen
der Kontinente erscheinen.

Zum Zwecke der Förderung Fullerscher Ideen
zur Vervollkommnung des Planeten und der
Verbreitung seines Werkes wird das Design
Science Institute mit dem Hauptsitz in Washington, D. C., gegründet. Seinem Beirat gehören so renommierte Wissenschaftler und bekannte Persönlichkeiten an wie Margaret Mead,
Jonas E. Salk, Arthur C. Clarke, der Präsident
des M.I.T. Jerome B. Wiesner und der frühere
UN-Generalsekretär U Thant. Im Aufsichtsrat
sitzen Repräsentanten der Monopole, des Staates und der Universitäten, unter anderem Fritz
Close, früherer Aufsichtsratsvorsitzender von
ALCOA, Neva Kaiser, M. W. Whitlow, Präsident der East Dubuque Savings Bank, William M. Wolf von der Wolf Computer Co.,
die Universitätspräsidenten Martin Meyerson,
Univ. of Pennsylvania, John S. Rendleman,
Southern Illinois Univ. usw.

Bibliographie

I. Schriften von R. Buckminster Fuller

a) Textsammlungen

Fuller, Richard Buckminster: ‹Ideas and Integrities. A Spontaneous Autobiographical Disclosure›. Ed. by Robert W. Marks. Englewood Cliffs, New Jersey: Prentice-Hall 1963

–: ‹No More Secondhand God and Other Writings›. Carbondale, Illinois: Southern Illinois University Press 1963

–: ‹Utopia or Oblivion: the Prospects for Humanity›. Toronto, New York, London: Bantam Books 1969

‹The Buckminster Fuller Reader›. Ed. and Introduced by James Meller. London: Jonathan Cape 1970

‹World Design Science Decade 1965–1975›. Vols. I–VI. World Resources Inventory, Southern Illinois University. Carbondale, Ill., 1963–1967

Vol. I: ‹Inventory of World Resources. Human Trends and Needs›. Phase I (1963), Document 1

Vol. II: ‹The Design Initiative›. Phase I (1964), Document 2

Vol. III: ‹Comprehensive Thinking›. Phase I (1965), Document 3

Vol. IV: ‹The Ten Year Program›. Phase I (1965), Document 4 (Verf.: John Mc Hale)

Vol. V: ‹Comprehensive Design Strategy›. Phase II (1967), Document 5

Vol. VI: ‹The Ecological Context: Energy and Materials›. Phase II (1967), Document 6 (Verf.: John Mc Hale)

‹50 Years of the Design Science Revolution and the World Game›. Carbondale, Illinois: Southern Illinois University Press 1969

b) Einzelwerke (ohne Auftragsstudien)

–: ‹The Time Lock›. (Privatdruck 1928.) Nachdruck: Corrales, New Mexico: Lama Foundation 1970

–: ‹Nine Chains to the Moon›. Philadelphia: J. B. Lippincott 1938. 2. Aufl.: Carbondale, Ill.: Southern Illinois University Press 1963

–: ‹The Untitled Poem on the History of Industrialization›. Highlands, North Carolina: Jargon Press of Jonathon Williams' Nantahala Foundation 1963

–: ‹Education Automation. Freeing the Scolar to Return to His Studies›. Vorw. von Charles D. Tenney. Carbondale, Ill.: Southern Illinois University Press 1962. Arcturus Books ed. 1964 u. ö. Dt. Ausg.: ‹Erziehungsindustrie. Prospekt universaler Planung und Instruktion›. Hrsg. und mit einem Anhang vers. von Joachim Krausse. Berlin: Edition Voltaire 1970 (= Projekte und Modelle 4)

– mit Jerome Agel und Quentin Fiore: ‹I Seem To Be a Verb›. New York etc.: Bantam Books 1970

–: ‹Operating Manual for Spaceship Earth›. Carbondale und Edwardsville: Southern Illinois University Press; London und Amsterdam: Feffer & Simons 1969

–: ‹Intuition›. Garden City, N. Y.: Doubleday 1972

–, Eric A. Walker und James R. Killian, Jr.: ‹Approaching the Benign Environment› (= The Franklin Lectures in the Sciences and Humanities at Auburn University, First Series). Vorw. von Taylor Littleton. London, New York, Toronto: Collier-Macmillan 1970

–: ‹Prospects for Humanity›. [Inter-Century Seminar Lecture, Univ. of Kansas.] In: ‹Man and the Future›. Ed. James E. Gunn. Lawrence, Kansas, und London: University Press of Kansas 1968

–: ‹The Grand Strategy›. In: Los Angeles Free Press, 18. Oktober 1968

–: ‹Design Science – Engineering, An Economic Success of All Humanity›. (A talk given at Tel Aviv during the World Congress, held in December 1967.) In: Zodiac 19, 1969

–: ‹Vertical Is to Live – Horizontal Is to Die›. In: Architectural Design 12, Dezember 1969

–: ‹Man's Total Communication System›. In: Evergreen Review 83, Oktober 1970. Dass. als Introd. in: Gene Youngblood: ‹Expanded Cinema›. Introduction by R. Buckminster Fuller. New York: E. P. Dutton 1970

–: Inexorable Evolution and Human Ecology›. In: Gene Youngblood, a. a. O.

–: ‹Poetry As Design – Design As Poetry›. In: Queen, Mai 1970

–: ‹Planetary Planning›. The Jawaharlal Nehru Memorial Lecture. New Delhi 1969. In: The American Scholar, Winter 1970/71 und Frühjahr 1971

–: ‹Education for Comprehensivity›. In: ‹Approaching the Benign Environment›. London etc. 1970

c) Aufsätze, transskribierte Vorträge etc. (Auswahl)

–: ‹Universal Architecture›. In: Shelter, A Correlating Medium for the Forces of Architecture, April, Mai 1932. Vol. II, Nr. 2, 3

–: ‹Comprehensive Designing›. In: Transformation, Vol. I, 1, 1950

–: ‹A Philosophy of Space and Shape›. In: Consulting Engineer, Dezember 1959

–: ‹Prime Design›. In: Bennington College Bulletin, Mai 1960

–: ‹Tensegrity›. Introd. by John Mc Hale. In: Portfolio & Art News Annual, Nr. 4, 1960

–: ‹Prospects for Humanity›. [Charles Eliot Norton Lectures at Harvard University.] In: Saturday Review, August, September, Oktober 1964. Dt. Ausg. [Teilveröffentlichung]: ‹Die Aussichten der Menschheit 1965–1985›. Frankfurt a. M. und Berlin: Edition Voltaire 1968 (= Projekte und Modelle 1)

–: ‹The Year 2000›. In: Architectural Design (Special Issue 2000+, Guest Ed. John Mc Hale), Nr. 2, Februar 1967

II. Schriften über R. Buckminster Fuller und sein Werk

a) Monographien

Marks, Robert W.: ‹The Dymaxion World of Buckminster Fuller›. New York: Reinhold 1960. Weitere Auflagen: Carbondale, Ill.: Southern Illinois University Press

Mc Hale, John: ‹R. Buckminster Fuller›. New York: Braziller 1962. Dt. Ausg.: ‹R. Buckminster Fuller›. Übers. v. W. O. Droescher. Ravensburg: Otto Maier 1964

Rosen, Sidney: ‹Wizard of the Dome›. R. Buckminster Fuller, Designer for the Future. Boston und Toronto: Little, Brown 1969

Kenner, Hugh: ‹Bucky, A Guided Tour of Buckminster Fuller›. New York: William Morrow 1973

b) Sammlungen, Retrospektiven, Features

‹The World of Buckminster Fuller›. [Mit einer Einf. v. William Martin.] In: Architectural Forum, Jan., Febr. 1972

‹R. Buckminster Fuller Retrospective›. In: Architectural Design (Guest Editor Michael Ben-Eli), Dezember 1972

R. Buckminster Fuller: ‹Recent Works›. In: Zodiac 19, 1969

Queen (Special Issue, Guest Editor R. Buckminster Fuller), Mai 1970

c) Zeitschriftenartikel (Auswahl)

‹The Dymaxion American›. In: *Time*, 10. Jan. 1964

Tomkins, Calvin: ‹In the Outlaw Area›. In: *New Yorker*, 8. Jan. 1966

Jacobs, David: ‹An Expo Named Buckminster Fuller›. In: *New York Times*, 23. April 1967

Taylor, Harold: ‹Inside Buckminster Fuller's Universe›. In: *Saturday Review*, 2. Mai 1970

Cheever, Susan: ‹A Buckminster Fuller Survival Kit›. In: *Queen*, Mai 1970

Tomkins, Calvin: ‹A New Era of Man on Earth: A Profile of Buckminster Fuller›. In: *Queen*, Mai 1970

Farrell, Barry: ‹The View from the Year 2000›. In: *Life*, 26. Febr. 1971

d) Interviews (Auswahl)

‹Playing the Game of the Universe›. An Interview with Graham Stevens and Mike Mc Innerney. In: *International Times*, Nr. 18, Aug./Sept. 1967

‹Fuller's Earth› (Interview with Colin Moorcraft). In: *Friends* Nr. 5, 14. April 1970

‹Interview with Michael Ben-Eli›. In: *Architectural Design* 12, Dezember 1972

‹R. Buckminster Fuller› (Playboy Interview). In: *Playboy*, Februar 1972

‹Interview R. Buckminster Fuller›. In: *Domebook* 2 (Ed. Lloyd Kahn). Bolinas, California: Pacific Domes [1971]

III. Weitere Literatur zu Fullers Arbeiten

Banham, Reyner: ‹Theory and Design in the First Machine Age›. London: *The Architectural Press* 1960. Dt. Ausg.: ‹Die Revolution der Architektur›. Theorie und Gestaltung im Ersten Maschinenzeitalter. Reinbek: Rowohlt 1964 (= rowohlts deutsche enzyklopädie 209/210)

–: ‹The Architecture of the Well-Tempered Environment›. London: The Architectural Press 1969

Bernal, John Desmond: ‹Science in History›. London: C. A. Watts 1954 u. ö. Westdt. Ausg.: ‹Wissenschaft (Science in History)›. Bd. 1–4. Reinbek: Rowohlt 1970

–: *The Social Function of Science*. Cambridge, Mass., und London: M.I.T. Press 1967

Borrego, J.: *Space Grid Structures*. Cambridge, Mass.: M.I.T. Press 1968

Bottero, Maria: *Astrazione scientifica e ricerca del concreto nell' utopia di B. Fuller*. In: Zodiac 19, 1969

Christiansen, G. S., und Paul H. Garrett: *Structure and Change*. San Francisco: W. H. Freeman 1960

Clinton, J. D.: *Structural Design Concepts for Future Space Missions*. Progress Report – NASA Contract 606–607, Nov. 1965

–: *Math*. In: *Domebook* 2 (Ed. Lloyd Kahn). Bolinas, California: Pacific Domes [1971]

Coxeter, H. S. M.: *Regular Polytopes*. 2. Aufl. New York: Mc Millan 1962

Critchlow, Keith: *Order in Space*. A Design Source Book. New York: Jerrold 1969

Goodman, Percival, und Paul Goodman: *Communitas*. Means of Livelihood and Ways of Life. New York: Random House 1960 u. ö.

Griswold Tyng, Anne: *Geometric Extensions of Consciousness*. In: Zodiac 19, 1969

(Kahn, Lloyd, ed.:) *Domebook* 2, Bolinas, California: Pacific Domes [1971]

Krause, Joachim: *Abriß der liberal-technokratischen Linie*. Ein Diskussionsbeitrag. In: R. Buckminster Fuller: *Erziehungsindustrie. Prospekt universaler Planung und Instruktion*. Hrsg. und mit einem Anhang vers. von Joachim Krause. Berlin: Edition Voltaire 1970

Maldonado, Tomás: *Umwelt und Revolte*. Zur Dialektik des Entwerfens im Spätkapitalismus. Übertr. a. d. Italienischen von Gui Bonsiepe. Reinbek: Rowohlt 1972

Pauling, Linus, und Roger Hayward: *The Architecture of Molecules*. San Francisco: W. H. Freeman 1964

Popko, Edward: *Geodesics*. Detroit, Michigan: University of Detroit Press 1968

Springer, Michael: *Helle Häuser – heller Wahnsinn*. In: *Neues Forum*, Mai 1973

Thompson d'Arcy, W.: *On Growth and Form*. New Rochelle, New York: Cambridge University Press 1917 u. ö.

Touplev, M. S.: ‹Géométrie sphérique et coupoles préfabriquées›. In: *L'architecture d'aujourd'hui*. Structures. No. 141, Dez. 1968/Jan. 1969

Whyte, Lancelot L.: ‹*Aspects of Form*›. New York: Elsevier 1968

Williams, Robert: ‹*Natural Structure*›. Moorpark, California: Eudaemon Press 1972

Youngblood, Gene: ‹*Expanded Cinema*›. Introd. by R. Buckminster Fuller. New York: E. P. Dutton 1970

Die folgenden Abbildungen sind mit freundlicher Genehmigung des Verlags Doubleday, New York, entnommen aus: Robert W. Marks, The Dymaxion World of Buckminster Fuller, Southern Illinois University Press, 1960. Abb. 1 (Foto: Ed Zern), 3, 5, 6; 8 (F. S. Lincoln), 9–13, 15, 16–23, 25–28; 29 (Architectural Forum, 1940), 32–45; 47 (Ralph Morse; courtesy of LIFE, © 1955, Time, Inc.), 49, 52–57; 58 (Frank Scherschel; courtesy of LIFE, © 1953, Time, Inc.), 59, 62–77; 78–87 (US Defense Department. Marine Corps), 88–93; 94 (Interiors, © 1954 Whitney Publications), 95; 96 (Foto: Ed Taylor), 97, 98, 102–106, 108, 110, 113–117.
Seite 185, Abb. 4, S. 186, S. 217. S. 219.

Die folgenden Abbildungen werden mit freundlicher Genehmigung von R. Buckminster Fuller, Carbondale, Illinois, veröffentlicht: Abb. 2, 4, 7, 14, 24; 30, 31, 46 (Leco Photo Service, New York), 48, 50, 51; 60 (Leco Photo Service, New York), 61; 99–101, 107, 109 (Leco Photo Service, New York), 111, 112, 119, 120, 125; 126 (Leco Photo Service, New York).
118 (dtv-Atlas zur Weltgeschichte, Bd. 2, S. 240);
121 (Architectural Design, London, Nr. 12/1964); 122 (A. D., Nr. 2/2000+, 1967. Courtesy of Fuller and Sadao, Inc. Cambridge, Mass.);
123 (aus: Herbert Bayer, Das Werk des Künstlers. Otto Maier Verlag, Ravensburg, 1967, S. 57. Foto: S. Sunami).
124 (A. D., Nr. 2/2000+, 1967. Foto: NASA); 127, 128 (A. D. Nr. 12/1972) und Seite 209 (© Fuller).

Die folgenden Abbildungen wurden entnommen aus: The Last Whole Earth Catalog. © 1971 Portola Institute, Inc.: Abb. 129; Seite 181, Abb. 1, 2, 3; S. 185, Abb. 2; S. 188; S. 189, Abb. 1, 2; Seite 196, Abb. 1 (Organic Food Shopping, Rodale Press, Inc., Emmaus, Penns.), Abb. 2, 3; S. 197, Abb. 1, 3; S. 199; S. 201, Abb. 2, 3; S. 202, Abb. 1 (Foto: Sam Falk), Abb. 2, 3; S. 203; S. 204, Abb. 2, 3; S. 205, Abb. 2, 3 (aus: Berkeley Tribe, Okt. 1969); S. 207 (aus: John Reynolds: Windmills and Watermills, 1970, Praeger Publishers, Inc., N. Y.); S. 208, Abb. 1, 2; S. 209, Abb. 1; S. 210, Abb. 1, 2; S. 215; S. 216.

Die folgenden Abbildungen wurden entnommen aus: Domebook 2, © Pacific Domes: S. 182, Abb. 1, 2 (aus: Geodesic Math von Joseph D. Clinton), 3 (nach: R. S. Beard, Patterns in Space, Fibonacci Quarterly); S. 183; S. 184, Abb. 1, 2, 3; S. 185, Abb. 1 (Beard, a. a. O.), 3; S. 187 (Home Industries, Monee, Ill.); S. 190; S. 197, Abb. 2; S. 198; S. 200, Abb. 1, 2; S. 201, Abb. 1, 4; S. 212; S. 213.
S. 182, Abb. 4 (aus: Whole Earth Catalog, Frühjahr 1970); S. 193, Abb. 1, 2; S. 194, Abb. 1 bis 4; S. 195, Abb. 1 und 2 (aus: L'Architecture d'aujourd'hui; Fotos: Pierre Lacombe); S. 195, Abb. 3 und S. 205, Abb. 1 (aus: Frecot, Gust, Kerbs: FIDUS 1868–1948, München 1972); S. 204. Abb. 1 (aus: MEW, Bd. 23).

9783499250132.4

das neue buch
rowohlt

Herausgegeben von Jürgen Manthey

Programmschwerpunkte: zeitgenössische Literatur vorwiegend jüngerer deutscher und ausländischer Autoren / Beiträge zu einer materialistischen Ästhetik / Beispiele gesellschaftskritischer Dokumentaristik / Entwürfe für eine neue, unspekulative Anthropologie / Medientheorie und Kommunikationsforschung / Kritik der «amerikanischen Ideologie»